反共感論

社会はいかに判断を誤るか

ポール・ブルーム　高橋 洋［訳］

AGAINST EMPATHY
The Case for Rational Compassion

PAUL BLOOM

白揚社

つねになすべきことを心得ている私の妹エリサ・ブルームに本書を捧げる。

（……）共感はつねに、恩恵と侵犯のあいだであやうく揺れ動いている。
——レスリー・ジェイミソン『共感試験（*The Empathy Exams*）』

（……）人類はとりわけ理性的な存在である（……）
——マーサ・ヌスバウム『性と社会正義（*Sex and Social Justice*）』

目次

・〔　〕は訳者による補足で、＊は著者による註を示す。

はじめに

数年前のある晴れた日の午前、ネットサーフィンにかまけて仕事をおろそかにしていたとき、コネチカット州ニュータウンで銃乱射事件が起こったことを知った。学校で誰かが銃撃されたことを伝える最初のニュースには身震いこそしたものの、特に際立った事件ではないように思えた。だが事件の詳細が徐々に明らかにされ、午前九時にアダム・ランザがベッドで寝ていた母親を殺し、それからサンディフック小学校に行って、二〇人の児童と六人のおとなを殺害したあと自害した経緯を知ることとなった。

何がランザをしてこの残忍な行為に走らせたかに関しては諸説紛々としているが、私がここで取り上げたいのはそのときの人々の反応についてである。私の妻は自分たちの子どもたちが通う学校に行って、彼らを連れ帰ろうとした。だが、犠牲になった子どもたちと同様に小学校に通っていたとしても、ティーンエイジャーの息子を家に連れ帰るのはおかしいと妻は思い直して、その衝動を抑えた。もちろん彼女がそのような衝動を覚えたこと自体は、私にも容易に理解できる。私は、子どもたちの両親がまっしぐらに犯行現場に駆けつけるところを映し出した映像を見て、彼らがどう感じているのかをいやでも想像せざるを得なかった。今でもそのときのことを思い出すと、胃がかき乱される思いがする。その日の午後、大学の研究室の近くにある喫茶店に行ったのだが、隣のテーブルでは、すすり泣きながらかすれた声を出している一人の女性が友人に慰められていた。特に盗み聞きをしようとしたわけではない。だが、彼女には事件に巻き込まれた子どもや知人はいないが、殺された児童と同じ年齢の子どもがいるということだけはわかった。

同時多発テロのような衝撃的な事件はいつでも起こり得る。銃乱射事件は今や日常茶飯事のごとく発生している。だが私や私の周囲の人々にとって、サンディフック小学校銃乱射事件は、それらとは別ものだった。それは子どもたちを巻き込んだ異様に残酷な犯罪であり、しかも私たちが住む家の近くで起こった。近所に住むほぼ誰もが、ニュータウンの犠牲者の家族と個人的なつながりを持っていた。事件の数日後、私たちはニューヘブン・グリーンで行なわれたキャンドル・ビジルに参加した。年少の息子は涙を流していた。数か月後彼は、犠牲者に敬意を表すブレスレットを身につけていた。

のちに大統領が記者会見でこの事件に言及したおりに、私は彼の声がつまるのに気づいた。いつもは政治家に辛らつな私も、そのときはそれが演技であるとはまったく思わなかった。むしろ、それほどまで心を動かされた大統領の姿を見て、嬉しく思ったものだ。

この事件に対する私たちの反応は、当時もその後も、他者の目で世界を眺め、他者が感じていることを自分でも感じる能力、共感に強く支配されていた。多くの人々が、この能力を善良さや道徳に資する、天が配剤した強力な資質であると見なしているのも無理はない。共感の唯一の問題は、それを十分に備えていない人が多すぎることだと考えている人が大勢いるのもよく理解できる。

私自身も、かつてはそう考えていた。しかし今は違う。もちろん共感には利点がある。美術、小説、スポーツを鑑賞する際には、共感は大いなる悦楽の源泉になる。親密な人間関係においても重要な役割を果たし得る。また、ときには善き行ないをするよう私たちを導くこともある。しかし概して言えば、共感は道徳的指針としては不適切である。愚かな判断を導き、無関心や残虐な行為を動機づけることも多い。非合理で不公正な政策を招いたり、医師と患者の関係などの重要な人間関係を蝕んだり、友人、親、夫、妻として正しく振舞えなくしたりすることもある。私は共感に反対する。本書の目的の一つは、読者も共感に反対するよう説得することだ。

これは過激な発言ではあるが、見かけほど過激ではない。本書は、よくある奇をてらったサイコパス礼賛書などではない。私が提起する反共感論は、利己的たれ、不道徳たれと主張するものではない。まったく逆である。つまり、他者を思いやる善き人になりたいのなら、あるいは世界をもっとよい場所にしたいのなら、共感なしで済ませたほうがよい結果が得られる、というのが私の主張だ。

もう少し慎重な言い方をすると、特定の意味における共感はなしで済ませたほうがよい。なかには、道徳性（morality）、親切（kindness）、思いやり（compassion）などの類義語として、あらゆる善きことに言及して「共感（empathy）」という語を用いる人がいる。もっと共感が必要だという主張の多くは、お互いに親切にし合えばもっとよくなるなどといった程度の見方を提起しているにすぎない。それなら私もまったく賛成する！

また、他者を理解する行為、つまり他者の頭のなかを覗いて、その人が何を考えているのかを理解しようとする行為として共感をとらえる人もいる。この意味なら、私も共感に反対したりはしない。社会的知性は他のいかなる知性とも同様、道徳的行動の道具《ツール》として使える。ただしこれから見るように、この種の「認知的共感」は、善きことをなす能力として過大評価されている。つまるところ、他者の欲望や動機を正確に読み取る能力は、上首尾の〔警察に捕まっていない〕サイコパスの特徴でもあり、残虐な行為や他者の搾取に利用し得る。

私がもっとも大きな関心を抱いているのは、「他者が感じていると思しきことを自分でも感じること」、すなわち「他者の経験を経験する」という意味での共感である。心理学者や哲学者のほとんどは、この意味で共感という用語を使っている。しかし、言葉でものごとが決まるわけではない。共感という語を思いやりや愛情や善良さなどといった広い意味でとらえれば、あるいはその逆に他者を理解する能力として狭い意味でとらえれば、そこには何の問題もない。それらの意味であなたが共感という語を使っているのなら、私はその意味で共感に反対しているのではない。したがって私が本書で提示する議論は、そのように理解しているあなたではなく多くの人が共感として考えている心理的プロセスに関係するととらえてほしい。あるいは用語の定義についてはきれいさっぱり忘れて、いかにすれば善き人になれるかを探究する道徳論や道徳心理学に関する本として本書をとらえてもよいだろう。

本書で私は、共感と呼ぼうが呼ぶまいが、他者が感じていると思しきことを自分でも感じる行為が、思いやりがあること、親切であること、そしてとりわけ善き人であることとは異なるという見方を究めていく。道徳的観点からすれば、共感はないに越したことはない。

たいていの人は、私のこの主張をありえないものだと見なす。この意味における共感力は、いたって重要であると考えているのだ。「金持ちは、貧乏な暮らしがどのようなものかを理解しようとはしない。理解しているのなら、社会はもっと平等で公正な世の中になっているはずだ」などとよく言われる。銃を所持していない黒人が警官に撃たれると、左派の評論家は「警官は黒人のティーンエイジャーに対して十分な共感を持っていない」と論評し、右派の評論家は「警官を批判する人は、困難で危険に満ち、つねにストレスを受けながら働いている警官の仕事に対して十分な共感を持っていない」と論評する。あるいは、白人は黒人に対する、また、男性は女性に対する共感を欠くとよく言われる。イスラエル人とパレスチナ人の紛争は、それぞれの陣営が「相手陣営の立場に立つことを学ぶ（learn to stand in each other's shoes）」ことによってのみ終結するだろうとするバラク・オバマ大統領の見解に、たいていの評論家は同意することだろう。[*1] 以後の章では、ナチスにもっと共感力があればホロコーストは絶対に起こらなかったはずだと主張する心理学者を取り上げる。「医師やセラピストは、共感力があればもっとうまく自分の仕事を果たせるだろう」「あの政治家に共感力があれば、あんな政策は実行しないはずだ」などと主張する人もいる。また私たちの多くは、自分の置かれている状況に人々がもっと共感を抱いてくれたら、すなわち自分の生活がいかなるものかをほんとうに感じ取ってくれたなら、自分の扱いもはるかによくなるはずだと思い込んでいる。

私の考えでは、それらの思い込みは間違っている。私たちが個人として社会として直面する問題のほとんどは、共感の欠如が原因で生じるのではない。それどころか、過剰な共感が原因で生じる場合が多々ある。

これは単なる共感に対する攻撃ではない。それよりもっと大きな目標がある。私は、日常生活において意識的で合理的な思考力を行使することの価値を強調したい。心より頭を使うよう努力すべきだと言いたいのだ。もちろん現在でも、私たちはたいがい頭を使ってものごとを考えているわけだが、もっと努力が必要である。

この提言は一般に受けが悪い。無知でナイーブな考えだと言う人もいるだろう。私の同僚の多くは、私たちが行なうもっとも重要な判断や行動が、意識的な自己にはアクセスできない神経プロセスから生じると主張する。ジークムント・フロイトは、この主張を徹底した考えを提起したことで知られるが、この見方は現代になって、ときにきわめて極端な形で復活してきた。「私たちが理性的な存在でないことは、心理学者が証明している」という言葉が、哲学者や評論家やその他の知識人の口をついて出てくるところに、これまでいったい何度遭遇したことだろう。

道徳の領域では、理性を否定する傾向がとりわけ強く見られる。「何が正しく何が間違っているかの判断は、共感、怒り、嫌悪、愛情などの感情に支配されている」「それには理性はほとんど無関係である」などといった見解を、今や多くの人々が受け入れている。動物行動学者フランス・ドゥ・ヴァールが述べるように、私たちは理性の時代ではなく、共感の時代に生きているのだ。[*2]

少なくとも私たちの一部は、「妊娠中絶や死刑などに関する私たちの見解は、慎重な熟慮の産物である」と、また「慈善事業に寄付をする、入院中の友人を見舞うなどといった道徳的行為や、その意味で言えば万引きや、車の窓越しにヘイトスピーチを吐くなどの行為は、意識的な意思決定に基づく」と考えている。しかし、その見方は間違っていると主張する人もいる。道徳心理学者のジョナサン・ハイトが論じるところでは、私たちは判事ではなく弁護士であり、すでになされた行為を説明するあとづけの理由をでっち上げているのである。[*3] 理性は無力である、というわけだ。ドゥ・ヴァールはそれに同意し、「私たちは理性を称揚する。だが私たちは、状況が悪化すると、称揚していたはずの理性にほとんど重きを置かなくなる」と述べる。[*4]

道徳の持つ情動的本性は善きものであると主張する研究者もいる。道徳とは、熟慮するべきたぐいのものではない。その証拠に、実在の人物であろうが、架空の人物であろうが、道徳的英雄の多くは、理性の働きを最大限に動員する人でもなければ、倫理についてあれこれ考える人でもない。要するに彼らは心の人なのである。架空の人物ならハックルベリー・フィンやピップやジャック・バウアー〔アメリカのテレビドラマシリーズ『24』の登場人物〕、実在の人物ならイエス・キリストやガンジーやマーティン・ルーサー・キング・ジュニアは皆、感情の人であり、理性が関わるとハンニバル・レクターやレックス・ルーサー〔『スーパーマン』に登場する悪役〕ができ上がる。

さて、心や道徳に関するこの手の見方がまったくの間違いだとは、私も思わない。道徳的判断の多くは、理性的熟慮の結果ではない。それどころか私は、道徳的理解の起源を探究した前著『ジャスト・ベイビー――赤ちゃんが教えてくれる善悪の起源』で、赤ちゃんでさえ、何が正しく何が間違っているかに関してある種の感覚を備えていると論じた。[*5] だが、赤ちゃんは意識的に熟慮する能力を持たない。道徳の基盤が自然選択の過程を通じて進化してきたことを示す証拠はたくさんある。道徳は頭で考えられたものではないのだ。

情動が私たちの道徳的生活に強力な影響を及ぼしていることは明らかであり、ときにそれはよいことでもある。感情〔一般に感情（feeling）は、情動作用が意識的な気づきによってとらえられた場合に生じるとされる。それに対し情動（emotion）は、必ずしも意識にとらえられたものに限られない〕の必要性は、孔子や彼と同時代に活躍した中国の思想家たち、あるいは啓蒙時代のスコットランドの哲学者によって擁護されている。また現代では、認知科学や神経科学の成果によって裏づけられている。たとえば、情動を司る脳領域の損傷によって、日常生活に破壊的な影響が及び得ることを示す科学的証拠が多数得られている。[*6] また私の同僚デイヴィッド・ランドが最近行なった研究では、直感的決定は親切で協力的なものになりやすく、それに対し時間をかけた熟慮は不適切な行動を導く場合があることがわかった。[*7]

だが私が今あなたが手にしている本を書いたのは、情動の本性が過大評価されていると考えているからである。私たちは直観力を備える一方、それを克服する能力も持つ。道徳問題を含めものごとを考え抜き、意外な結論を引き出すことができるのだ。ここにこそ人間の真の価値が存在する。

この能力は、人間を人間たらしめ、互いに適正に振舞い合えるよう私たちを導いてくれる。そして苦難が少なく幸福に満ちた社会の実現を可能にする。

自分の家族や友人を最優先するのはきわめて自然な態度だ。身内に対する気づかいが、赤の他人に対する気づかいより圧倒的に強力であることは、誰もが認めるところであろう。親族の影響の強さは、「血は水より濃い」という言い回しに顕著に見て取ることができる。また互恵主義の引力の強さは、子どもの頃私がなついていた親戚の一人から教わった、「私たちの幸福に乾杯。他のやつらはみんな地獄に落ちてしまえ！」という乾杯の音頭に如実に現われている。

ダーウィニズムの観点からすると、この選好は思考の働きに依拠しない。自分自身をひいきする生物は、分け隔てのない生物より自らを有利な立場に置くことができる。「自分の子ども対他人の子ども」「赤の他人対友人」の区別に無関心な人類が出現したとしても、彼らの遺伝子は、身内を大切にする人々の遺伝子によって排除されてしまうだろう。だから私たちは、生まれつきの平等主義者などではないのである。

その種の郷党的な欲求はなくならないし、おそらくなくなるべきではないのかもしれない。これについては後述するが、家族や友人に特別な愛情を注ぐことがなく、あらゆる人々を平等に扱う人をどう考えればよいか私にはよくわからない。聖人と見なす人もいるだろう。私自身を含め、その種の行為は行き過ぎであり、そのような生き方にはどこか反発を感じると言う人もいる。

しかしそれにもかかわらず、この生得的な選好をもって私たち人間が定義されるわけではない。私たちは、遠い国で暮らす人々（自分とは無関係な人々、自分を知らない人々、私たちの幸福を希わない人々）の生活も、自分の子どもの生活と同じくらい重要だということを知性で把握できるほど十分に賢い。他のやつらであっても、地獄に落ちてはならない。いかに自然で直感的であるように思えたとしても、自分が属する民族や人種をひいきすることは、不公正な態度であり、道徳にもとるということを正しく認識できる。そして公正の原理を確立するための政策を立案するなどして、公正さを守らせるよう働きかけることができる。

確かに人間は情動的な動物だが、合理的な意思決定能力を持つ理性的な動物でもある。私たちは情念を克服したり、そらせたり、却下したりすることができるのであり、そうすべきケースも多い。怒りや憎しみにその点を見て取るのはたやすい。これらの情動が私たちをあらぬ方向に誘導することと、それらを回避し、その支配を免れられれば事態が改善することは明らかだ。しかし、一見するとポジティブであるように思われる共感のような情動に関しても同じことが当てはまれば、理性の優位性は決定的なものになるだろう。本書を書いた理由の一つはそこにある。

私は本書で、次の三つのテーマを論じる。

・私たちの道徳的な判断や行動は共感の強い力によって形作られるところが大きい。
・そのせいで社会的状況が悪化することがままある。
・私たちはもっと適切に行動する能力を持っている。

だが、いかにして共感は私たちを誤った方向に導くのか？　それについてはおいおい述べていくので、ここでは要点を簡潔に述べるに留めておく。共感とは、スポットライトのごとく今ここにいる特定の人々に焦点を絞る。だから私たちは身内を優先して気づかうのだ。その一方、共感は私たちを、自己の行動の長期的な影響に無関心になるよう誘導し、共感の対象にならない人々、なり得ない人々の苦難に対して盲目にする。つまり共感は偏向しており、郷党性や人種差別をもたらす。また近視眼的で、短期的には状況を改善したとしても、将来悲劇的な結果を招く場合がある。さらに言えば数的感覚を欠き、多数より一人を優先する。かくして暴力の引き金になる。身内に対する共感は、戦争の肯定、他者に向けられた残虐性の触発などの強力な要因になる。人間関係を損ない、心を消耗させ、親切心や愛情を減退させる。

本書を読み終わるまでには、共感には無害な側面があるのだろうかと疑問に思うようになっているかもしれない。

私たちは、共感、あるいは怒り、恥辱、憎悪の存在しない世界で暮らすことなど決してないだろう。私も、そのような世界で暮らしたいとは思わない。それらの感情は、さまざまな意味で人生を豊かにする。しかし私は、情動をしかるべき場所に据える文化を構築できると考えている。本書は、それに向けての第一歩になるだろう。

この見解は広くは受け入れられていないと述べたが、私だけの見解ではないし、それを開陳したのは私が初めてでもない。リチャード・デイヴィッドソン、サム・ハリス、ジェシー・プリンツ、ピーター・シンガーら共感の信頼性の低さを論じる研究者や、マイケル・リンチやマイケル・シャーマーら日常生活における理性の中心性を説く研究者は多い。これらの学者が味方であるのは心強い。また、共感の限界を概観し、共感を思いやりや正義感などの他の能力から注意深く区別する業績を残してきた研究者もいる。ジーン・ディセティ、デイヴィッド・デステノ、ジョシュア・グリーン、マーティン・ホフマン、ラリッサ・マクファークワー、マーサ・ヌスバウム、スティーヴン・ピンカーらである。とりわけ私は、認知神経科学者タニア・シンガーと仏僧マチウ・リカールの研究に強い印象を受けた。二人は互いに協力し合いながら共感と思いやりの違いを探究している。また私は、小説家のレスリー・ジェイミソンや文学研究者のエレイン・スカリーにも影響を受けた。二人とも、共感とその限界に関して興味深い見解を述べている。

本書は六つの章と二つの幕間から構成される。もちろんそれらのすべてを読むべきだが、多忙であれば、それらを個々のエッセイのようなものとして読んでも構わない。

第1章では、共感に対して包括的な攻撃を仕掛ける。どれか一章のみを読むなら、この章を読むべきである。第2章と第3章は第1章をさらに深く掘り下げ、共感の神経科学や心理学を提示し、さらに道徳的指針として共感がふさわしくない理由を探究する。それに続く幕間Ⅰでは、共感と政治の関係を考察し、「リベラルは保守主義者よりも共感的である」とする見方の当否を検討する。

第4章は、親密な関係における共感について考える。それに続く幕間Ⅱでは、私の研究には欠くことのできないトピック「乳児や子どもの道徳」について述べる。

第5章は悪について論じ、「共感の欠如が、人を邪悪にする」という見方に疑問符をつきつける。

本書を締めくくる第6章は理性の働きを擁護し、私たちには理性を行使しながら世の中をわたっていく能力が備わっていることを論じる。私たちは理性の時代に生きているのだ。

本書のような本を執筆することにはさまざまなおもしろさがあるが、その一つは、意外な方向へ読者を導くことができるという点にある。以後の章で読者は、戦争の起源、謝罪とサディズムの関係、意思決定に関する神経科学の成果、仏教徒の道徳心理学など、さまざまな議論を読むことができる。本のテーマは一つに絞らなければならないなどということはないはずだ。

本書の内容は、私がこれまで書いてきた他の本や論文のいずれにもまして、会話と批判の産物だと言える。本書を執筆する直前の一年間、そして執筆しているあいだ、本書に提示した考えの初期のバージョンを記した記事を、『ザ・ニューヨーカー』誌（政策に関する記事）、『ボストンレビュー』誌（親密な人間関係に関する記事）、『ザ・アトランティック』誌（理性の役割を擁護し、いかに共感が暴力を動機づけるかを論じた記事）、『ニューヨーク・タイムズ』紙（他者の心の理解をめぐって私たちが問題を抱えていることを論じた記事）など、一般向けの雑誌や新聞に寄稿してきた。それらの記事の一部は本書にも取り入れたが、それにあたり記事に対する読者の反応や、それらをめぐって行なった会話をもとに、（場合によってはかなりの）修正を加えている。

以前に発表したこれらの記事に対する反応から学んだことの一つは、多くの人が共感に対する私の攻撃をばかげていると考えていることだ。『ザ・ニューヨーカー』誌の記事がオンライン化されたとき、私はツイッターで反応を確認してみた。そうして検索された、この記事にリンクする最初のコメントは、「おそらくこれまで読んだ記事のうちでもっともばからしい」とあった。また『ボストン・レビュー』誌の記事に反応して、ある社会学者のブロガーが私のことを、「知識人の面汚し」「道徳のモンスター」と呼んだ。さらに私は、サイコパスやあくどい資本主義の擁護者などと書かれ、私の子ども時代や私生活に関して邪推する人さえいた。

だが、きわめて意地の悪い人々によって提起された反論でさえ、有益なものであることがわかった。（作家のフレドリク・デブールが「あなたを憎んでいる読者があなたにもっとも近しい読者である」と述べるように[*8]）私は、自分がとっていた立場のいくつかを変えた。たとえ自分では納得できなかったケースでも、批判は人々が一般に何に反対するのかを理解するのに役立った。間違いなく今後も反論は出てくるだろう。しかし本書では、思慮深い読者が抱きそうな懸念のうちの少なくともいくつかを予測し、あらかじめそれに答えておくつもりである。

批評家、友人、学生から受けた批判でもっとも多いのは、私の説が行き過ぎているというものだ。私は、共感の特定の特徴が私たちを誤らせることを示した。しかしこの世に完全なものなどない。おそらく問題は、私たちがときに過度に共感に依存すること、あるいは誤って共感を用いることにあるのだろう。ならばすべきことは、共感を適切な場所に位置づけることだ。だから本書のタイトルは、「反共感論（Against Empathy）」ではなく「反共感誤用論（Against the Misapplication of Empathy）」でもよかった。あるいは「共感がすべてではない（Empathy Is Not Everything）」「共感と理性は偉大な組み合わせをなす（Empathy Plus Reason Make a Great Combination）」などといったタイトルでも構わなかった。コレステロール同様、共感には善玉と悪玉があるのだ。

私はそれに関して、今でもいく分揺れている。本書では、おりに触れて共感のポジティブな側面にも言及する。共感が善き行ないを動機づける場合もあり、有徳な人は、正しく振舞えるよう他者を動機づける道具として共感を用いることができるだろう。親密な人間関係において、共感は貴重な、おそらくは他の何ものにも代えがたい役割を果たすのかもしれない。また、大きな喜びの源泉でもあり得る。共感のすべてが悪いわけではない。

しかしそれでも、私は自説にこだわる。全体的に見れば、共感は人間の営為においてネガティブに作用する。それは、コレステロールというより、糖分をたっぷり含んだうまそうなソーダのようなものであり私たちを魅惑する。だが私たちにとっては害になる。これからそのわけを説明しよう。

第1章　他者の立場に身を置く

私はここ数年、今何をしているのかと尋ねられると、本を書いていると答えてきた。内容を細かく訊かれると、「共感について書いています」と答えた。すると質問した人は、私の返答を聞いて微笑みを浮かべながらうなずくのが通例であった。それから私はおもむろに、「タイトルは反共感論です」とつけ加えた。

するとたいていの人は、笑い出した。私は最初、この反応に驚かされたが、やがて反共感論とは反子ネコ論と言うに等しいということを学んだ。つまり、あまりにもばかげているので、笑うしかないと見なされたのだ。確かに、誤解されやすい見方だと言えるだろう。そこで、最初にはっきりさせておこう。私は、道徳性、思いやり、親切、愛情、善き市民であること、人間らしくあること、品行方正さに反対しているのではない。それどころか、それらすべてに賛同するために本書を執筆したのである。私は、世界をよりよい場所にしたい。共感に頼ることは、その目的にそぐわないと考えるようになったのだ。

共感に反対することがかくも衝撃的に思える理由の一つは、多くの人々が、共感が絶対的な善であるとする前提を抱いているからだ。裕福すぎ、やせすぎということがないのと同じように、共感力が高すぎるなどということはないと考えられているのである。

その点で、共感には特異な面がある。私たちは、他人の感情、情動、能力を評価するとなると基準が厳格になる。そこに微妙なニュアンスを見分ける。怒りは、父親を狂わせて幼い息子を死ぬまで殴らせるかもしれないが、不正義に対する怒りは世界を変える場合がある。賞賛は、それに値する人に向けられればよいが、連続殺人犯に向けられればとてもそうは言えない。私は合理的思考の信奉者であり、本書でもその重要性を喧伝するつもりだ。だが、合理的思考も私たちを誤らせ得る。精神科医ロバート・ジェイ・リフトンの『ナチの医師たち（*The Nazi Doctors*）』には、強制収容所で囚人を実験台にした医師の葛藤が描かれている。[*1] リフトンは彼らを、知性を用いておぞましい所業をなすよう自らを説得した知識人として描いている。心（heart）に耳を澄ませていたら、彼らはもっとまともに振舞えたはずだ。

このように、いかなる人間の能力に関しても、長所と短所をあげることができるだろう。共感についても、同様に考えてみよう。

それにあたってまず、「共感（empathy）」という用語の意味を明確にしておかなければならない。心理学者や哲学者によってさまざまな定義が提起されており、九つの意味を列挙する本すらある。[*2]「イヌ同士のあくびの伝播や、ニワトリが示す苦痛の徴候から、患者主体の医療の実践に至るまで」あらゆる意味で用いられていると述べる研究者もいる。[*3]「おそらく共感の研究者の数だけ共感の定義が存在する」と主張する者もいる。[*4] しかし、差異はたいがい微妙なものであり、私が本書で用いる共感の意味は、それらの定義のうちでももっとも典型的なものである。具体的に言えば「共感とは、他者が経験していると自分が考えるあり方で、自らが世界を経験するようになることである」というものだ。

この意味における共感は、スコットランドの啓蒙主義哲学者たちによって詳細に論じられている。ただし、彼らはそれを「同感（sympathy）」と呼ぶ。アダム・スミスが主張するように、私たちは他者について考え、「その人の置かれた状況に自らを置き、（……）ある意味で彼と同じ人物になり、かくしてその人が持つ感覚について何らかの観念を形成し、程度において劣るとはいえ、それらとさほど異ならない何かを感じさえする」能力を持つ。[*5]

これはまさに、私が共感について考えているところでもある。しかし、他者の心のなかで起こっている事象を、感情を挟まずに評価する能力に結びつけてとらえる共感の意味もある。あなたの苦しみが私にも苦しみを与えるという意味であれば、つまりあなたが感じていることを私も感じるという意味なら、本書で私が関心を抱いている共感に該当するが、あなたの苦痛を自分では感じることなしに理解するという意味であれば、それは心理学者が社会的認知、社会的知性、マインドリーディング、心の理論、メンタライジングなどと呼んでいる能力にあたる。これも一種の共感として扱われることがあるが、それは一般に、私が焦点を置く「情動的共感」とは区別して、「認知的共感」と呼ばれている。

認知的共感については本章の後半で批判的に検討するが、さしあたりここでは、これら二つの共感が別物であることを覚えておいてほしい。それらはおのおの、脳の別のプロセスによって生じるのであり、私たちに異なる影響を及ぼす。一方の共感力に恵まれながら他方の共感力に欠ける人はいくらでもいる。

アダム・スミスが言う意味での、つまり「情動的共感」という意味での共感は、自動的、無意識的に生じ得る。彼は、物乞いの肌にできた荒れや疥癬に気づく「繊細な人々は、自分の身体の同じ場所にかゆみや不快な感覚を覚えやすい」と述べている。[*6] 作家のジョン・アップダイクは、「私の祖母が台所でむせていたとき、私は同情（sympathy）を覚えて自分ののどがつまるのを感じた」と書いている。[*7] 心理学者のニコラス・エプリーは、自分の子どもが参加しているサッカーの試合を観戦するときには、見知らぬ人に「共感キック」を見舞わないよう前列の座席をあけておくのだそうだ。[*8] また、誰かがハンマーで自分の手を叩くところを、眉一つ動かさずに直視できるほど強靭な心を持つ人はあまりいない。

だが、共感は単なる反射ではなく、養ったり、抑えたり、発達させたり、想像力で拡張させたりすることのできるものでもある。さらに言えば、意志力によって焦点を絞ったり、導いたりすることもできる。大統領になる前に行なったスピーチで、バラク・オバマは共感が一つの選択でもあり得ると述べている。彼はそこで、「自分とは違う目で世界を見ることの重要性」を強調している。彼によれば、「たとえば、飢えた子ども、解雇された工場労働者、嵐の襲来によって築き上げてきたものをすべて失った家族の目で世界を見るのである。そのような姿勢を身につければ、すなわち自分の関心領域を広げて、友人であろうがよその国の住民であろうが、他者が置かれた苦境に共感するよう自らの態度を選択すれば、行動せざるを得なくなり、手を差し伸べずにはいられなくなるはずだ」[*9]

私は彼のこの言葉が気に入っている。というのも、共感が善き行ないをなす力になり得ることをうまく表現しているからである。共感は、他者に気づかい、他者の生活の改善に向けて手を差し伸べるよう私たちを導く。

スティーブン・ピンカーは数年前、共感に関する議論を、それをテーマとする本を列挙することで開始した。

以下に、ここ二年間に刊行された本のタイトルもしくはサブタイトルをサンプルとしてあげておこう。『共感の時代——なぜ共感は重要なのか（*The Age of Empathy, Why Empathy Matters*）』『共感の社会神経科学（*The Social Neuroscience of Empathy*）』〔『共感の社会神経科学』岡田顕宏訳、勁草書房〕『共感の科学（*The Science of Empathy*）』『共感のギャップ（*The Empathy Gap*）』『なぜ共感は重要（かつ危機にさらされているの）か（*Why Empathy Is Essential (and Endangered)*）』〔『子どもの共感力を育てる』戸根由紀恵訳、紀伊國屋書店〕『グローバルな世界における共感、そして広範な共感を生んだ企業の繁栄（*Empathy in the Global World and How Companies Prosper When They Create Widespread Empathy*）』。（……他にも次のようなものがある）『共感を教える（*Teaching Empathy*）』『子どもに共感を教える（*Teaching Children Empathy*）』。『共感の起源――子どもを一人ひとり変えることで世界を変える（*The Roots of Empathy: Changing the World Child by Child*）』の著者は、小児科医T・ベリー・ブラゼルトンの推薦文によれば、「全国の学校で子ども一人ひとり、親一人ひとり、教師一人ひとりから始めて、地球の未来のために世界の平和と保護をもたらさんとして奮闘している」[*10]

本書を執筆し始めた頃、私はそれと類似の例に注目していた。ためしに今、「empathy」をタイトルもしくはサブタイトルに持つ本をamazon.comで検索してみた。それによって検索されてきた上位二〇位までのタイトルは、両親や教師向けの本、自己啓発本、マーケティング関連の本（「共感を用いて消費者が愛好する製品を生み出す方法」）であった。また、良質の科学書も二冊ほどあった。共感の擁護に専念するホームページ、ブログ、ユーチューブ動画は、多数存在する。たとえば、よく知られた「現代の社会や世界における最大の欠陥は共感の欠如である」など、共感に関してバラク・オバマが述べたあらゆる言葉を列挙したホームページがある。[*11] 本書で提示した考えのいくつかを探究した論文を発表したあと、私は、共感の重要性についてネット上で語り合い、参加メンバーのあいだで意識して共感し合うなどといった活動を行なっている「共感サークル」に参加するよう誘われた。また、共感に関する本が私の書棚やｉＰａｄにあふれるようになり、タイトルに「共感」という文句の入ったいくつかの会議に参加した。

かくして私は、いくつかの特定のできごとをめぐって共感が議論されているそのあり方に敏感になった。二〇一四年の秋、無防備な黒人が警官のとった行動のために命を落とすという事件がたて続けに発生した。それに対して多数の人々が、アメリカ人、とりわけ警官には、人種的マイノリティに対する共感が欠けているとして怒りを表明した。しかしそれと同時に私は、多くのアメリカ人には、警官や犯罪の犠牲者に対する共感が欠けているとする怒りに満ちた不満の声も記事で読んだ。どうやら、「共感がもっと必要だ」という点に関しては、誰もが同意しているらしかった。

　共感は世界を救うと信じている人は多い。とりわけ、リベラルや進歩主義者は、たいていそう考えている。認知言語学者のジョージ・レイコフは、リベラルの政治家に向けて、「あらゆる進歩主義的な政策の背景には、共感というただ一つの道徳的価値観が横たわっている（……）」と述べている。[*12] 経済学者のジェレミー・リフキンは「グローバルな共感意識への飛躍」が必要であると述べ、[*13]著書『共感に満ちた文明（*The Empathic Civilization*）』を「人類は、世界が崩壊する前に、生物《バイオスフ》圏《イア》意識とグローバルな共感を獲得できるのだろうか？」という切実な問いで結ぶ。[*14]

　ありとあらゆる問題に対して、共感の欠如という診断が下され、共感を増大させるべしとする処方が与えられている。ジャーナリストのエミリー・バゼロンは、「いじめのもっともこわい側面は共感の完全な欠如にある」と述べる。[*15] 彼女はこの診断を、いじめっ子だけではなく犠牲者を助けようとしない人々にも下している。彼女によれば、それに対する解決策は、「ほぼすべての人に共感力や礼儀正しさが備わっていることを思い出し、その種子を全力で育む」ことである。作家のアンドリュー・ソロモンは、両親とは著しく異なる子ども（小人症の子ども、性別と心の性が一致しない子ども、ダウン症候群の子どもなど）の苦難を探究し、私たちが他人嫌いの時代に生きていることを憂慮して「現代は共感の危機の時代である」という診断を下す。それと同時に彼は、共感の危機に対処するにあたり、これらの特殊な子どもたちの存在が有益であると論じ、そのような子どもたちの両親による、共感と思いやりの増大を経験したという報告を紹介している。この議論は、個人的にも身に覚えがある。私の弟は重度の自閉症を抱えているが、自閉症の子どもは神の恵みであるという話を聞いたことがある。そのような子どもは、自分とは異なる人々に対して共感するよう導いてくれるのだそうだ。

共感の欠如に関するもっとも極端な主張は、心理学者のサイモン・バロン＝コーエンによるものであろう。彼にとっては、悪人とは共感を欠いた人以外の何ものでもない。「悪とは何か？」という問いに対する彼の答えは、「共感の侵食」である。[*17]

かくも大勢の人々によって共感が道徳性の秘薬だと考えられていることは、よく理解できる。もっとも単純な議論は次のようなものだ。人間の本性として、誰もが自分自身に関心を抱いている。自分自身の快や苦に、もっとも強く配慮しているのである。手は、炎に近づけばごく自然に引っ込められ、のどが渇けばコップに向かって伸びる。しかし共感は、他者の経験を自分にとって際立ったもの、重要なものにする。あなたの痛みは私の痛みになる。だから私は、炎に手を突っ込まないようあなたに注意する。あなたののどの渇きは私ののどの渇きになる。だから私は、あなたに飲み物を手渡す。かくして、共感は私が自分自身と同じように他者を扱い、自己への配慮を他者にも向けるよう導いてくれる。

このように、積極的な共感の行使は、それなくしては生じ得ない思いやりに満ちた行動へと私たちを駆り立てる。共感は、奴隷やホームレスや孤立した人々への気づかいをもたらす。またそれによって、いじめに遭っているゲイのティーンエイジャーや、レイプの犠牲者の心中を察することができる。私たちは、軽蔑されているマイノリティのメンバーや、よその国で宗教的な迫害を受けている人々に共感することができる。それらの経験が自分にとっては未知のものであったとしても、私たちは、共感を行使することで、限定的にではあれ他者の経験を自分でも経験することができ、それを通じてよりよい人間になれるのだ。詩人のウォルト・ホイットマンは『草の葉』で、「私は、傷ついた人にどう感じているのかなどと尋ねたりはしない。私自身が傷ついた人になるのだ」と書いている。[*18]

共感は、善き行ないをなすよう他者を駆り立てることもある。親なら誰であれ、悪いことをすれば何が起こるかを子どもに教え諭す。「誰かがそれと同じことをあなたにしたらどう感じると思う？」などと釘を刺すのだ。心理学者マーティン・ホフマンによれば、普通の子どもは、一年におよそ四〇〇〇回、共感力に訴えかけるその種の示唆を受ける。[*19] あらゆる慈善事業、政治運動、社会運動が、行動を促すために人々の共感に訴えかけている。

それだけではない。私はここまで、認知神経科学の研究、哲学的分析、乳児やチンパンジーやラットを対象にした調査に関しては何も取り上げなかったが、それらのすべてによって、私たちを善き人にするにあたり、共感が重要な役割を果たしていることを示す結果が得られている。

共感の最大の擁護者でさえ、善き行ないには他にも動機があり得ることを認めるだろう。哲学の分野から、古代中国の孟子が最初に考案した古典的な例を一つあげよう。あなたは池のほとりを歩いていて、浅瀬でおぼれかけている子どもを目にしたとする。池に入ってこの子どもを楽に救えるのなら、あなたはそうすべきである。見て見ぬふりをして通り過ぎるのは間違っている。

何がこの行為を動機づけているのだろうか？　おそらくあなたは、自分がおぼれているかのごとく感じたのかもしれないし、自分の子どもがおぼれたことを知った両親がどう感じるかを思い浮かべたのかもしれない。その種の共感感情は、あなたを行動へと駆り立てる。だが、それは必須のものではない。つまり、子どもをおぼれるにまかせておくことが間違いであることを認識するのに、共感は必ずしも必要ではない。まともな人間であれば誰でも、共感に駆り立てられずに、とっさに池に入って子どもを抱え上げることだろう。

より一般的に言えば、哲学者のジェシー・プリンツらが指摘するように、私たちは、共感には依存せずにさまざまな道徳的判断を下す能力を備えている。[*20] 実のところ、共感の対象になる犠牲者がいない悪事はあまたある。私たちは、脱税者、車の窓からゴミをポイ捨てする人、割り込みをする人を非難する。だが、それらの行為によって被害を受ける人を明確に特定できるわけではない。つまり、そこには共感の対象になる、わかりやすい犠牲者はいない。

したがって、道徳には共感以上の何かがなければならない。何が正しく何が間違っているかの判断、ならびに行動を起こす動機には、さまざまな源泉がある。人によっては、それらが宗教的な価値観や哲学的な見方に根ざしていることもあろう。道徳は、他者の運命に対する、より幅広い

「diffuse」の訳。「拡散した」という意味だが、本書では「スポットライトのように対象を狭く特定しない」という意味で使われている〕関心に動機づけられている場合もある。それは気づかい、あるいは思いやりなどとも呼ばれ、これから詳しく論じていくが、私の見るところ、共感よりすぐれた道徳の指針になる。

その働きを理解するにあたり次の例を考えてみよう。地球温暖化、化石燃料の枯渇、環境破壊、狂信的な宗教の興隆を憂慮し、世界の未来をよりよいものにするためにたった今行動している人々がいる。これらの憂慮は、共感に基づく特定の個人との結びつきには何ら関係がない。そもそも共感の対象とすべき具体的な犠牲者は存在しない。それらはむしろ、人類の生活や繁栄に対する、より一般的な気づかいに根ざしている。

場合によっては、共感に基づく配慮は他の道徳的配慮と衝突する。これを書いている現在、学問の世界では、大学教授は講義やセミナーに先立って、そこで提示される題材が、心的トラウマを負った学生など、特定の学生を動揺させると判断される場合、それについて前もって告知し、その期間席をはずせるよう取り計らうべきか否かが議論されている。

こうした「トリガー警告」を肯定する議論は、たいがい共感の概念に基づいている。たとえばレイプとは何の関係もない講義で、教授が学生に婦女暴行シーンのあるビデオを見せたら、レイプの犠牲者はどう感じるだろうか？　おぞましく感じられるはずだ。それにもかかわらず、我慢して見続けるか、講義の途中で席を立つという屈辱的な経験に耐える以外に方法はない。そのような状況に置かれた学生に対して共感を覚える人なら（おそらくまともな人はすべてそうであろうと思うが）、トリガー警告をすぐれた方針として受け入れることだろう。

ある学者は、トリガー警告を支持する動きを嘲笑気味に「共感コレクトネス」と呼ぶ。[*21] 彼女の主張によれば、「欧米の規範に安住することに疑問を呈する厳しいテキストによって現状に挑戦せず、学生は、（……）満足しきった自分に異議を申し立てるテキストを読むことを拒んでいる」。しかし、この見解はあまりにも否定的すぎる。「満足しきった自分」に対する懸念は、カリキュラムを再構成する理由としては不十分であるのに対し、現実的な苦痛や苦悩は、それとは違って十分に配慮に値するはずである。

トリガー警告に反対する議論についてはどうか？[*22] それも人々の福祉をめぐってのものではあるが（いったい他にどんな要因があるのだろうか）、本質的に共感を論拠にはしていない。というのも、それらは特定の個人への配慮に結びついておらず、長期的、手続き的、抽象的な側面に対する考慮に依拠するものだからである。トリガー警告は、学生が新たな経験に直面することで恩恵を受ける学問の世界の精神に反すると、また、何が人々を動揺させるのかを予測することは不可能なので、トリガー警告は実践的ではないと、批評家は主張する。さらには、トリガー警告に焦点を置くことで、大学はメンタルヘルスなどの、より重要な問題から注意を逸らされる結果になるとも主張する。

もちろんその手の議論を提起する人々は、現実のものであろうが、想像上のものであろうが、個人に対する共感を喚起しようと試みることもできるだろう。道徳的な議論においては、共感は、どんな見解でも口あたりをよくするスパイスとして機能するのだから。しかしトリガー警告に反対する議論の論旨は、特定の個人に対する配慮には置かれていない。このように、トリガー警告をめぐる議論は、道徳的な配慮を動機づける方法は複数あることを示している。

共感が他の道徳的配慮と衝突する別の例として、社会心理学者C・ダニエル・バトソンらが行なった実験があげられる。[*23] この実験の被験者は、致命的な病気にかかり、苦痛を緩和するための治療を受ける順番を待つ、シェリ・サマーズという名の一〇歳の少女に関するストーリーを聞かされ、彼女を待機リストの先頭に割り込ませる権限を持っていたらどうするかが尋ねられた。ただ単に何をすべきかを尋ねられた場合、被験者は、治療を必要とする子どもが彼女より前にいるので、彼女を先頭に割り込ませるべきではないと答えた。しかし彼女がどう感じるかを想像してみるよう最初に促されると、被験者は、優先されるべき他の子どもたちを差し置いて、彼女を先頭に割り込ませることが多かった。ここでは、共感が公正さより強く作用し、被験者は、たいていの人が道徳にもとると見なすような判断を下している。

現実世界には、共感による配慮に動機づけられていない親切な行為がたくさんある。しかし、それらのケースは見過ごされやすい。というのも、他の動機に基づく行動でも、共感に基づくものと性急に見なされやすいからである。『共感試験（*The Empathy Exams*）』の著者レスリー・ジェイミソンは、冤罪のせいで数年間刑務所に収容されていた、ジェーソン・ボールドウィンという名の人物の話を聞きに行ったときのことを記している。[*24]「私は、自分に罪を着せた人々を許す、一見すると直感的と思われる能力に思いを馳せながら、彼の寛大さを賞賛しようとして立ち上がった。私は彼に、この寛大さが何に由来するのかを尋ねてみた。そのとき私は、共感の網の目、想像力の行使、他者の心を理解するためのシステムなどといった、日頃私が考察の対象にしている資質について考えていた。しかしボールドウィンは、それらとは無縁の、はるかに単純な答えを返してきた。キリストへの信仰である」

あるいは、所有資産四五〇〇万ドルのほぼすべてを寄付したツェル・クラヴィンスキーの事例を考えてみよう。それでも十分ではないと考えた彼は、家族の強い反対を押し切って、赤の他人に片方の腎臓を寄付する手続きをとったのだ。そのような人は、他者に向けられた自分の感情に心底まで揺り動かされる超共感者であるかのように思えてくる。しかし少なくともクラヴィンスキーに限って言えば、事態はまったく正反対である。哲学者のピーター・シンガーは彼を次のように評している。「クラヴィンスキーは聡明な人物だ。教育学とジョン・ミルトンの詩をテーマに、二つの博士号を持つ。（……）彼は、算術に基づいて利他主義を実践する。腎臓を寄付した結果死ぬ確率が四〇〇〇分の一にすぎないことを報告する論文に言及しつつ、腎臓を寄付しないことは、自分の命が他人の命の四〇〇〇倍に値すると言うに等しいと、彼は主張する。彼にとって、そんなことはとても正当化できないのだ[*25]」

さらにシンガーは、「クラヴィンスキーのように冷徹な論理と合理的思考に動機づけられた人は、実のところ共感にとらわれた人よりも人々の役に立つ」と続ける。本書では、この見方に何度も立ち返ることになるだろう。

したがって、思いやりや道徳には共感以上の何かがある。共感をどんぶり勘定で定義してその内容をすべて骨抜きにするか、道徳心に関して想像力に欠ける無味乾燥な見方をとらない限り、そのことは否定し得ない。私たちは複雑な存在であり、道徳的な判断や行動に至る道筋はたくさんある。それに対する妥当な反応は、「共感は道徳のすべてではないが、そのもっとも重要な側面である」というものであろう。「共感対宗教」「共感対理性」「共感対より距離を置いた思いやり」などといった問題に直面すると、そこには対立などないと考えるか、対立があるのなら共感が勝利すべきだと考えるかのいずれかだろう。先にあげたトリガー警告の例で言えば、共感を擁護する側が正しいと考えるのだ。共感の後押しなく他者を手助けする人の道徳性を疑問視する向きもあるだろう。あるいは、宗教的な信念に動機づけられているとしてボールドウィンをあざ笑う人や、風刺漫画に描かれた血の通わない功利主義者であるかのごとく、妻や子どもを犠牲にしてまで赤の他人の効用を最大化させようとするクラヴィンスキーは、つまるところそれほど善人ではないのではないかと訝る人もいるかもしれない。

では共感をテストするにはどうすればよいのだろうか？　一つはその結果を見ることだ。共感によって世界がよりよい場所になることが確認されれば、共感の擁護者の正しさが実証されるだろう。しかしその逆に、共感を行使したおかげで状況が悪化し、苦難が増大し、繁栄や安寧が損なわれるのなら、共感以外の何かを指針とすべきであろう。

道徳性ということになると、結果がものを言うことは誰にも否定できないはずだ。なぜおぼれる子どもを助けるべきなのかを尋ねられれば（そのような問いを発するのは哲学者くらいであろうが）、「子どもを死なせれば、ものごとが悪化するから」というのが一つの妥当な答えになろう。溺死した子どもは、生きていれば享受できるはずのさまざまなすばらしいできごとを体験できなくなるのだから。また子どもの死は、多くの人々にひどい苦しみを与える。池に入って子どもを助ければ、これらのおぞましい結果はすべて避けられる。

行動の結果を前もって知ることは、困難な場合が多い。野球選手のヨギ・ベラがかつて述べたように、「とりわけ未来に関しては、予測がむずかしい」。裕福な家庭の息子が麻薬をやって逮捕されたら、両親は保釈金を積むかもしれないし、積まずに留置所に一晩放置して頭を冷やさせるかもしれない。妊娠した女性は中絶するかもしれないし、学生は学位を取得するために試験でカンニングをするかもしれない。ウォール街を去って神学校に通う者もいるだろう。これらの行動の結果を前もって予測することはむずかしい。よって何が正しい行為なのかを知ることも困難である。

もちろん行動の結果を確信していて、判断が楽なケースもある。他の条件がすべて等しければ、一人を救うより百人を救うほうがよい。レイプ、飲酒運転、放火は間違っている。しかし一般には、つねに何らかの不確実さがともなう。私たちは、善きことを行なおうとするとき、自分のコントロールが及ばない要因に直面しながら、ポーカープレイヤーのごとく賢く選択したいと望む。テキサス・ホールデム〔ポーカーの一種〕では、最強の手札アメリカン・エアライン（エースのペア）を手にしているとき、誰かが大きく賭ければ自分もコールするのが当然だ。しかしそれでも負けることはある。自分の手札以外の札の出方を予測することは不可能だからだ。事実、エースのペアを手にしていても、任意の手札を相手にしてさえ、一五パーセントの確率で負ける。だが結果的に負けたとしても、エースのペアを手にしていてコールするのは妥当な判断だ。それでも負ければ、単につきがなかったにすぎない。

同様に、おぼれかけているところを自分が救った少女が独裁者になって世界を破滅に導いたとしても、それは不運な結果、つまりポーカープレイヤーの言う「バッドビート」であって、その選択自体は間違っていない。私は最初、哲学セミナーで取り上げる一種の奇矯な仮説としてこの例を考えたのだが、大学院生の一人に次のような記事があることを教えられた。一八九四年の冬、ドイツのパッサウで、凍結した川の上で鬼ごっこをしている最中に氷を踏み抜いて川に落ちた四歳児を、ヨハン・クーベルガーという名の神父が助けた。地元紙は彼を、「勇敢な同志」として取り上げた。[*26] ある資料によれば、この子どもはアドルフ・ヒトラーだったのだそうだ。

一般に、正しくあろう、善きことを行なおうとする際に有用な方法の一つは、自分の行動によって引き起こされる結果に配慮することである。何が正しいのか、何が間違っているのかに関するこのような考え方はときに「帰結主義」と呼ばれ、ジェレミー・ベンサム、ジョン・スチュアート・ミル、ヘンリー・シジウィック、また最近ではピーター・シンガーやシェリー・ケイガンらの哲学者たちによって、さまざまな形態で擁護されてきた。細かな議論においては各人見解が異なるが、よい結果が得られる可能性を最大化することが道徳の要諦であると見なす点では、彼らは同じ考えを持っている。

とはいえ、誰もが帰結主義者なのではない。結果を考慮せずに、特定の原理に基づいて行動すべしとする見方をとる者もいる。たとえば、結果の如何にかかわらずうそをつくことは正しくないとするイマニュエル・カントの主張はよく知られている。拷問に関して同様な見解を述べる人もいる。

いかに切羽つまっていようが、囚人の爪の下に針を突き刺すことで多数の人命を救えたとしても、拷問は間違っており絶対にしてはならない。そう彼らは主張する。

ある行為が正しいか間違っているかを判断する私たちの日常的な感覚が、結果のみに関係するわけではないことは確かである。故意に人を殺すことと、(運転していた車が凍結した地面でスリップしてコントロールが効かなくなったなどの)不慮の事故で誰かを死なせることのあいだには、どちらのケースでも人命が失われた事実に変わりはなくても、明らかな道徳的差異がある。また、帰結主義の論理が、心底からの道徳的直感と対立する答えを出すこともままある。友人や家族に対する義務感に関する、その種の対立についてはのちに検討する。

これらの問題に関して言うべきことはたくさんあるが、ここでは二点のみ指摘するにとどめておく。一点目は次のようなものである。帰結主義と特定の原理に基づく道徳観のあいだの懸隔は、見かけほど大きくはない。[*27] 非帰結主義的で抽象的に見える原理の多くは、実際には帰結主義の用語で弁護することが可能であり、事態を悪化させる場合があったとしても、抽象的に適用したほうが私たちにとって結果がよくなる有用なルールと見なすことができる。「赤信号では必ず止まれ」などのルールを考えてみればよい。このルールはある意味で、帰結主義的ではない。車の流れが途絶えていて、家に早く帰らなければならないとすれば、赤信号は無視したほうが概して都合がよい。しかしそれでも、社会にとっては、個人に判断を委ねるより、絶対的なルールを課したほうが合理的である。誰かが交差点で時間を奪われることより、人々が愚かな間違いをしないという恩恵のほうが重要だ。「拷問をしてはならない」という原理に関しても、同じように考えることができるだろう。たとえ拷問を正当化し得るケースがあったとしても、絶対的に禁止したほうが、私たち全員にとって結果がよくなる。

二点目は次のようなものである。いかなる抽象的な道徳原理が存在しようが、結果も重要である点は誰にも否定できない。カントに軽い傷害と殺人のどちらかを選ぶよう促せば、彼はどちらも正しくないと不平をこぼすだろうが、後者のほうがより邪悪であることを認めるにやぶさかではないはずだ（そうでなかったら、カントにとってさらに厄介なことになる）。

ならば、共感によって何が結果としてもたらされるのだろうか？　それは世界をよりよい場所にするのか？

確かにそう思える。共感は、他者の苦難をあたかも自分の苦難であるかのように扱い、それを取り除こうとする行動へと人々を動機づけるのだから。あなたは、ティーンエイジャーがいじめられているのを見て、最初は加虐趣味や退屈しのぎ、あるいは支配欲や仲間はずれにされたくないという願望から、いじめっ子の側に加担したいと思う。しかし共感を通して彼の痛みを感じたあなたは、いじめられるのがどのようなことかを悟り、彼の痛みをさらに増大させようとはしなくなる。あるいは、彼を守ろうとするかもしれない。このように、共感は注意を方向づけるスポットライトのようなものであり、必要とされている場所に注意が向けられるよう導く。

しかし、スポットライトは焦点を狭い範囲に絞る。共感にあっては、それが一つの問題になる。

大勢の人々が援助を必要とし、個々の行動の効果が次第に薄まったり、遅れたり、その測定が困難であったりする世界、あるいはたった今一人を助ける行為が、未来世代に多大な苦難をもたらし得る世界では、共感はあまり有効に機能しない。

さらに言えば、スポットライトはそれが向けられた一点しか照らし出さないがゆえ、共感には先入観が反映されやすい。私たちは、見知らぬ国で暮らす人々の苦難が、近所の人々の苦難と変わらずにひどいものであると頭では理解していても、近親者や自分と似通った人々、あるいは自分の目に、より魅力的に見える人々、か弱く見える人々、それほど脅威を感じない人々に、はるかにすんなりと共感できる。白人のアメリカ人は、黒人も白人と同じように重要であると頭では考えていたとしても、一般には、黒人の苦難よりも白人の苦難に共感しやすい。共感はこの点で、先入観と同様、道徳的判断を歪めるのである。

特定の個人に焦点を絞るという点でも、共感は限定されている。スポットライト的な本質のために、どうしても近視眼的で数的感覚を欠いたものと化すのである。したがって、集団に対する自分の行動の影響を適切に見越せず、統計的なデータや費用対効果に無感覚になる。

この弱点を理解するには、「はじめに」でも取り上げたが、二〇一二年にコネチカット州サンディフック小学校で発生し、子ども二〇人、おとな六人が犠牲になった銃乱射事件について考えてみればよい。なぜこの事件は、かくも激しい反応を引き起こしたのだろうか？　アメリカでは、過去三〇年を通じて銃乱射事件のせいで数百人が命を落としている。だが、銃乱射事件がおぞましいものであることは確かとしても、犠牲者の数で言えば、これはアメリカで起こった殺人事件全体のおよそ〇・一パーセントを占めるに過ぎず、統計的にはないに等しい[28]（つまり、魔法の杖を使って銃乱射事件が金輪際起こらないようにできたとしても、全体的な殺人発生率に注目している人は誰も、それに気づきさえしないということである）。事実、サンディフック小学校銃乱射事件が発生した年、アメリカのたった一つの都市（シカゴ）で殺害された児童の数のほうが、ニュータウンで犠牲になった児童の数より多い。それにもかかわらず、私は調べてみるまで、シカゴで殺された子どもたちについて考えたことなどまったくなかったし、今後もう一度考えることもないだろう。それに対し、ニュータウンで犠牲になった子どもたちのことはおりに触れて思い出す。なぜだろうか？

その理由の一つは、この事件が個別的なものだからだ。それに対しシカゴでの殺人事件は、言ってみれば背後でつねに生じている騒音に近い。私たち人間は、新奇で特異なできごとに注意を引かれ、情動反応を引き起こすようにできている。

もう一つの大きな要因は、私のような人間には、ニュータウンの子どもや教師、あるいは子どもの両親に共感を抱きやすいからである。彼らは、私がよく知り大切にしている人々に非常に近い。それに対し、シカゴに住む黒人の子どもたちは、それほど近しくは感じられない。

ニュータウンで発生した銃乱射事件に反応して人々がしたことにも、共感の限界がよく現われている。過剰な慈善行為が、町の負担になったのだ[29]。市当局がやめるよう要請していたにもかかわらずニュータウンに続々と送られてくる贈り物や玩具を、数百人のボランティアを募って整理しなければならなくなったのである。広大な倉庫にあふれかえった派手な玩具は、住民にはまったく用をなさなかった。また、この比較的裕福なコミュニティにあてて数百万ドルが寄付された。ここには、一種の悲喜劇がある。はるかに貧しいコミュニティに属する人々が、執拗な共感のうずきに導かれて、自分たちよりはるかに裕福な人々に金銭を送ってきたのだから。

この指摘に対する妥当な反発の一つは、「その種の常軌を逸した非合理な反応によって共感を問題視すべきではない」「真の問題は、私たちには他者に対する共感が十分に備わっていないことにある」というものだ。犠牲になったニュータウンの子どもやその家族に共感すべきなのは当然のこととして、シカゴの子どもたちや家族にも、バングラデシュや平壌《ピョンヤン》やスーダンなどで暮らす、世界中の数十億の人々にも、さらには十分な食べ物を手にできない高齢者、宗教的な迫害の犠牲者、十分な医療を受けられない貧者、実存的な不安に苛まれている金持ち、レイプの被害者、冤罪で痴漢行為を告発された人にも共感すべきだというわけである。

しかし、それは土台不可能である。頭では、これらすべての人々の生活にも価値があることを理解し、何らかの判断を下すときにその点を斟酌《しんしゃく》できたとしても、あらゆる人々に共感することなどできはしない。それどころか、一人もしくは数人を超える人々に同時に共感することは無理である。嘘だと思うのならやってみればよい。たった今困難な問題を抱えている知人を思い浮かべ、その人がどう感じているかを自分でも感じてみる。同時に、それとまったく同じことを、違った苦難を経験し、異なる感情を抱いている別の知人を対象に行なってみるのだ。これら二人の知人に同時に共感することができるだろうか？　できるのなら拍手を送りたいところだが、ならば三人目に同時に共感することができるだろうか？　それも可能だと言うのなら、一〇人、一〇〇人、一〇〇〇人、あるいは一〇〇〇万人では？　数年前、作家のアニー・ディラードは、次のように述べてその見方を嘲笑した。「中国では現在、一一億九八五〇万人が暮らしている。これが何を意味するかを感じるには、単純にあなたの独自性、重要性、複雑性、愛情を取り上げて一一億九八五〇万倍すればよい。そこに何かを感じるだろうか？　何も感じないはずだ[*30]」

神なら（存在すればだが）、生きとし生けるものすべてに同時に共感することができるだろう。だが私たち人間にとって、共感はスポットライトのようなものである。つまり、焦点が絞られ、自分が大切に思っている人々は明るく照らし出し、見知らぬ人々や、自分とは違う人々や、脅威を感じる人々はほとんど照らし出さないスポットライトなのだ。

大勢の人々が関わる問題に直面すると黙して語らないというだけでも十分に問題だが、共感にはそれ以上に大きな問題がある。つまり、共感は大勢よりたった一人を重視するよう私たちを仕向けるのだ。この倒錯した道徳的な論理は、政府や一般市民が、数百万人、それどころか数十億人に影響を及ぼすできごとより、井戸にはまった少女に大きな注意を払う理由の一つでもある。だから人間は、数人が受けた苦痛のために、やがてそれとは比べ物にならないほど大勢の人々を苦難に突き落とす、戦争などのおぞましい行為に走ることがあるのだ。

とりわけ共感は、特定の個人ではなく統計的に見出される結果に対しては反応を示さない。欠陥のあるワクチン接種のせいで、かわいらしい八歳の少女レベッカ・スミスが重病にかかったとしよう。彼女が苦しむところを目のあたりにし、彼女や家族の話を聞いたとすると、あなたは共感を覚え、行動したくなるだろう。だが、ワクチン接種プログラムを中止すれば、数十人の任意の子どもが死ぬとする。この場合、あなたはそれらの子どもに共感を覚えることはないだろう。統計的な数値に共感することなどできないのだから。無数の見知らぬ子どもたちが死ぬより、一人の特定の子どもが死ぬほうがよいと評価するなら、あなたは共感以外の能力を行使していることになる。

ウィリー・ホートンについて考えてみよう。一九八七年、殺人犯のホートンは、マサチューセッツ州にあるノースイースト・コレクショナル・センター〔刑務所〕から一時帰休を許され出所しているあいだに、ある女性を、彼女の婚約者を襲いひもで縛ってからレイプした。その後この一時帰休プログラムは、マイケル・デュカキス知事の恥ずべき間違いだと見なされるようになり〔デュカキスが長く知事を務めたマサチューセッツ州では、殺人犯に一時帰休が認められていた〕、続く大統領選挙で、対立候補によって批判の材料として利用された。

だがこのプログラムは、そのようなできごとが起こる可能性を低下させたかもしれない。[*31]当時の報告によれば、マサチューセッツ州における再犯率は、このプログラムが導入されてから一五年のあいだ低下し、釈放前に一時帰休を認められた受刑者は、そうでない受刑者に比べ再犯に走ることが少なかった。プログラムが実施されているあいだ、殺人やレイプの件数が減り、平均して世界はよくなったと言える。ところが私たちは、ホートンの犯罪の犠牲者には共感を寄せるのに、プログラムのおかげでレイプや暴行や殺害を免れた人々となると、共感は口を噤《つぐ》んでしまうのである。

この問題は政治に限られない。日常的な親切心で真に重要なのは共感ではなく、自制、知性、および共感より対象が広い思いやりであることをこれから見ていく。実のところ、共感力が高い人は、他者の感じている苦痛にあまりにも強くとらわれやすい。しかし他者の苦痛にとらわれていると、苦難に陥った人々を長期的に援助することが困難になる。というのも、長期的な目標を達成するためには、短期的な苦痛を与えざるを得ない場合が多々あるからだ。たとえば善き親であろうとすれば、そのときは子どもが不満を感じたとしても、将来のために子どもに何かをさせたり、禁じたりしなければならない場合がしばしばある。「宿題をしなさい」「野菜を食べなさい」「早く寝なさい」「注射をするあいだじっとしていなさい」「歯医者に行きなさい」などといった具合に。将来のために一時的に子どもに苦痛を与えることは、愛情、知性、思いやりによって可能になるのであり、共感はそれを妨げることがある。

ここまでは、アダム・スミスの定義する意味で、すなわち他者が感じていること、とりわけ苦痛を自分でも感じるという意味での共感に焦点を絞ってきた。その種の共感が偏狭でバイアスがかかったものであることを論じてきたが、さらなる事例やデータを用いながら、本書全体を通じてこの論点を拡張していくつもりである。共感は、他の人々を犠牲にして特定の人々に焦点を絞る。また数的感覚を欠くため、道徳的判断や政策に関する決定を、人々の苦痛を緩和するのではなく引き起すような方向へとねじ曲げる。

しかし共感には別の意味、別の側面がある。すなわち、他者が何を考えているのか、何がその人を怒らせたのか、他者が何を快く感じ苦痛に感じるのか、その人にとって何が恥辱的で何が誇らしいのかを理解する能力というとらえ方だ。ここでは、他者の痛みを自分でも感じる能力ではなく、他者が痛みを感じていることを、必ずしも自分では経験せずに理解する能力が問われている。この種の「認知的共感」にも反対すべきだろうか？

私には、それに反対することはできない。道徳性を行動の結果という視点でとらえるのなら（少なくとも部分的には、誰もがそのような見方をとっている）、善き道徳的主体であるためには、人のあり方を理解する必要がある。人々を幸福にするにはどうすればよいかを知らずして、いかに人を幸福にできるのだろうか？　何が人々を悲しませるかを知らずして、どうやって人を傷つけないよう配慮できるのか？　いかに意図は純粋であろうと、他者の心をいくばくかでも理解していなければ、あなたの行動はせいぜいランダムな影響を及ぼすにすぎない。

私は成績の悪い学生と面談する際、その学生が過剰な不安やきまりの悪さを感じることのないよう話をしようとするが、それは親切心からである。姪の誕生日にプレゼントをあげるときには、自分が欲しいものではなく彼女が欲しがっているものをあげるべきであることは、道徳哲学者でなくともわかるはずだ。このように、建設的な態度で人と接するためには、相手が何を考えているのかをある程度把握しておく必要がある。

この種の理解は、政策レベルでも不可欠である。たとえば、判事を選ぶ基準の一つとして共感力を含めるべきか否かが盛んに論じられている。ここまで読んできた読者は驚くかもしれないが、私の答えはイエスだ。ただし、「認知的共感」という意味で「共感」をとらえるのであればだが。私は、「多くの法的な決定は、残虐性、有償、強制の有無に関する判断に基づいてなされる」というトーマス・コルビーの見解に同意する。[*32]　この判断を行なうには、人のあり方を理解していなければならない。

コルビーは、麻薬の所持を疑い、一三歳の女生徒を身体検査した学校職員が、〔不法な捜索や押収を禁止する〕合衆国憲法修正第四条によって付与される彼女の権利を侵犯したか否かを裁定した判例を論じている。現行の規定に従えば、そのような検査は「過度に侵襲的ではない」ものでなければならないとされており、コルビーは、それを判断するためには、その状況が一三歳の少女の立場からどう感じられるかを知ることが一つの要件になると述べている。つまり、判事は認知的共感力を必要とするのだ。

しかし、そのような他者の心の理解は没道徳的（amoral）な道具《ツール》であり、いかなる目的を達成するためにも用いることができる。成功しているセラピストや両親は強い認知的共感力を備えているが、同じことは首尾のよい詐欺師、色魔、虐待者にもあてはまる。あるいは、いじめを考えてみればよい。[*33] いじめっ子は、自分のフラストレーションを他者になすりつける社会的無能者であるという定型化した見方がある。しかし実のところ、他者の心を理解するという点では、いじめっ子は通常の子どもにまさる。人をいやがらせるにはどうすればよいかをよく心得ているのだ。だからこそ、実に効果的に他者をいじめられるのである。それに対し、社会的知性や「認知的共感力」に劣る子どもは、いじめの対象になることのほうが多い。

最後に、認知的共感の効力を示す事例を文学作品から取り上げよう。その作品とはジョージ・オーウェルの『一九八四年』だが、主人公のウィンストン・スミスではなく、ウィンストンに友人であるように思わせておいて、のちに思想警察のエージェントとしての正体を露わにして彼を拷問にかけるオブライエンに、認知的共感の力を見て取ることができる。

オーウェルの手になるオブライエンの描写はみごとである。彼はさまざまな意味で怪物だが(オーウェルは彼を、考え得る限りもっとも残酷な政府の擁護者として描いている)、愛想がよくて近づきやすく、他者の思考や行動を予測することに長《た》け、ごく自然に人々と接することができる。ウィンストンは電撃で拷問されるあいだ、背骨が砕けるように感じる。オブライエンは彼の表情を見ながら、「きみは、次の瞬間何かが壊れるのを恐れている。とりわけきみの背骨だ。きみは今、脊椎が折れてばらばらになり、髄液がこぼれ出てくるところをまざまざと思い浮かべている。違うかね、ウィンストン」と言う。[*34]

のちのシーンでオブライエンは、「少なくとも自分を理解してくれ、話しかけることができるから、私が友人か敵かはどうでもよい、(……)ときみが日記に書いたことを覚えているかね? そのとおりだ。きみと話をするのは楽しい。きみの心は魅力的だ。私の心に似ているからね。ただし、私と違ってきみは狂っているがね」と言う。[*35]

ウィンストンが何かを考えるたびに、あたかも彼の心を読んでいるかのごとく、オブライエンはそれについてコメントする。最後にオブライエンは、ウィンストンの最大の恐れを利用して彼を破壊する。それは、オブライエンには一度も打ち明けたことがないはずのもの、それどころかウィンストン自身でも、それまではっきりと認識していなかったものであった。ここには、認知的共感力が悪の手に渡るとどうなるかがみごとに示されている。

認知的共感は便利なツールであり、善き人であろうとするのなら必須のものでもある。だが、道徳的には中立的に働く。それに対し、アダム・スミスやデイヴィッド・ヒュームによって「同感（sympathy）」と、また通常は単に「共感（empathy）」と呼ばれ、多くの学者、神学者、教育家、政治家に擁護されている情動的共感の能力は、実のところ道徳を蝕むように働くと、私は考えている。道徳的な判断を下そうとして、他者の快や苦を自分でも感じようと努めている自分に気づいたら、その行為はやめるべきだ。その種の共感力の行使は、ときに満足を与えることもあるが、ものごとを改善する手段としては不適切であり、誤った判断や悪い結果を生みやすい。それよりも、より距離を置いた思いやりや親切心に依拠しつつ、理性の力や費用対効果分析を行使したほうがはるかによい。

本書では以後、この立場を詳細に説明し、その妥当性を示していく。その際、大局的な観点から世界政治について探究したり、逆に個人対個人の関係に焦点を絞って検討したりする。また戦争の原因や、悪の本質についても考察する。共感には恩恵があることを認める場合もあるが、すべてを考慮すると、それなしで済ませたほうが結果はよくなるという結論を引き出す。

この見方には妥当な反論がいくつか存在する。それらの多くは、ここまでの議論を読んで読者の頭にも浮かんできたかもしれない。いずれにせよ、本書の口火を切る本章で、それらの予想される反論を取り上げ、まずそれに対する簡単な回答を与えておく。そして次章以後で、それを補足していく。

最初の反論は、「はじめに」で言及した用語の問題に関するものである。

> あなたは共感に反対すると言う。だが実のところ、「共感」は親切心、配慮、思いやり、愛情、道徳性などを意味する。あなたの言う、「他者の感じていることを自分でも感じようとすること」とは、共感とは別の何ものかである。

私は用語の定義をめぐる議論がきらいだ。私たちが相互に理解し合っている限り、重要なものごとが、特定の用語の定義に依拠したりなどしない。私には私の共感の定義があるが、読者がそれとは異なる定義をご所望なら、それはそれでいっこうに構わない。そして読者が道徳性を共感の定義と見なしているのなら、その意味では私は共感に反対したりはしない。

だが私は、ランダムに言葉を選んでいるのではない。他者の感情の反映《ミラーリング》という意味に言及する用語としては、「共感（empathy）」がベストだと考えている。それは、「(現代の用法における) 同情（sympathy）」や「哀れみ（pity）」よりも適切である。これらの用語はネガティブな意味でしか使えない。あなたがこのうえもなく幸福で、そのために私もこのうえなく幸福に感じるのであれば、「私はあなたに共感する」と言うことができる。その状況に対して、「私はあなたを哀れに思う」あるいは「私はあなたに同情する」と言うのは奇妙である。また、「同情」や「哀れみ」のような用語は、他者の感情に対する自分の反応を意味するのであって、その直接的な反映を意味するのではない。たとえば、退屈している誰かを見て気の毒に思うのは「同情」であるのに対し、自分も退屈に感じるのは「共感」である。あるいは、痛がっている人を見て気の毒に思うのは「同情」であるのに対し、自分でも痛みを感じるのは「共感」である。

心理学者は、悲嘆にくれている人を見て自分も悲しくなる、あるいは誰かが笑っているのを見て自分も笑いたくなるなど、ある人の感情が別の人に伝播するような状況を指して「情動伝染」と呼ぶ。このような「情動伝染」は共感に関連するとはいえ、まったく同じではない。そもそも伝染すべき情動が存在しなくても、誰かの苦境を想像しただけで、その人に共感を覚えることができる。また相手が情動を表に出していなかったとしても、相手の情動を推測することで共感を覚えることがある。

最後にもう一つ指摘しておくと、共感は「思いやり（compassion）」や「配慮（concern）」にも関係する。事実、これらの用語は同義語として用いられることがある。だが、思いやりや配慮は、共感より対象となる範囲が広い。たとえば、数百万人のマラリアの犠牲者「に共感する」という言い方は変だが、そのような人々「を思いやる」、あるいは「に配慮する」という言い方はまったく普通である。また思いやりや配慮は、他者の感情を反映する必要がない。誰かが拷問の被害者を元気づけるために快活な態度で介抱したとすると、その人は被害者に共感してそうしたとは言えない。むしろ、思いやりをもってそうしたと言うべきであろう。

いずれにしても、これから見ていくように、道徳性の基盤は、ここで私が論じている意味での共感にあると考え、他者が感じている痛みを、その人の立場に身を置いて自分でも感じることの重要性を強調する人は大勢いる。かつては私もその一人であった。

共感力の強い人ほど親切で面倒見がよく、道徳的である。これは、共感が善の力であることを示す。

そう考えている人は多い。つまるところ、誰かを「共感に富む人」と呼ぶことは、「賢い人」「ユーモアにあふれた人」と呼ぶに匹敵するほど、その人をほめていることになる。出会い系サイトのプロフィールには、自分の共感力の高さを宣伝する文をつけ加えておくとよい。

しかし共感とその他の特徴のあいだに関係があるという主張は、標準的な心理テストを用いて当否をテストすることができる。たとえば、被験者を募って共感力を測定し、共感力の高さから、他者を手助けするなどの善き行ないの頻度を予測できるか否かを確認することができるのだ。

とはいえ、言うは易く行うは難しだ。共感度を正確に測定することはむずかしい。それでもいくつかの測定方法があり、それらを用いたテストでは、共感と徳性のあいだの関係は弱いという結果が得られている。事実、これから見ていくように、他者の苦痛に対する共感力の高さは、その人を麻痺させ、偏向した決断を下させたり、無分別で残虐な行為に走らせたりする場合があることを示す証拠が存在する。

共感を欠く人はサイコパスである。そしてサイコパスはこの世で最悪の輩だ。だから共感は必要不可欠のものである。

サイコパスはたいがいおぞましい人間であり、実際に標準テストによって、共感を欠く、あるいは少なくともそれを好んで行使しようとはしないという結果が得られている。サイコパスのおぞましさが、共感の欠如に起因するという説が正しければ、確かにそれは共感の重要性を示すすぐれた証拠になるだろう。

実はこの点に関しても、実験で検証することができる。その結果によれば、この説は支持されない。これから見るように、サイコパスの問題は、共感より自制の欠如や悪意に関するものであり、共感力の低さと、他者に対する攻撃性や残虐性のあいだに関係があることを示す証拠はほとんど得られていない。

道徳性には、共感とは無縁な側面が含まれているのかもしれないが、共感が核である点に変わりはない。それなしには、正義も、公正さも、思いやりも存在し得ない。

この主張が善き行ないには共感が必要とされるという意味なら、その考えが誤りであることを見るのはたやすい。車の窓からのゴミのポイ捨て、脱税、建物の壁にスプレーで人種差別を称揚する落書きをすることなどの行為について考えてみればよい。これらの行為が悪事であることは、現実の人物であろうが想像上の人物であろうが、特定の個人に共感することなしに理解できるはずだ。あるいは、おぼれかけている子どもを救うことや、慈善事業への寄付について考えてみればよい。共感が関与している場合もあろうが、明らかにそれは必須の要件ではない。

「よろしい。誰かに共感しなくても、善きことを行なえる点は認めよう。だが、共感なくして、ほんとうに誰かを気づかったり、思いやったり、配慮したりすることはできない」と主張する批評家もいることだろう。ときに心理学者や神経科学者は、たとえば「最初に情動的共感を覚えることなくしては、誰かを思いやることはできない[*36]」「感情的な共感は、思いやりの前駆をなす[*37]」などと論じる。

だが、これらの見解が誤りであることは、日常生活における事例を考えてみればすぐにわかる。幼い女の子がイヌに吠えられて泣いているところを目にした私は、駆け寄って彼女を抱き上げ、なだめる。この場合、私はほんとうに彼女を思いやっていると言えるが、共感はまったく働いていない。私は彼女と違ってまったくイヌを恐れていないのだから。

また、実験に基づく証拠も多々ある。たとえば、他者への共感は、脳の活動や、さらに重要なことに効果の点で、その人に対する思いやりとは大きく異なることを示した神経科学者タニア・シンガーらの研究があげられる。また、マインドフルネス瞑想法が親切心を大きく向上させる理由の一端が、共感を助長するのではなく抑制する点にあることを示した研究があげられる。これらの研究については、以後の章で取り上げる。

善き人になるよう人を動機づけるには、何らかの情動的なあと押しが必要ではないのか？　冷徹な理性では不十分である。

「理性は情念の奴隷である」という、デイヴィッド・ヒュームの言葉はよく知られている。[38]道徳的熟慮はものごとの価値の比較を、また、道徳的行動は何らかの動機づけを必要とする。何が最善かを知っていたとしても、それを行動に移すには、人は動機づけを必要とするのだ。

私もそう考えている。それに反対するまともな議論は聞いたことがない。しかしそれを、共感を擁護する論拠にすることはできない。ヒュームの言う「情念（passion）」は、怒り、恥辱、罪悪感、さらにはより対象範囲の広い思いやり、親切、愛情など、さまざまな心的作用を意味し得る。人は共感に訴えなくても、他者を助けるよう動機づけられる場合がある。

ヒュームの親友で道徳情操論を提起した偉大な学者アダム・スミスは、この考えに気づいていた。彼はある箇所で、利己心を克服して他者を手助けするよう人を動機づけるものが何かを問うている。いったん共感を取り上げるが、それでは弱すぎるとして否定している。彼は次のように述べる。「〔自己愛の強い衝動を緩和できるのは〕自然が人間の心に灯した、か弱い慈悲心の火花ではない」[39]。その代わりとして彼は、注意深い熟慮と正しいことを行なおうとする欲求の組み合わせをあげる。

共感は、善きことのために用いることができる。共感の拡大が、ポジティブな変化をもたらすことがある。奴隷解放から同性愛者の権利に至るあらゆる道徳的革新は、共感が発端となって引き起されてきた。そして日常生活で親切な行為を促しているのも共感である。

私はこの見解に同意する。共感には、冷徹な合理的思考を通じてなされる道徳的に適切な判断や行動を支援する力がある。ホームレスの子どもに食べ物を与えることが正しい行為なら、その子どもが経験している苦難に対する共感は、施しを動機づけることができる。私たちの道徳的指針を、かつて蔑視されていたマイノリティグループのメンバーにも拡張することが正しいことだとすると、彼らへの共感はその実現を可能にするだろう。ある国に対して戦争を仕掛けることが正しいことだとすれば、その国が行なった残虐行為の犠牲者への共感は、正義による攻撃を動機づけるであろう。共感は、慈善団体、宗教団体、政党、政府などによってツールとして使われており、それに動機づけられた人々が正しい道徳的目標を抱いている限りにおいて、貴重な力になる。共感は道徳的判断の指針としてまったくふさわしくないと私は考えているが、善きことを行なうよう人々を動機づけるために戦略的に動員できることに疑う余地はない。

それに関して個人的な思い出がある。私は大学院生の頃、「豊かな国に住む人々は、真に貧しい人々を支援するために、持てる財産の多くを投入すべきである」と主張する、ピーター・シンガーの論文を読んだ。[*40] シンガーの主張によれば、高価な衣類や食事のようなぜいたくに金銭を費やすことは、実のところ少女が浅瀬でおぼれかけているのを目撃しながら、自分が履いている高価な靴を川に入って台無しにしたくないから何もしないでいるのと何も変わらない。この議論に感銘を受けた私は、バーやレストランで友人にこのたとえを語って聞かせることにしていた。しかしあるとき、道徳的な観点からすると子どもを見殺しにすることと変わらない行為を、自分たちが今まさにしている事実に突如として思い当たった。

そして憤慨した哲学専攻の学生が、貧しい人々のために私がどのくらい寄付をしているのかと尋ねてきた。私はきまりの悪さを感じながら、ありのままを答えた。寄付など、ビタ一文したことがなかったのだ。この件が心に重くのしかかっていたので、私は数日後に国際的な支援団体に宛てて、自分にどんな支援ができるのかを尋ねるはがきを送った（当時インターネットはまだ存在しなかった）。

彼らが送ってきたパッケージを開けたときのことは今でもよく覚えている。それまで私は、この団体が行なっている支援活動について説明する、統計やグラフなどを用いた情報が送られてくるとばかり思っていた。だが、彼らはそれより賢かった。一人の子どもを送ってきたのだ。つまり、インドネシアに住む少年が写った、ラミネートされた小さな写真を。同封されていた手紙はなくしてしまったが、次のような主旨のことが書かれていたと記憶している。「あなたは、私たちの組織に寄付したことはありません。でも寄付すれば、この子どもの命を救えるのです」

その文言によって引き起された感情が共感であったか否かは、今となってはわからない。だが、それが感情に、つまり頭ではなく心に訴えかけるものであったことは確かだ。そしてそれは効力を発揮した。それから何年かが経過したあとでも、私たちはこの子どもの家族に支援金を送り続けていたのだから。

この個人的な事例からもはっきりとわかるように、その種の感情は善き行ないを導く。場合によっては、非常に有徳な行動を動機づけることもある。作家のラリッサ・マクファークワーは近著『おぼれかけている見知らぬ人（*Strangers Drowning*）』で、慈善家や「道徳的聖人」の生涯を紹介している。彼らは自分の生涯を他者に捧げた。世界には計り知れないほどの苦難が存在することを知っており、普通の人々と違って、他の一切合財には目もくれずに、ひたすら他者を助けるよう駆り立てられているのである。彼女が取り上げている「道徳的聖人」のうちの何人かは、ツェル・クラヴィンスキーのように理性や合理的思考に導かれている。私と同様、シンガーの論文に強い感銘を受け、私など比べ物にならないほど生き方を劇的に変えた人物アーロン・ピトキンについて次のように記している。「自動販売機のそばに飢えた子どもがいれば誰もジュースを買わないだろう。そう彼は思った。実のところ、彼にとっては、すでに自動販売機のそばに飢えた子どもが立っていたのである[*41]」

だが、彼女が取り上げている他の人物は感情の人であり、他者の苦難に情動的に動かされている。この感受性はときに彼らをみじめな状況に置くが、それと同時に、私たちのほとんどが想像すらしないようなあり方で行動するよう駆り立てることがある。

あるいは、心理学者アビゲイル・マーシュらの、赤の他人に腎臓を提供することを選択した人々を対象に行なった最近の研究について考えてみよう[*42]。これらの並はずれて利他的な人々は、標準的な共感テストで一般の人々より高いスコアを得ているわけではない。この結果は、私の主張にも一致する。しかし、彼らは別の点で際立つ。マーシュらは、とりわけ情動反応において重要な役割を果たす脳の部位、扁桃体に関心を抱いていた。彼女らが以前に行なった研究では、サイコパスは通常より小さい扁桃体を持ち、恐れの表情を写した画像に対する反応が低下していることが見出されていた。したがって彼らは、これらの慈善家が通常より大きな扁桃体を持ち、恐れの表情に対して一般人より強い反応を示すだろうと予測していた。そして実験の結果、まさにそのとおりであることがわかった。

この結果はいったい何を意味するのか？　一つの可能性として、これらの脳の構造や反応の違いが、その人の人となりを反映するものであることが考えられる。残虐さや他者を利用しようとする心的態度《マインドセット》は、他者の示す恐れに無感覚に、また親切心や他者への気づかいは、それに敏感になるようにするだろう。あるいはもしかすると、これらの神経学的な違いは、結果として生じたものではなく原因であって、幼少期における、他者の苦しみに対する鋭敏さの発達が、成人してからの人となりに影響を及ぼすのかもしれない。

共感によって得られる利点を列挙する本を書くことは可能である。だが、それでは共感の擁護としては不十分だ。ポジティブな効果は、いかなる強い感情にもともなう。共感のみならず、怒り、恐れ、復讐心、強い信仰心も、望ましい目的のために動員することができる。

人種差別について考えてみよう。人種差別主義者が抱く最悪の偏見を、望ましい目的のために利用するケースを思い浮かべることは簡単である。そのような偏見は、真に配慮を必要としている人々への関心を起こさせたり、よりすぐれた政治家に投票するよう仕向けたり、正義のための戦争に対する熱狂を喚起したりすることができる。しかしそれだけでは、人種差別を擁護すべき理由にならない。そのためには、人種差別によってもたらされる善が悪にまさることを、また、望ましい行動を動機づけるためには、思いやり、あるいは公正さや正義の感覚に訴えるより、人種差別を用いて動機づけたほうがよい結果が得られることを示す必要がある。

共感にも同じことが言える。私たちは、共感のもたらす利点はすぐに指摘できても、そのコストにはなかなか目が行かない。その原因の一つは、私たちには自分が選好する目標や信念が共感に支えられていると見なす先天的な傾向があるからだと考えられる。つまり人は、親切な行為や正しい行動（うまく機能した支援、正戦、妥当な処罰など）を共感感情に基づくものと、また、無益な行為や残虐な行為（失敗した支援、不正な戦争、残忍な刑罰）を、共感度の低い他の何らかの特質に基づくものと見なしやすいのだ。これは錯覚である。

共感をあおる小説の力を考えてみれば、私たちの持つバイアスがはっきりとわかる。私を含め多くの人々が、『アンクルトムの小屋』や『荒涼館』〔チャールズ・ディケンズの小説〕のような小説が、架空の人物の苦難を読者に感じさせることで重大な社会的変化を促したと論じてきた。だが私たちは、別の方向へと私たちを導いた小説もあることを忘れやすい。哲学者のジョシュア・ランディは、その例をいくつかあげている。

一方に『アンクルトムの小屋』があれば、他方には『国民の創生』〔人種差別的な描写を含む無声映画〕がある。『荒涼館』もあれば、『肩をすくめるアトラス』〔リバタリアニズムを擁護するアイン・ランドの小説〕もある。『カラーパープル』もあれば、オクラホマシティ連邦政府ビルを爆破したティモシー・マクベイがトラックに残した白人至上主義小説『ターナー日記』もある。これらの小説はすべて、読者の共感力に訴えかけてくる。リトル・ドリットに同情するよう導くディケンズのような高潔な作家ばかりでなく、野蛮で暴力的なアメリカ原住民によって攻撃される無力で貧しい入植者というイメージを作り出してきた西部劇の作家も、輝かしき「起業家(job-creators)」が、単に仕事をしているだけのこうるさいたかり屋の労働者につねに悩まされるところを描いたアイン・ランドも、そうしてきたのだ。*43

今や読者は、共感が概して信頼できないものであることに同意するのではないだろうか。だがそれでも、望ましい目的のために人々の共感力を利用すべきだと主張するかもしれない。その主張には私にもいくぶん共鳴できる部分はあるが、人種差別にも同じように言えることが気にかかる。たとえ望ましい目的のためであったとしても、人種差別に訴えることに反対すべきもっともな理由がある。そのような心の習慣を助長することの否定的側面は、個別のケースではいかなる恩恵が得られようと、それらの利点をすべて凌駕するからだ。私は、共感に関してもそれと同じことを感じる。だから、人々の共感に訴えようとする政治家は、人種的なバイアスに訴えかけようとしているに等しいと見なされるような社会を希求すべきとする見方に傾かざるを得ない。

要するに、共感(より一般的に言えば情動)は、唯一の選択肢などではない。ランディーはそれに代わるものを擁護しているが、私はそちらのほうが多くの点で好ましいと考えている。

　幸いなことに、人々の心を変える方法は他にもある。たとえば真実を語ることだ。古くさい考えかもしれないが、アル・ゴアが主演した気候変動をテーマとするドキュメンタリー映画『不都合な真実』について考えてみればよい。愛すべき人物も登場しなければ、ウイットに富んだ当意即妙のセリフもないにもかかわらず、このドキュメンタリーは環境問題に関する運動に多大な影響を及ぼした。あるいは『フード・インク』〔食品産業の問題を扱ったドキュメンタリー映画〕、マイケル・ポーラン著『雑食動物のジレンマ――ある四つの食事の自然史』、ジョナサン・サフラン・フォア著『イーティング・アニマル――アメリカ工場式畜産の難題』なども例としてあげられよう。過去百年間、食肉産業を扱ったベストセラー小説はあまり多くはなかった。だがそれでも、人々がより啓蒙された態度を示すような時代へと徐々に変わりつつある。*44

あなたは共感に代わるものをいろいろとあげてきた。しかしそれらにも、限界やバイアスがあるのではないか？

もちろん、それらにも問題はある。ここまで私は、共感の問題をあげつらい、それがスポットライトのごとく作用し、自分が気づかっている人々をもっとも明るく照らし出すと論じてきた。しかし道徳的な判断や行動に関わる他の心理的なプロセスにも、バイアスは存在する。仮に共感力を抹消することができたとしても、つまりそれを司る脳領域を除去できたとしても、私たちは赤の他人より家族や友人を重んじようとするだろう。思いやりにも、配慮にも、費用対効果分析にさえもバイアスは存在する。いかに公正、公平、客観的であろうと努力しても、私たちには自分に資する結果を得ようとして、ものごとを歪める傾向がある。

だが、それには程度がある。最大の問題を孕んだ極には共感が、また中間には思いやり（単純に他者を気づかい、他者の繁栄を望む）が位置する。後者にも問題はあるが共感に比べて多くはない。のちの章では、思いやりには共感にまさる点がいくつかあることを示す研究（脳画像を用いた研究と瞑想の効果に関する研究）を紹介する。とりわけ私は、医師と患者などの特定の人間関係においては、思いやりが共感にまさることを論じるつもりである。だが、慈善、戦争、政策に関する決定ということになると、共感に反対する私の論点の多くは、思いやりにも当てはまることを認めざるを得ない。

最善の結果は理性に依拠することで得られる。哲学者のマイケル・リンチは理性の行使（reason）を正当化や説明の行為として定義している。[*45] 何かに根拠（reason）を与えることは、中立的な第三者を説得するあり方で、それを正当化し説明することなのである。もっと具体的に言うと、理性の行使は観察と論理的な規則に依拠する。科学の実践はその典型的なケースだと言える。

人間は不完全な存在であり、理性はバイアスの影響を受ける。しかし、最良の状態で働けば、理性は道徳的な洞察に導いてくれる。いかなる感情が湧こうと、遠い国の子どもたちも近所の子どもたちと同様に重要であるという認識へと、また、予防接種プログラムによって一人の子どもが病気になったとしても、あるいは一時帰休プログラムのためにレイプや暴行事件が発生したとしても、これらのプログラムが全体的に人類の福祉の向上をもたらすのであれば、さらによいプログラムが考案されるまではそれらを継続すべきだという認識へと導いてくれるのは理性である。思いやりのような感情も、他者の尊重や善き行ないの実践などの特定の目的に注意を向けるよう私たちを動機づけてくれるが、それらの目的をいかに達成すべきかを考える際には、公正な合理的思考のプロセスに依拠すべきである。

今あなたは、人々には理性をうまく行使できない場合があることを認めた。その程度があまりにもひどいので、共感をはじめとする直感に頼ったほうがよいとさえ言う心理学者や哲学者も大勢いる。

理性的熟慮の試みは混乱したり、誤った前提に基づいていたり、私利私欲のために曇らされたりし得る。しかしこの指摘が問題にしているのは、理性そのものではなく理性の行使のまずさについてである。私たちは理性を行使して道徳的問題を熟慮し抜くべきだ。哲学者のジェームズ・レイチェルズは、「最低でも道徳性とは、理性を行使することで、自分の決定によって影響が及ぶすべての人々の利害を公平に斟酌しながら自己の行動を導き、行なうべき最善の根拠が存在する行為を

実行に移すことである」と述べ、理性を道徳性の重要な要素の一つと見なしている。[*46] レイチェルズは、いかに人々が道徳的な難題《ジレンマ》に現実的に対処しているのかに関する心理的要件としてではなく、いかに対処すべきかに関する規範的要件として理性をとらえている。彼のこの見方は正しいと、私は思う。

この議論は見かけほど、論争を巻き起こすようなたぐいの見解ではない。道徳的情動の擁護者でも、暗黙のうちに理性に優先権を付与しているはずだ。共感（や思いやりや哀れみなど）を高く評価する理由を尋ねられても、彼らはむきになったり、泣き叫んだり、噛みついたりはせずに議論をするだろう。そして、それらの情動がもたらす美徳やポジティブな効果を列挙し、いかにそれらが最優先事項と考えられている諸条件と矛盾しないかを論じるはずだ。つまり、理性に訴えることで共感を擁護するのである。

同僚を非難するつもりはないが、学問の世界ではこの点に関して自覚の欠如が見受けられる。「理性は無力である」「理性を行使しようとする私たちの努力は、せいぜいのところ利己的な動機や非合理な感情を正当化するための煙幕にすぎない」などと論じる学者が大勢いるのは、現代の学問世界における一つの皮肉だと言えよう。彼らはそれらの見方の正しさを証明するために、一連の複雑な論理を駆使したり、データを引用したりしながら慎重に組み立てられた議論を展開する本や論文を書いている。これはまるで、詩の形式を用いて、詩など存在しないと主張しているようなものだ。

この指摘に対して私の友人の心理学者や哲学者が提起する反論の一つは、「たいていの人は、理性的熟慮の能力を欠く」というものである。ただし、彼ら自身や、彼らの著書の読者は除くという条件がつく。「私たちは、心だけではなく頭も使う例外的な存在だ」「私たちは、同性婚、拷問などについて考え抜く能力を持つが、他の人々は感情の奴隷と化している」「私たちは、共感のような情動に代わる能力を備えているが、他の人々は備えていない」というわけだ。

そういったこともあり得ないわけではない。だが参考までに言っておくと、それは私の経験に合致しない。私は最近、学者や研究者だけでなく、高校生や地域住民や宗教関係者など、さまざまな人々を相手に道徳心理学について話すことがある。そのようなおりには、共感と客観的分析がそれぞれ違う方向へ私たちを導いていくことを示す例をあげることにしている。たとえば、犠牲者の苦痛に対する私たちの自然な感情が、世の中に害より多くの善をもたらすはずのプログラムを中止に追いやった、前述のウィリー・ホートンの事例などである。共感は私たちをあらぬ方向に導くという議論に、聴衆が諸手をあげて賛成したりすることがないのは言うまでもない。とはいえ、異なる見解や反論の余地が無数にあるのは確かだが、私の観察が正しければ、私の議論の価値を認めつつ、直感を無視したほうが善き人間たることができる場合もあるという見解に同意することを拒否した七歳以上の聞き手は誰もいない。

言い換えると、私はこれまで、頑固な人、偏向した人、わざと鈍感な態度を装う人、飲み込みの悪い人、反対意見を疑ってかかる人、極端に構えた姿勢をとる人に出会ってきたが（実を言えば私自身、まさにその種の人間になることがよくある）、道徳的な論争でデータや議論をまったく受けつけず、直感より道徳的推論を優先させる能力を全然示さない人になど出会ったためしがない。

私たちは他者の助力が得られたときに、最善の理性的判断を下すことができる。また、理性の繁栄を促進するタイプのコミュニティが存在する。科学的な探究は、特定の実践方法を受け入れた人々が、いかに個人の限界を突破するよう努めることができるかを示す最良の例である。共感に対する私の攻撃を例にとろう。私は常日頃、公正で、率直で、客観的でありたいとほんとうに思っている。だが私も人間であり、おそらく本書にも、根拠の薄弱な議論、自分に都合よく選択した《チェリーピッキング》データ、狡猾なレトリック、論敵の見解の歪曲などが含まれているかもしれない。幸いなことに共感を擁護する人々は大勢いる。彼らは、私の提示する議論に穴を見つけて反論しようと手ぐすねをひいている。反論が出れば、それに対して私は答え、彼らはさらにそれに反論する。このようにして、議論はより堅固なものになっていくのである。

私は、科学を理想化してとらえたりはしない。科学者も人間であり、堕落、集団思考をはじめとして、真実から遠ざけるあらゆる種類の作用を受けている。しかし、科学は驚異的なほどうまく機能する。そのおもな理由は、科学の世界が、合理的な議論が尊重される状況を作り出すコミュニティの格好の例の一つだからである。同じことは、程度の差こそあれ、哲学、人文、さらに言えばある種の政治論など、他のさまざまな分野にも当てはまる。私たちは理性を行使する能力を備えているのであり、道徳の領域でもこの能力を用いることができるのだ。

共感が道徳的指針として妥当ではないことを示す心理研究は、何が正しく何が間違っているのかに関する判断にいくばくかの影響を及ぼす。そのような結果は、人々を不安に陥れるかもしれない。そもそも、何のために心理学者が道徳について語っているのか？

自己弁護すると、この議論を始めたのは私ではない。たいていの人が共感をよいものと見なし、また、たいていの心理学者が共感を非常によいものと見なして本を書き、学会で議論し、教育プログラムを考案している。それらの活動はすべて、人々の共感力を陶冶《とうや》することを目的としている。率直に言って私は、そのような見方には賛成できないが、「私たちには希求すべき状態、達成すべき目標が存在する」という一つの重要な前提を共有する点は認めよう。私が彼らに同意できないのは、共感がそれを達成するための信頼に足る手段としてふさわしいか否かをめぐってである。

道徳に関する私の見方のいくつかは尋常ならざるものだが（読者もそのような見方を持っているはずだ）、本書ではなるべく議論の余地のない例をあげるよう努力した。同姓婚、イスラエル人対パレスチナ人、カント対ミルに関する私の見解に無理に同意して、共感に対する私の懸念に共鳴する必要はないし、私自身、共感に関する議論が、それらの個別的な道徳問題に直接的に結びついているとは考えていない。しかし、（他の条件がすべて等しければ）一人より千人を救うほうがよいこと、理由なくして誰かを傷つけてはならないこと、肌の色を理由に人を蔑視することが間違いであることには、誰もが同意する必要がある。「数は重要でない」「苦難は善きことである」「人種差別は道徳的だ」などと考えるのなら、その人にとって本書の議論の多くは、せいぜい知的好奇心の対象にしかならないだろう。

本書が会話の題材になるのなら、それは特定のものごとに関して互いに同意している人々のあいだにおいてだろう。具体的に言うと、以後の章で、共感は現在のコストを過大評価し、未来のコストを過小評価するよう導くという点を論じる。私たちが下す判断はこの偏向によって歪曲される。たとえば、「自分のよく知る一人の子どもがたった今死ぬケースと、名前も知らない二〇人の子どもが一年後に死ぬケースのどちらか一つを選べ」という選択に直面すると、共感は一人を救うよう私たちを導くのだ。私に言わせれば、これは共感につきまとう問題である。それに対して読者は、「それは共感の欠点ではない」「そのような例においては、共感は私たちの判断を誤らせるのかもしれないが、他のケースでは非常にうまく機能する。だから概して言えば、私たちは共感に依存すべきである」と反論するかもしれない。これは正当な反論であり、それについては以後の章で検討する。しかしそうではなく、「それがどうした？　誰が子どもの死を気にかけるのか？」、あるいは「一人の子どもが死のうが、二〇人の子どもが死のうが、何の違いもない」と思うのなら、その人は、議論を進めるうえでの基盤を私とは十分に共有していないと言わざるを得ない。

「心理学者には、道徳に関して何か言うべきことがあるのか？」という問いに対する私の答えは「何か特別な意見を持っているわけではない」である。とはいえ心理学者は、共感などの能力の本性や、私たち皆が共有する道徳的な目標を達成するのにそれらの能力がどの程度貢献しているのかについて語る資格を持っている。あるいは少なくとも、そうでありたいと思っている。

第2章　共感を解剖する

あなたは何らかの支援を求めていたとしよう。たとえば、慈善事業のボランティアを募る必要があったとする。あるいは車からエアコンをおろしてアパートの部屋に運び込むために屈強な人の手助けが必要だったとする。もしくは、もっと重大なことで、自分の子どもが、命にかかわる疾患を抱えていることがわかり、手術に要する費用を工面するために見知らぬ人々から寄付を集めなければならなかったとする。これらのケースで、あなたなら赤の他人の支援を求めるために何と言うだろうか？

経済学者なら、「インセンティブを活用せよ」と助言するだろう。もっとも単純なケースでは、金銭を支払えばよい（もちろんお金が欲しい場合には、この戦略は使えないが）。たとえば名声など、金銭以外の報酬が有効な場合もある。自分の行為が広く世に知れ渡るのなら、人はより親切になるということは、実験をしなくてもわかるはずだ（もちろんそのような実験結果は実際に得られている）[*1]。したがって、おそらくは巧妙なやり方を使って、自分のした親切な行為が世間に知れ渡ると期待させることで、他者の親切心に訴えかけることができる。だから慈善事業で、寄付金の寄贈者にマグカップやTシャツが送られることがあるのだ。それらの記念品は、寄贈者の気前のよさを世間に知らしめるのに役立つ。

また、習慣の力を利用するという手もある。社会的な動物たる私たちは、自己の行動のかなりの部分が周囲の人々の行動によって影響される。子どもでさえ、助けを必要としている人々にどの程度手を貸すかは、他者の行動の観察によって影響される。[*2] また、ある種の寛大な行為を引き出すためには、それが誰もがしている行為であることを相手に納得させるという手もある。

この点に関して見当違いをしているために、人々に送ったメッセージが逆効果になってしまう組織が見受けられる。たとえば、私はかつてシカゴ大学の学生食堂で、「一学期のあいだに、この食堂から一〇〇〇個以上の食器が盗まれていることを知っていますか？」と書かれた貼紙を見たことがある。おそらくこの貼紙の意図は、学生にショックを与えて食器を盗ませないようにすることだったのだろう。「それはひどい！　そこまでとは知らなかった。私は絶対にそんなことはしない」と思わせようとしたのである。だが、少なくとも私は、それを見てナイフやフォークをジャケットのポケットに突っ込みたくなった。人々が何かをするのを阻止したければ、当のそのことを誰もがしていると示唆してはならない。

インセンティブは利己心に、また習慣は社会的本性に訴える。親切心を喚起する三番目の方法は、共感を覚えさせることである。それに関するすぐれた研究の多くは、社会心理学者C・ダニエル・バトソンらの手で行なわれている。ある典型的な研究では、金銭を寄付する、いやな仕事を肩代わりする、いくばくかの犠牲を払って誰かと協力し合うなど、何らかの善き行ないをなす機会が被験者に与えられた。[*3] 被験者の一部は、客観的な視点をとることが求められた。また、何も指示されない被験者もいた。さらには、「相手の視点をとるよう努力してください」「その人の立場に身を置いてください」などと言われ、共感力を行使するよう促された被験者もいた。

バトソンはこの実験を行なうことで、共感の喚起によって被験者が、金銭を寄付する、いやな仕事を肩代わりする、他者と協力し合うなどの、善き行ないをなす可能性が高まることを繰り返し見出している。共感は被験者を親切にしたのである。

バトソンはまた、匿名による手助けであっても、手助けしないことを正当化できる場合でも、あるいは簡単に断ることができるケースでも、同じ結果が得られることを発見した。そして、これらの効果は、名声に対する欲求のため、あるいはきまりの悪さを感じるなどのネガティブな事態を回避するためなどといった理由によっては説明できないのに対し、共感は、他者の生活をよくしようとする純粋な欲求を引き出すと結論づけている。

これらの発見は堅実なものであり、直感的にもわかりやすい。あなたは、死にかけている自分の子どもを、ある程度の犠牲を払えば救える立場にある人と面と向かっていたとする。あなたが最初にとる手段は共感の喚起であるかもしれない。あなたの子どもや、場合によってはあなた自身の苦痛を相手に感じさせようとするのである。たとえば「この子があなたの子どもだったらどう感じますか?」と言うのだ。

慈善事業では、その種のことが頻繁に行なわれている。写真やストーリーを用いて、苦境に陥っている人々に共感させようとするのである。私はかつて、ある慈善団体のリーダーに、人々になるべく共感を働かせないよう促す本を書いていると話したことがある。すると彼女は怒りだして、人々の共感を喚起しないと、得られる寄付金の総額が減り、これまで苦心して救ってきた子どもたちの何人かが死ぬことになると答えた。

慈善に関してはとりあえずそれくらいにして（次章で再び取り上げる）、共感の驚異的な力について考察しよう。それは魔法のごとく作用する。次に、それがどんな魔法なのかを見ていこう。

近頃多くの人々は、きれいな脳画像を見せない限り、心の働き《メンタルライフ》に関する主張を真《ま》に受けてくれない。心についてよく知っているはずの心理学者でさえ、PETやfMRIなどの脳スキャナーによって撮影された脳画像を、他の何よりも科学的な、すなわちよりリアルな何かを反映するものとしてとらえている。あたかも脳内に何かが存在するのを知ることが、心を説明するカギであると言わんばかりに、脳の局在性に対する執着が見られるのだ。

私は一般人を対象とする講演で、そのことを実感する。私がもっとも恐れている質問は、「それは脳のどこで生じるのでしょうか？」というものだ。*4 質問者はたいてい、脳科学の知識を持っていない。だから、「それはフラーバス・マーバスという脳領域で生じる」などと、滑稽な名前の脳の部位をでっち上げて回答すれば、質問者は満足するのかもしれない。そもそも質問者がほんとうに求めているのは、私の講演には科学による裏づけがあり、私が言及している現象が実際に存在することを示す保証なのである。つまり聴衆のなかには、脳に関して私が何らかの言及をしなければならないと考えている人もいるのである。

その種の仮定は、心とその研究に関する大きな混乱を反映している。そもそもあなたが神経解剖学者でなければ、たとえば「ある種の道徳的熟慮を行なっているあいだ、後帯状回が活性化する」などといった特定の脳領域に関する純然たる事実自体は、おもしろいとは感じられないはずだ。言うまでもなく、道徳的熟慮は脳のどこかで生じなければならない。胃や足で生じるわけではないし、ましてや神秘のベールに包まれた非物質的な領域で生じているはずはない。では、どこで生じるのかがなぜ問題になるのか？

脳の局在性自体は眠気を誘う話題だが、適切に用いれば、神経科学のツールは心の働きについて少なからず洞察を与えてくれることは明らかである。現在「社会神経科学（感情神経科学と呼ばれる場合もある）」がもてはやされており、その多くはそれに値する。

神経科学者は、共感を研究するために種々の巧妙な方法を用いる。典型的な実験では、被験者にある種の体験をさせる。人の顔や手を見せることもあれば、さまざまな行為や情動反応を映した動画を見せることもある。あるいは軽い痛みを与えたり、誰かが軽い痛みを感じているところを見せたりする。さらには、ストーリーを語って聞かせる場合もあれば、特定の人物や状況に対して、客観的な態度をとったり共感したりするよう求める場合もある。

これらの研究の多くでは、そのあいだに被験者の脳画像が撮影される。もちろん、他の手段が使われることもある。たとえば最近の研究では、特定の脳領域に電磁気エネルギーを適用して刺激したり、その働きを鈍らせたりしたときに何が起こるかを確かめる経頭蓋磁気刺激法が用いられることがある。また、脳に損傷を負った患者を対象に、どのような損傷によっていかなる障害が生じるのかを調査する研究が、これまで長く行なわれてきた。

　これらの研究は、それぞれの活動にどの脳領域が関与しているのかを（また、心的プロセスの経時変化に沿って、どの脳領域がいかなる順番で活性化するのかを）調査することをその目的としている。私は、この種の局在性を信用していない。それだけではない。もっと徹底した研究では、心的活動のさまざまな相関関係を比較対照して、心の働きのどの側面とどの側面が結びつき、何が何に影響を及ぼしているのかが調査される。

　脳内に見出せないものは実在しないと考えている人は、「共感は実際に存在する」と聞けば安心するだろう。事実、それは脳画像に写るのだ。一見すると共感は、脳内のいたるところに存在するかのように見える。「脳の共感神経回路」なるものについて長々と論じる研究者もいるが、[*5] この「神経回路」は一〇の主要な脳領域から成り、そのなかには内側前頭前皮質、後部島皮質《とうひしつ》、扁桃体などの乳児の指よりも大きな脳物質の固まりが含まれ、これらの領域はすべて、共感とは何の関係もない活動や経験をも司っている。

　どうやらこの「脳全体がやっている」という結論は、神経科学者（と心理学者と哲学者）が、「共感」という言葉をあいまいに用いているがために得られたようだ。私が「共感」の定義として妥当と考えている用法で、つまり他者が感じていると思しきことを自分でも感じるという意味でとらえている研究者もいる。また、通常は「社会的認知」「心の理論」と呼ばれているが、ときに

「認知的共感」とも呼ばれる方法で他者を理解しようとするときに何が生じるかを研究している学者もいる。さらには（嫌悪で歪んだ顔を見たときに何が生じるかなど）特定の共感の生起を研究している人や、他者に親切にしようと決心したときに（「向社会的関心」とも呼ばれるが、一般には親切心、優しさなどと呼ばれる）、脳内では何が起こるのかを研究している人もいる。これから見ていくように、これらのさまざまな現象を明確に区分してみれば、事態はより興味深くなり、それらの能力が互いにどう関連し合っているのかがわかるはずである。

何年もの年月を費やし、何百万ドルもの資金がつぎ込まれたあとで、神経科学による共感の研究によって三つの重要な発見が得られた。それらはいずれも（数百年前に哲学者たちが提起した考えを補強するものであって）まったく新しい発見とは言えないが、貴重な知見を追加してくれるものではある。

最初の発見は次のようなものである。他者の経験に対する共感反応には、自分自身が同様な経験をしたときに活性化される脳の組織と同じ組織が関与していることがわかった。したがって「私にはあなたの痛みがわかる」という言い回しは、単なる感傷的なたとえなのではない。それは神経学的な事実であり、他者の痛みは、実際に自分の痛みを司る脳領域を活性化させるのだ。より一般的には、自己と他者の照応には神経学的根拠があると言えよう。

それに関してもっともよく知られている発見は、およそ一五年前にイタリアの神経科学者ジャコモ・リゾラッティの研究室でなされたものである。[*6] リゾラッティらは、マカクザルの前運動皮質のいくつかの部位に電極をとりつけて、ある動作を行なっているあいだに生じる神経活動を記録していた。それから彼らは、そのときに見られた神経反応のいくつかが、サル自身は外見上何もやっていないのに、科学者たちがものをつかんだり操作したりしているところを単に見ているだけでも生じることを発見した。どうやら、サル自身の行動と、サルが知覚している誰かの行動の区別をしないニューロンが存在するらしかった。いかにもそれにふさわしく、これらのニューロンはやがて「ミラーニューロン」と呼ばれるようになる。

ミラーニューロンの機能に関する手堅い理論の一つは、ものを操る方法を見つけるという課題をサルが解決する際に役立っているというものだ。つまり、ミラーリングの性質を持つミラーニューロンは、マカクザルが他個体の行動の観察に基づいて自身の手の握りを調節できるよう支援しているのである。しかしリゾラッティらにとって、それは出発点にすぎなかった。すぐに彼らや、他の研究者たちは、私たちがいかに他者の心の状態を理解しているのかを説明する理論の基盤にミラーニューロンを据える研究に着手し、その結果を共感の理論として提起し始める。確かに、自己と他者の区別をしない神経システムは、私たちがいかに他者の経験を共有しているのかを説明するには格好の素材であるように思われる。

ミラーニューロンの擁護者は多い。ある著名な神経科学者は、「DNAが生物学に対してしたのと同じことを、ミラーニューロンは心理学に対してするだろう」と述べている。[*7] またそれを「一日を無事に暮らしていけるよう導いてくれる小さな奇跡」と呼ぶ研究者もいる。[*8] ゴドウィンの法則によれば、オンライン上のいかなる議論も、誰かがヒトラーに言及する可能性がいずれ一〇〇パーセントに近づく。私の経験では、ミラーニューロンについても同じことが言える。(共感を含め) 心理的な能力をめぐるいかなる議論においても、「それに関しては完璧な理論がある。ミラーニューロンがすべてを説明してくれる」と言い出す御仁が現われるまで、長く待つ必要はない。

認知神経科学者のグレゴリー・ヒコックは著書『ミラーニューロン神話 (*The myth of mirror neurons*)』で、「mirror neurons」という用語をグーグル検索すれば、ゲイ・ミラーニューロンについて、あるいはいかに大統領がミラーニューロンを使ってあなたの心を覗いているかについて、さらには人間を善なる存在にするために神がミラーニューロンを創造した理由などについて知ることができるだろうと述べている。[*9] 彼が行なった科学論文の調査によれば、ミラーニューロンは吃音、統合失調症、催眠、喫煙、肥満、愛情、会社経営、音楽鑑賞、政治的姿勢、薬物濫用など (これらは一部にすぎない) に関与するものとして言及されている。

著書のタイトルからわかるように、ヒコックはミラーニューロンをめぐって提起されてきた主張に批判的であり、また多くの研究者は、ミラーニューロンが過剰宣伝されてきたという見方に同意している。[*10] ミラーニューロンが道徳性、共感、言語などの能力を説明するという見方に対する強力な反論の一つは、ミラーニューロンに関する発見の大部分が、マカクザルの研究によってなされたものであり、そもそもマカクザルには道徳性、共感、言語の能力がほとんど備わっていないというものだ。ミラーニューロンはこれらの能力を支援しているのかもしれないが、それらを説明するに十分なものではあり得ない。

とはいえ、表象の共有という、より一般的なレベルの発見としては、すなわち他者の経験や行動を自己の経験や行動の処理と同じ方法で処理する神経システムが存在することを示す発見という意味では、ミラーニューロンは心の働きを説明する真に重要な発見と見なすことができる。[*11]

この系統の研究のほとんどは、痛みに焦点を絞っている。[*12] いくつかの研究によって、自分が痛みを感じたときと、誰かが痛みを感じているところを見ているときのいずれにおいても活性化する脳の部位（後部島皮質や帯状皮質など）があることが見出されている。痛みは、電撃を加える、指にピンを刺す、ヘッドフォンを通して激しい騒音を聴かせる、左手に熱を加える（ある研究ではそれを「痛みを感じる熱刺激」と呼んでいる）[*13] などして被験者に与えられた。他者の痛みに関して言えば、誰かが電撃を受ける、ピンで刺される、叩かれる、焼かれるなどしているところを見せたり、それらを経験している人の表情だけを見せたり、それらの経験について書かれた文章を読ませたりした。ほとんどの研究は成人を対象にしているが、子どもでも類似の結果が得られている。[*14] そしていかなる実験をしようとも、他者が痛みを感じているところを見ている場合と、被験者自身が痛みを感じている場合とで、脳活動に重なりが見られた。

嫌悪を対象にした研究もある。[*15]（痛みなどにも関与する）前部島皮質と呼ばれる脳領域は、自分自身が嫌悪を感じているときでも、嫌悪を感じている人を見ているときでも活性化する。この発見は、直感的によく理解できる。数年前、「2 girls, 1 cup」というタイトルのとりわけ生々しい動画が注目を集めた。[*16] 内容についてはここでは説明しないが、とにかく激しい嫌悪を催させる動画だったとだけ言っておく（インターネットで検索しようとしている人には、これはトリガー警告だと言っておこう)。オンラインマガジン『スレイト』は、この動画を観ている人々を映した動画を見せるという興味深い試みを行なっており、それを観た人々の顔が歪むところを見ることができる。『スレイト』の動画は滑稽ではあれ、同時に嫌悪を催させる。他人が嫌悪を感じているところを見ることは、自分自身にもそれとなく嫌悪を引き起こすのである。

この自己と他者の重なりは、進化による巧妙なトリックと見なすことができる。[*17] 社会的な存在として成功するためには、他者の内的生活を理解し、他の人々が何を考え、望み、感じているかを正確に推測する必要がある。もちろんテレパシーなどというものは存在しないので、私たちはそれを、感覚器官から得られた情報をもとに推測するしかない。一つのソリューションは、植物の成長や夜空の星の動きなどの、他のあらゆる現象と同じようなあり方で人々を理解できるようにすることだ。しかし、それに代わる方法がある。自分にも心が備わっているという事実をうまく利用してそれを実験室として利用し、他者がいかに考え、振舞うのかを把握するという方法である。

それがいかに機能するのかを知るには、次の問いを考えてみればよい。「fish(魚)」と「transom(かもい)」という二つの英単語のうちどちらについて、任意に選んだ誰かがその意味を知っている可能性が高いだろうか? それらの単語の浸透度、学ばれる状況、日常会話での使用頻度などを考えてみれば、この問いに答えられるだろう。しかしそれよりすぐれた方法がある。おそらくあなたは、自分にとってどちらの単語が理解しやすいかを判断し、他の人々も自分とまったく同じように考えるであろうと仮定しつつ、この問いに答えようとするのではないだろうか。つまり、自分自身を実験室のラットのように扱って、他者の考えを推測するはずだ。

主観的な経験にも同じことが当てはまる。誰かのつま先をピンで刺すのと、勢いよく閉じた自動車のドアに手を挟むのとでは、その人は、どちらに対してより激しい痛みを感じるだろうか？　科学者が新種の生物の生物学的機能を調査するのと同じようにして、それについて一から考えることもできるだろう。しかしそれよりもすぐれた方法は、他者も自分と同じように痛みを感じると想定しつつ、自分が感じたことのある、さまざまな痛みの経験を思い出してみる（あるいは同じ状況に置かれた自分を想像してみる）ことである。

しかしながら、この種のシミュレーションには限界がある。そもそも他者は自分と同じであると仮定されている。この仮定は間違いであり得る。たとえば自分が抱きしめられるのが好きだという理由で、イヌもそうされたがっていると考えている人は多いが、おそらくその考えは間違いだろう。イヌの専門家の話では、イヌは先天的に抱きしめられるのを好まず、いやがるらしい。このように、私たちは自分をモデルに他者を理解しようとするがゆえに、世界には不幸（と、もらってもうれしくない誕生日のプレゼント）が絶えないのである。私は特にそれを気にしないし、そうしたいと思っている。たぶんあなたも同じなのだろう。そして私たちは見当違いをする。ラテン語の格言に「*De Gustibus non est disputandum*（蓼《たで》食う虫も好き好き）」とあるように。

自分とは異なる他者の理解に、おりに触れて成功するのは、他者の理解においてはシミュレーションがすべてではあり得ないことを示している。ヒコックの指摘によれば、ときに私たちは、イヌやネコの心を読み、イヌの吠え声や、ネコの鳴き声の意味、あるいはペットが尻尾を振ったり高くあげたりすることの意味を知ることができるが、その際シミュレーションを行なっているわけではない。[*18] 先天的に四肢麻痺を抱えている人は、いかなる意味でも他者の行動を自分でシミュレートできなくても、「激しくドアを閉めたから、彼女は怒っているに違いない」などと、他者の心の状態を動作に基づいて推測することで、他者に対する豊かな理解を形成することができる。私はチーズが嫌いだが、他の人々が好きであることは容易に理解できる。同様に私は、二歳児にあげるプレゼントを上手に選ぶことができるが、自分が欲しいとは思わない。このように私たちは、シミュレーションだけに頼って他者の心を理解しているのではない。

最後にもう一点指摘しておくと、私たちが他者を模倣する程度を過大評価すべきではない。自己と他者の重なりを示す神経学的な証拠もあるが、差異を示す証拠もある。fMRIによるスキャン画像を見て、自分の手をつつかれた被験者と、他者が手をつつかれているところを見た被験者の脳活動の違いを見分けることができる。またもちろん、自己と他者のあいだには心理的な違いがあるのだから、脳にも違いがなければならない。誰かが平手打ちを食わされているところを見ても、自分の頬がほんとうに痛んだりはしない。誰かが背中をマッサージしてもらっているところを見ても、自分の背中の凝りが消えるわけではない。私たちは、ある意味では他者の痛みを感じることができるが、別の意味では感じることができない。真の経験に比べれば、共感による共鳴は鮮明ではなく、貧弱である。

fMRIスキャナーを利用できなくても、アダム・スミスは数百年前に、「共感による経験は程度のみならず種類においても異なる」と述べ、同じことを指摘している。その経験は自分に実際に起こっているわけではないという評価は、「その経験の程度を低下させるのみならず、ある程度は種類の違いをもたらし、かなり異なる変更を加える」のだ。[*19]

共感による反応は、自動的かつ迅速に生じ得る。誰かがハンマーで自分の指を打ちつけるところを見れば、あなたは思わず身を引くことだろう。これは反射反応と考えられる。しかし意識的に気づいていようがいまいが、たいてい共感は、自分の信念、期待、動機、判断によって変更を受ける。これは神経科学の第二の発見であり、共感は、その対象になる人について自分がどう思っているか、そしてその人が置かれている状況に関する自分の判断によって影響を受けるのである。

たとえば人は、自分をだました人より、公正に扱ってくれた人に対して共感しやすい。[*20] また、自分と競争関係にある人よりも、協力者に強い共感を覚える。あるいは次のような研究もある。[*21] この研究では、被験者は、苦痛を感じている人が映されたビデオを見せられ、その人はエイズに罹患していると言われた。その際、あるエイズ患者は薬物の静脈注射によって、また他の患者は輸血によって罹患したと説明された。すると被験者は、薬物の静脈注射によってエイズに罹患した患者には、あまり共感を覚えなかったと報告した。またこの報告は、被験者の脳の神経活動によっても裏づけられた。つまり被験者がそれらの患者を見ているときには、前帯状皮質などの痛みに関連する脳領域が、あまり活性化しなかったのだ。さらに言えば、エイズの罹患は薬物を濫用した患者自身に責任があると強く主張する被験者ほど、ほとんど共感を覚えなかったと報告し、脳の活動もそれだけ少なかった。

ここでも、他者への共感はあらゆる種類の思考に敏感であると主張するアダム・スミスは私たちに先んじていた。[*22] 彼は次のように記している。あなたは、突然大きな成功を収めた者に対しては、ポジティブなあり方で共感することがない。その種の快を感じることを、嫉妬が阻止するのだ。また、自分のせいで苦境に陥ったと見られる人や、自分が瑣末《さまつ》に思っていることで苦しんでいる人の痛みは、あなたには感じられない。泣きごとを並べる人に共感するのはむずかしい。スミスは、弟にものがたりを語って聞かせているときに、この弟が歌を口ずさんでいるのを見てむっとする人物の例をあげている。あなたはそれに共感したりはしないだろう、とスミスは指摘する。普通は滑稽に思うはずだ。

共感はまた、対象となる人物がいかなる集団に属しているかによっても影響される。つまり自分が見ている人や考えている人が、私たちの一員か、彼らの一員かによって影響されるのだ。ヨーロッパで男性のサッカーファンを対象に行なわれた研究がある。[*23] 被験者は自分の手の甲にショックを受けてから、赤の他人が同じショックを受けているところを見せられた。その人が、自分が応援するチームのファンであると告げられた場合には、共感を司る脳領域（自己と他者が重なる領域）が強く反応した。それに対し相手チームのファンだと告げられた場合には、強い反応は起こらなかった。

あるいは、自分がおぞましく感じている人々に対する反応を考えてみよう。[*24] 社会神経学者のラサーナ・ハリスと社会心理学者のスーザン・フィスクは、被験者に薬物常習者やホームレスの写真を見せた。被験者はそれらの写真に嫌悪を感じると報告し、それに呼応して社会的推論に関与する脳領域、内側前頭前皮質の活動が低下していた。この研究は直接共感を調査したものではないが、「特定の人々を対象にすると、人は社会的理解を遮断する」ことを示唆する。つまり、そのような人々を非人間化するのである。

ここまで、共感を含めた他者に対する反応が、いかに既存の偏見、嗜好、判断を反映するものであるかを見てきた。この事実は、共感が無条件に私たちを道徳的にするわけではないことを示す。事態はもっと複雑であるはずだ。というのも、共感を覚えるか否かは、誰を心配するべきか、誰が重要かなどに関する事前の判断に依存し、そもそもそれらの判断自体が道徳的な選択だからである。共感によって、薬物濫用のせいでエイズにかかった患者に対する道徳的評価が決まるのではない。その逆に、それらの人々に共感を覚えるか否かが、彼らに対する自分の道徳的評価によって決まるのだ。

神経科学によって得られた三つ目の重要な発見は、感情と理解の相違に関するものである。私は「共感（empathy）」という用語を、他者が感じていることを感じるという、アダム・スミスの言う「同感（sympathy）」の意味で用いてきた。しかしこの感情の共有が、他者の心理状態を理解する能力とどう関係するのだろうか？　何度も指摘してきたように、私たちはそれを、同様に「共感（認知的共感）」と呼ぶことがある。だが、情動的共感と認知的共感は同一のものなのか？もし同一なら、それは私の反共感論に疑問を呈することになる。なぜなら、他者の心を理解する能力をまったく欠いて生きていくことなどできないからだ。したがって、他者の痛みを感じることが、日常社会における社会的理解の基盤をなす神経システムと同じシステムから生じているのなら、つまりどちらか一方だけで他方なしで済ませるわけにいかないのなら、情動的共感を放棄すれば、あまりにも多くのものを捨て去らねばならなくなるだろう。

それら二つの意味を合わせて、理解と感情を区別せずに「投影的共感（projective empathy）」と呼ぶ学者もいる。また、「他者の立場に身を置くべし（put yourself in another person's shoes）」という、よく知られた言い回しは、他者が何を考えているのかを理解することと、他者が何を感じているのかを感じることを一緒にしている。[*25]

とはいえ、投影にせよ、靴の共有にせよ、それらはたとえにすぎない。他者を相手にする際に実際に起こるのは感覚器官からの情報の取得であり（目で相手の表情をとらえる、耳で相手の言うことを聞くなど）、こうして得られた情報は、あなたの信念や感情に影響を及ぼす。かくのごとく影響を及ぼすあり方の一つは、相手の心の状態を知らせることによってである（「彼女は痛がっている」）。もう一つのあり方は、あなたに特定の感情を引き起すことによってである（この場合、自分自身が痛みを感じる）。確かに、同一の神経システムがそれら両方の機能を果たし、理解と感情の源泉が同一である可能性はないわけではない。だが逆に、それらは別個のプロセスで、自分では痛みを感じずに他者が痛みを感じていることを理解できる可能性も考えられる。

実のところ、別個のプロセスを想定する理論のほうが正しいように思われる。心理学者のジャミール・ザキと、認知神経科学者のケヴィン・オクスナーは、数百の研究を概観する論文で、それらの研究に基づいて、二人が「2システム物語」と呼ぶ心の見方が支持されると記している。[*26] この見方によれば、一方のシステムは、一般に共感と呼ばれている他者の経験の共有を、また他方のシステムは、一般にメンタライジング、あるいはマインドリーディングと呼ばれる、他者の心の状態の推論を司る。両システムが同時に活性化されることもあり得、実際にその頻度も高いが、それらを司る脳領域は互いに異なる。たとえば、額《ひたい》のすぐ背後にある内側前頭前皮質はメンタライジングに関与するが、そのすぐ後方に位置する前帯状皮質は、共感に関与する。

この分離は興味深い結果をもたらす。サイコパスの犯罪者について考えてみよう。最近発表されたある科学論文は、社会に災厄をもたらすサイコパスの共感力が高いのか低いのかを論じている。得られた証拠は両方を裏づけ、筆者らは次のように述べる。「サイコパスの犯罪者は、被害者を誘惑する際にはチャーミングで打ち解けた態度を見せることがある。これは共感力の高さを示す。ところが犠牲者をレイプする段になると無感覚になる。これは共感の不全を示す[*27]」。いったいどちらが正しいのだろうか？

筆者らはこの見かけの逆説を、能力（共感を動員する能力）と性向（そうしようとする意欲）を区別することで解決しようとしている。彼らは次のように述べる。サイコパスは通常の共感力を備えるが、ラジオの音量のごとく調整する。車を運転する人はハイウエイを走っているとき、歌を聴きたいときにはラジオの音量を上げ、のろのろ走るトラックを追い越す際には下げる。それと同様、サイコパスは誰かに取り入って信用を得ようとするときには共感ダイアルを上げ、そうして取り入った人を襲うときには下げるのである。

能力と性向のあいだに区別があるとする彼らの見方は正しい。二人の人間が同じ共感力を備えながら、それを動員しようとする程度において異なることはある。そして、共感は相手との関係に応じて引き起こされたり、されなかったりすることはすでに見た。おそらくサイコパスにも、部分的にそれが当てはまるのではないだろうか。

しかし神経科学の研究は、もっと単純な見方があることを教えてくれる。サイコパスの心の働きは、他者の心の状態を理解する（人を魅了するのに有用な）能力が、他者の痛みを感じる（人を襲う際には邪魔になる）能力と同一であると考える限りでは謎と化す。だが、それらは同一ではない。だからサイコパスは、犯罪に走る際、共感のたった一つのダイアルに限定される必要がない。より単純な説明は、「彼らは、他者を理解することには長けているが、他者の痛みを感じる能力に劣る」というものだ。言い換えると、サイコパスは認知的共感力が高く、情動的共感力が低い。

こう述べたからといって、理解と感情が関連していることを否定するわけではない。嗅覚、視覚、味覚は互いに別物だが、料理の評価にはそれらすべてが絡む。もしかすると、冷淡なあり方で他者の視点をとることで、他者の感じていることを代理経験しやすくなるという可能性はある（その逆も同様）。とはいえ、それらが別個のプロセスであることに変わりはなく、共感の長所短所について考える際には、その点を念頭に置いておくことが肝要である。

このサイコパス研究は、共感の鼻先をへし折る。私たちは他者の感情をミラーリングするが、それは限定されたものである。共感による苦痛は実際の苦痛とは異なる。共感はまた、相手をどう感じるかによって左右される。必ずしも、共感を覚えたから相手を手厚く扱うのではない。(かつてその人が自分を親切に扱ってくれたことがあったために、あるいは単に自分に似ているために)親切に扱うに値すると考え、しかるのちにその人に対して共感を覚えることも多い。さらに言えば、本書が主要な標的としている情動的共感は、他者を理解するために不可欠な能力から区別することが可能であり、そうするほうが有益である。

だが、出発点となった共感の力を実証する実験を忘れるわけにはいかない。実験室や、ときに現実世界でも、共感は私たちをより善い人間にする。この魔法を説明する必要がある。

なぜ共感は、私たちをより親切にするのだろうか? この問いに対する明らかな答え、たいていの人に思い浮かぶ答えは、共感によって利己的な動機が他者にも拡張されるというものだ。そのもっとも明白なケースは、他者の痛みを自分の痛みとして経験する場合であり、人が他者を助けるのは、自分の痛みを取り除くためだと考えるのである。この考えは、ジャン・ジャック・ルソーの『エミール』にみごとに表現されている。そこで彼は次のように述べる。「しかし、あふれる心の熱狂が、自分と同じ人間たる他者に自己を同一視させるのなら、そして、言ってみれば自分自身が苦しまずに済むよう他者を苦しませないようにするのだと感じられるのなら、人は、自分自身を気づかうがゆえに他者を気づかうのである。この教訓の根拠は、自分がどこにいようとも、自分自身の幸福への願望を吹き込む自然そのものに見出すことができる[*28]」

わざわざ苦しみたいと思っている人は(ほとんど)いないという明白な事実をもとに共感の持つ

道徳的な力を説明するこの理論は実に単純明快であり、共感による動機づけが、つまるところ利己的なものであることを示唆する。

とはいえ、共感に基づく善き行ないを利己心によって説明できるかどうかは定かではない。誰かに共感して自分も痛みを感じれば、その状況から逃れようとする欲求に駆られるのが普通であろう。哲学者のジョナサン・グローバーは、ナチス政権下のドイツで強制収容所のすぐ近くに住み、家にいながら囚人の射殺など、そこで行なわれている残虐行為を目のあたりにすることがあった、ある女性について語っている。[*29] 彼女は、次のような怒りに満ちた手紙を書いた。「かくも非道な行為を、見たくもないのに見なければなりません。そのような光景を目にすると、私の神経に大きな負担になり気分が悪くなります。いつまでも耐えられるものではありません。そのような非人道的な行為はすぐにやめてください。さもなければ、誰も現場を目にすることのない、別の場所でやってください」

間違いなく彼女は、囚人がひどい扱いを受けているところを見ることに苦痛を感じている。しかしその苦痛は、囚人を救おうとする方向へと彼女を動機づけることがない。自分の目に入りさえしなければ、彼女はそれで満足していられるのだから。この感覚は、たいていの人にとってそれほど異質なものではないはずだ。人はよく、行く手に哀れなもの乞いがいるのを目にして通りの反対側に渡る。気にしていないわけではない（まったく気にしていなければそのまま素通りするだろう）。人々の苦難をわずらわしく思い、それに直面するのを避けようとするのだ。通常は逃げ出すほうが簡単である。スティーブン・ピンカーは次のように書く。「セイブ・ザ・チルドレンと呼ばれる慈善団体は何年にもわたり、貧困家庭の子どもの痛ましい写真と、〈一日五セントでホアン・ラモスを救うことができます。いやならページをめくることもできます〉と書かれたキャプションを雑誌広告に掲載してきた。ほとんどの人はページをめくった[*30]」

最後に、フィクションから例をあげよう。ここで取り上げるのは、H・G・ウェルズの『モロー博士の島』である。語り手のエドワード・プレンディックは、苦しむ動物たちの悲鳴に心をかき乱され、「世界中の苦痛が一つの声となって噴出したかのようだった。だが、隣の部屋で動物たちが苦しんでいることを知っていたとしても、声にならなければ、私は十分に耐えられただろう。苦痛が声になり、神経を震わせるようになって、私たちはこの哀れみという感覚に悩まされるようになるのだ」と語る[*31]。

この文章は、感情を経験することの道徳的な力と、共感の能力を示す例として引用されてきた。だが、プレンディックは次に何をするのだろうか？　立ち去るのだ。彼は騒音から逃れるために散歩に出かけ、木陰を見つけてそこでうたた寝をするのである。

したがって、苦痛の代理経験が共感の唯一の結果なら、それは他者を援助する力としてほとんど役に立たないだろう。たいてい、他人の生活を改善するために苦労するより、共感によって喚起された苦痛を追い払うほうがいとも簡単にできる。ページをめくり、目をそらすか閉じるかし、別のことを考え、うたた寝をすればよいのだから。

安易な逃げ道が存在する状況で、他者を手助けするよう駆り立てられているときには、共感は通常とは違ったあり方で私たちを動機づけているに違いない。事実、バトソンらによって考案された巧妙な実験のなかには、実験から抜けるというオプションが提供されているものもあった。しかし、たいていの被験者はそのオプションを行使せず、共感を覚えた人を手助けした。この結果は、利己的な動機説にとってははなはだ都合が悪い。

共感の力は、他者の経験を観察可能なもの、際立ったものにし、無視することを困難にする点にあるとするバトソンの分析に、私は同意する。[*32] 日頃愛情を注いでいる自分の幼い娘が苦しんでいるとき、私は彼女の苦痛に共感して彼女を抱き上げ、苦痛を追い払おうとするだろう。そうすることで自分の気分もよくなるが、だからそうするのではない。単に代理経験している自分の苦痛を追い払いたいだけなら、泣き叫ぶ幼い娘を放って散歩に出かけさえすればよい。共感は、自分が愛情を注いでいる誰かが苦しんでいることを私に知らせてくれる。そして、私は娘を愛するがゆえに、彼女の苦痛を和らげようと努めるのだ。

これは、共感に訴えることがしばしばうまく機能する理由を説明する、もう一つの見方である。共感それ自体が、自動的に親切心を導くのではない。共感は、既存の親切心に結びつかなければならないのである。共感は善良な人々をさらに善良にする。というのは、親切な人々は誰のものであれ苦痛を好まず、共感はまさにその苦痛を際立たせるからだ。サディストに共感力を付与すれば、より満足したサディストになるだけだろう。私が娘の苦痛に関心を持っていないのなら〔私にそもそも親切心がなければ〕、彼女の泣き声は、私をいらだたせるだけであろう。

共感はまた、より包括的な道徳的原理を支持することができる。誰かが私に平手打ちを食わせたら、その行為は肉体的にも心理的にも不快であろう。そのこと自体は、他人に平手打ちを食わせることが悪いことであると私に悟らせてくれるわけではない。しかし平手打ちを食わされた人に共感を覚えれば、そしてそれがその人にとってどのような感じなのかを、自分にとってどう感じるのかという観点から評価できれば、それは「私に対してなされた平手打ちがよくないなら、誰か他の人に対してなされた平手打ちもよくない」という一般化を引き出すのに役立つ。

かくして共感は、自分が特別な存在ではないことを理解するのに役立つ。私が平手打ちを望まないばかりでなく、彼や彼女も平手打ちを望まないということを認識できるのである。これは、誰も平手打ちを望まないという一般化を、またこの一般化は、平手打ちに対するより包括的な禁止を支持する。[*33] この点に関して言えば、共感と道徳性は互いに強化し合う。つまり、共感を働かせることで私たちは自分が特別な存在でないことを理解し、転じてその認識は公正な道徳原理という概念を支持し、さらにはその原理によって私たちは、他者に共感し続けるよう動機づけられるのである。

共感の擁護者にとって、このような見方は、共感が善を導く力であることを説明するための出発点になる。

これが魔法の正体であり、共感が善きことをなし得る理由である。しかし現実世界では、共感にはいかなる効果があるのか？　この問いに答える一つの方法は、個人の共感力と道徳性の関係を見極めることである。共感力の高い人は低い人に比べ、道徳性においても概してまさるのだろうか？

予想されるとおり、それに関する研究は多数ある。だがそれらを検討する前に、その種の研究は非常に困難であることを指摘しておこう。人々の善性や道徳性を測定するのは簡単ではない。また共感力の測定もむずかしい。

ここでは測定の問題に焦点を絞ろう。共感力が高い人もいれば低い人もいる。共感力が高い人は、他者が感じていることを自分でも感じやすい。個人の共感力を測定する方法はたくさんある。たとえば前述のとおり、共感に関与する脳領域の活性化の程度を測定するなどといった精巧な手段を用いることができる。しかしその種の方法は高価で扱いがむずかしい。だから大規模な実験のほとんどでは、ナルシシズム、不安、寛容性などの、心理学の対象となる心理的特徴を測定する際に用いられているものと同じ手段を使って共感力が測定されている。そう、被験者を募って一連の質問に答えてもらうのだ。研究者はそれらの問いに対する回答を用いて各被験者のスコアを計算し、かくして得られたスコアが、それとは別の観察や実験、あるいはさらなる質問を通じて得られた、性格の良し悪しに関する評価といかに関連するかを調査するのである。

質問票による調査は他の手段より簡単に実施できるが、独自の問題をともなう。そもそも、客観的な共感力を測定しているのか、それとも被験者の主観的な評価、もしくはどの程度自分に共感力があると他者に見られたいのかを測定しているのかを判別することはむずかしい。単純化して言えば、実際には共感力が低いにもかかわらず、自分は共感力が高いと思い込んでいる、もしくは他者にそう見られたいと思っているために、それに従って質問票に回答する人もいるのである。

もう一つの問題は、質問票による調査では、共感力の高さと相関し得る、知性、自制心、より包括的な思いやりなどの他のさまざまな要因を排除し切れていないケースが非常に多いことである。

たとえを一つあげよう。よい歯をした子どもは、そうでない子どもに比べ、有名大学に進学する可能性が高い。この結果はどんな研究でも得られるだろう。だからと言って、歯の良し悪しそのものが、そのような結果を生んでいると見なすのは間違いである。歯の質は運命などではない。よい歯をした子どもは、富裕な家庭の子息であることが多く、よりよい環境で育ってきた可能性が高い。よい歯と有名大学への進学のあいだにある相関関係を実際に説明するのは、これらのもっと重要な要因なのである。同様に、善き行ないを駆り立てているのは、共感そのものではなく、それと関係する他の性格特性であるかもしれないのだ。

さらに言えば、標準的な共感の尺度は不完全である。もっともよく用いられている尺度には、他者の感情をミラーリングするという意味での共感を測定する質問も含まれてはいるが、親切心、思いやり、他者に対する関心などといった他の能力を引き出す質問も含まれている。

ここでは、運命に対する信念という共感とは無関係の研究[*34]を行なっている、私や私の学生を含め多くの研究者が使っている、マーク・デイヴィスによって開発された周知の尺度を取り上げてみよう。[*35]この尺度は、おのおのが七つの項目を含む四つの部分から構成され、デイヴィスによれば、そのそれぞれが「〈共感〉という包括的な概念の個別的側面」を引き出せるよう開発されている。そしてそれは、他者の視点をとることに対する関心を測定する「視点取得（Perspective Taking)」、架空の人物と自分を同一視する傾向を測定する「ファンタジー（fantasy)」、他者に対する感情に焦点を置く「共感的関心（Empathic Concern)」、他者のネガティヴな経験を目のあたりにしたときにどの程度の不安を感じるかを測定する「個人的苦痛（Personal Distress)」という四つの部分から構成される。

「ファンタジー」には次のような項目が含まれ、回答者はそれぞれの項目に対して、「私にはうまく当てはまらない」から「非常によく当てはまる」に至るいくつかの段階によって回答するよう求められる。

・おもしろい物語や小説を読んでいる最中に、そこに書かれているできごとが自分に起こったらどう感じるかについて想像してみることがある。
・小説の主人公が示す感情にほんとうに巻き込まれる。
・自分の身に起こるかもしれないことについて、ある程度定期的に夢想したり、空想にふけったりする。

これらの項目は、フィクションの世界に没頭しようとする欲求をうまく評価することができる。だがそれは、ここでの目的とはかけ離れている。共感力が高くてもフィクションにはあまり興味のない人もいれば、共感力が低くても夢想や空想を好む人もいる。

「視点取得」は共感に関連する項目をいくつか含むが、見解の相違に関する項目では寛容な態度の程度をも測定する。次のような項目がある。

・いかなる問いにも二つの側面があり、その両方を見ようと努力する。

・判断を下す前に、他者の持つ見解の相違に留意するよう努力する。

これらの項目に関しても、まったく共感力を備えていなくても（認知的共感という意味においてさえ）、高いスコアを得ることができる。あるいはスコアが低くても、他のあらゆる意味で共感力の高い人もいる。

残りの二つ「共感的関心」「個人的苦痛」は、多くの研究者によって共感の核心を反映すると見なされている。しかしそれらの尺度は、他者の痛みを感じることと、単に他者を気づかうことのあいだを適切に区別することができない。たとえば「共感的関心」には次のような項目が含まれる。

・目の前で起こっているできごとに強く心を動かされることがよくある。
・問題を抱えている人を気の毒に思わないことがある。（リバース判定：スコアが低い＝共感力が高い）
・友人をとてもよく気づかう。
・集団のなかで見知らぬ人が孤立しているのを見ると悲しく感じる。

これらの項目は、確かにその人から何らかの道徳的な特徴を引き出す。しかしそれは、必ずしもその人が共感を示しやすいかどうかを表す基準にはならない。むしろ、他者をどの程度気づかうかを示すものだと言える。

「個人的苦痛」には、さらに大きな問題がある。なぜなら、それは基本的に、非常時にその人がどのくらい冷静さを失いそうなのかを示す基準だからである。それには次のような項目が含まれる。

- 非常時に助けをひどく必要としている人を目にすると、自制心を失う。
- 非常事態が発生すると、恐れを感じ、不安になる。
- 非常時には自制心を失いやすい。

これらは共感に何らかの関係があるのかもしれない。もしかすると共感力が高い人は、危機的状況に陥ると気が動転しやすいのかもしれない。しかし、とりわけ非常時と他者の感情の関係が明確にされておらず、共感との結びつきは定かでない。下水管が破裂しても、竜巻が近づいてきても動転する人はいるはずだが、それらは共感とは（その意味では思いやりや、利他主義などその種のどんな心的特質にも）何ら関係がない。

もう一つよく用いられている共感の尺度に「共感指数」がある。[*36] この尺度は、心理学者のサイモン・バロン゠コーエンとサリー・ホイールライトが、バロン゠コーエンの広く知られた「共感－システム化」理論に基づいて考案したものである。バロン゠コーエンの主張によれば、平均すると女性は共感力が高く、男性はシステム化能力（システムを分析したり構築したりすることに対する関心）が高い。自閉症を抱える人は、「極端な男性脳」を持つと見なされ、並外れてシステム化に焦点を置く。そのことは、列車ダイヤ、ジグソーパズルなどに対する執着や、他者との関係の形成を困難にしている要因の一つである共感力の低さに見て取れる。

バロン＝コーエンの理論には興味深いものがあるが、彼が共感を測定するのに用いている尺度は寄せ集めである。共感を完全にとらえることのできる次のような項目もある。

・容易に他者の立場に身を置くことができる。
・誰かが泣いているところを見ても、気が動転したりしない。（リバース判定）

しかしそれ以外の項目は社会的な如才なさを測定するものであり、共感にも思いやりにもほとんど何の関係もない。

・会話に参加したがっている人をすぐに見分けることができる。
・議論で過剰に自説を押し通そうとするきらいがあると人に言われることがある。（リバース判定）
・社会的な状況下で何をすればよいのかがわからなくなる。（リバース判定）

バロン＝コーエンは自閉症の研究者であり、彼が考案した尺度は、この障害を抱える人によく見られる特徴をとらえることが意図されているように見受けられる。だが、共感を測定する尺度としてはふさわしくない。そもそも共感力が高いのに、社会的にうまく振舞えない人もいれば、社会的能力が高いのに共感力が低い人もいる。

ここまで見てきたように、現在広く用いられている共感の尺度は、共感以外にも、配慮や思いやり、さらには共感とはいかなる意味でもほとんど何の関係もない緊急時における冷静さなどといった雑多な特性を測定するためのものであることがわかる。

最後につけ加えておくと、共感と善き行ないの関係を調査する研究には、発表をめぐってバイアスがつきまとう。共感の効果を研究する研究者は一般に、共感には効果があるという結果が見出されることを期待している。効果がないことを期待して実験する者はいない。したがって効果が見出されなかった研究は、論文として雑誌に寄稿されることがあまりない（お蔵入り問題と呼ばれる）。また、寄稿されても掲載されない可能性が高い。なぜなら、効果なしの結果は、査読者や編集者の関心を惹かないからである。

これらすべての問題（自己報告におけるバイアス、他の特徴が共感力の高さと相関し得る可能性、尺度の問題、発表時のバイアス）は、共感と善き行ないの関係を誇張する研究結果の発表につながるはずだ。では、それらのあいだには実のところどんな関係があるのか？

意外にも、効果が見出されてもおかしくないことを示唆する条件がこのように多々あるにもかかわらず、そのような関係を示した報告はあまりない。これまで子どもや成人を対象とする研究が何百件も行なわれてきたが、全体的に期待される結果は得られていない。[*37] わずかな関係を見出した研究もあれば、何の関係も見出せなかった研究もある。また、不確かでいかようにもとれる研究結果もある。これらの研究を総括するメタ分析には、共感には効果がないと結論するものもあれば、効果はあるものの小さく、見出すのが困難であると結論づけているものもある（本書を通じて言えることだが、研究やメタ分析の結果を実際に参照したい場合、巻末注を参照されたい）。共感による最大の効果は、前述のバトソンの実験に見出せるが、この結果は実験室で得られたものである。質問票を用いて個人差を調査した研究では、効果はそれほど見出されていない。

ここまで、共感と善き行ないの関係を見てきた。しかし、共感力の高さが善き行ないを導くか否かという問いではなく、その裏返しである、共感力の低さが悪しき行為を導くか否かという問いについてはどうだろうか？　すなわち、共感力の低さと攻撃性のあいだには関係があるのか？共感の効果を疑うことにおいて人後に落ちない私でも、共感力の低さと、暴力や残虐な行為に訴えようとする態度とのあいだに関係があることを認めるにやぶさかではない。共感が残虐性を抑えるという見方はよく理解できる。私があなたの痛みを感じるのであれば、自分でも痛みを感じることをあなたにしたりはしない。共感力が低ければ、そのような抑止力を欠くことになる。したがって、共感力の低さと悪しき行為のあいだには、何らかの相関関係があると見るべきだろう。

だがそのように言うことで、私は共感を過大評価している可能性がある。共感と攻撃性の関係を調査した既存のあらゆる研究を精査した最近の論文がある。その結果は、「共感と攻撃性のあいだの（無）関係――メタ分析による意外な結果」というタイトルに要約されている。[*38] それによれば、攻撃性の変動の一パーセントのみが、共感の欠如によって説明される。これは次のことを意味する。ある人がどれくらい攻撃的なのかを予測したい場合、心理面談、紙と鉛筆によるテスト、犯罪歴、脳画像などによって得られた、その人に関するぼう大な情報のなかで、もっとも無視して差し支えないデータは共感力である。

筆者らは明らかに、この結果を予測していなかったようで、結論部の多くを割いてこの奇妙な発見、より正確に言えば奇妙な「発見の欠如」についてあれこれと論じている。そして最後には、私たちは共感を重く考えすぎていると示唆して論文を結んでいる。彼らは次のように言う。私たちは共感力の低い人を、他者をほとんど気づかわない、無感覚で冷淡な人物であると見なす。だがそれは誤りであり、「共感以外にも情動や配慮は存在し、人が他者を気づかう理由はあまたある」

人は共感力の高さによって善き人になるのでもなければ、共感力の低さによって悪しき人になるのでもない。以後の章では、性格の善さは思いやりや気づかいなどの、より距離を置いた感情に関係し、邪悪な性格は思いやりや他者に対する敬意の、あるいは欲望をコントロールする能力の欠如に関係すると考えられることを見ていく。

第3章　善きことをなす

共感を擁護する最善の議論の一つは、共感の対象になる人々に対して親切に振舞えるようにするというものだ。この主張は、実験、日常生活、常識によって支持される。世界が単純な場所なら、すなわち一人の人間がたった今抱えている問題のみに対処すればよく、その人を助けることがつねにポジティブな効果を生むような場所なら、共感の擁護は確固たるものになろう。

しかし世界はそれほど単純な場所ではない。私が主張したいのは、共感に動機づけられた行動が、道徳にそぐわないものになる場合が頻繁に、それもきわめて頻繁にあるということだ。

実験室で行なわれたほとんどの研究は、この複雑性を考慮していない。実験は、他者の援助、協力、助けを必要としている人に対する親切な行為などといった、明白な善き行ないの実践という観点から、共感の効果を測定するよう考案されている。ただしその例外をなす重要な研究が一つある。それはC・ダニエル・バトソンらが行なった巧妙な実験だ。

バトソンはこれまで、共感が他者の援助を動機づけるとする「共感‐利他主義」仮説を擁護してきたが、共感が必然的にポジティブな結果を生むとは主張していない。彼の主張によれば、「共感に喚起された利他主義は、道徳的なものでもなければ反道徳的なものでもなく、没道徳的なものだ」[*1]

それを確かめるためにバトソンは、ほとんどの人が間違っていると考えるはずの回答に共感によって導かれるような状況を設定した。実験は次のように行なわれた。被験者は、不治の病にかかっている子どもが最後の日々を気持ちよく過ごせるようお膳立てする、クオリティライフ財団という慈善団体について聞かされた。それから、順番待ちリストに掲載されている子どもたちへのインタビューが行なわれる旨を告げられる。その際、低共感実験群の被験者は、「客観的な視点からインタビューを聞いてください。インタビューを受けている子どもがどう感じているかにはとらわれず、客観的で公平な立場を貫いてください」と、また高共感実験群の被験者は、「インタビューを受けている子どもが、起こったできごとについてどう感じているかを、そしてそれがその子どもの生活にどんな影響を及ぼしているかを想像しながら話を聞くようにしてください。その子どもがいかなる困難に耐えているのかを、そしてその結果どう感じているのかを、自分でも十全に感じ取るようにしてください」と指示された。

インタビューは、シェリ・サマーズという名の「非常に勇敢で聡明な一〇歳の」少女に対して行なわれた。彼女が呈する末期症状についての詳細な説明がまずあったあと、彼女自身が、いかにクオリティライフ財団のサービスを受けたいかを語った。それから被験者は、彼女を順番待ちリストの上位に割り込ませるための例外的な申請を出すか否かが尋ねられた。その際、この申請が認められれば、現時点で上位にいる他の子どもたちが、その分長く待たされることになると念を押された。効果は大きかった。低共感実験群の被験者で彼女を上位に割り込ませようとしたのは三分の一だったのに対し、高共感実験群では被験者の四分の三がそうしたのだ。ならば共感の効果は、正義への関心を増大させる方向には働かず、他者を犠牲にしてまで、共感の対象に向けられた特殊な関心を増大させたことになる。

その種の効果は、スポットライトとしての共感というたとえを思い起こさせる。このたとえは、共感の擁護者が強調する「他者の苦しみを可視化することで、他者の苦難を際立たせ、リアルで具体的なものにする」という共感の特徴をうまくとらえている。その力を利用して、暗がりで何かを垣間見ようとするのだ。共感力がなければ人は他者を助けたりなどしないと考えている人は、共感のスポットライト的な性質を、そのもっともすばらしい側面だと見なすだろう。

しかしこのたとえは、共感の弱点も示唆する。共感は照らし出すべき特定の空間を選び出し、残りの空間を暗がりのままにしておく。その焦点は狭い。何が見えるかは、スポットライトを用いてあなたがどこを照射しようとしたかに依存し、そのためそれにはあなたの持つバイアスが反映される。

道徳的な生活において、スポットライト的な性質を持つ情動は、共感に限られない。怒り、罪悪感、恥、感謝の念などの情動も、共感に類似する。とはいえ、すべての心理的プロセスが限定的な性質を持つわけではない。私たちは道徳的思考を含め、より抽象的な思考を行なう能力を備えている。費用と効果を比較したり、一般的な原理を参照したりすることで判断を下せる。おそらく、シェリ・サマーズを順番待ちリストの上位に割り込ませることを選択しなかった被験者は、そうしたのだろう。つまり、彼女に焦点を絞らず、一歩離れた視点をとったのである。共感度の低いこの視点は、あまりにも冷徹で血が通っていないように思われることだろう。このタイプの公正な思考のたとえとしては、「蛍光灯の不快な照明」などといったところがふさわしいのかもしれないが、この点についてはあとで検討する。いずれにせよ、ここで私が言いたいのは、「共感の持つ限界は、不可避なものではない」ということだ。

スポットライト的な性質のゆえに、共感への依存は、倒錯した結果、つまり理性ある人なら誰も擁護しないような結果を導き得る。そのことは、いくつかの興味深い心理実験の結果に見て取ることができる。

ある研究では、被験者は一〇ドルを手渡され、何ももらっていない別の被験者に好きな額を分配する機会が与えられた。[*2] 被験者は皆匿名のまま番号で識別され、自分の相手は識別番号を引いて無作為に選ばれた。この実験のひねりは、番号を引いてから分配額を決めた被験者と、分配額を決めてから番号を引いた被験者がいたことである。奇妙にも、先に番号を引いた被験者は、先に分配額を決めた被験者に比べ、はるかに多額（六〇パーセント増）を相手に分け与えた。おそらく、先に番号を引くことで、相手として抽象的な個人ではなく、何ももらっていない特定の個人を思い浮かべることができたからではないかと考えられる。

同じ研究チームが行なった別の研究では、被験者は、貧困家庭の住宅援助のためにハビタット・フォー・ヒューマニティ〔実在するNGOで住宅問題への対処を援助する〕に寄付するよう求められた。[*3] その際、「対象家族はすでに選抜されている」と言われた被験者と、「対象家族はこれから選抜する」と言われた被験者がいた。この微妙な言い方の違いによって、得られた結果に差異が生じた。前者の被験者は、後者の被験者に比べはるかに多額を寄付したのだ。おそらく具体的な受け取り手（すでに選抜された特定の個人）と、抽象的な受け取り手（大勢の候補のなかからこれから選抜される対象者）の差が出たと考えられる。

また他の研究では、一人の苦難に対する反応と、多数の人々の苦難に対する反応が比較されている。[*4] 第一のグループの被験者には、一人の子どもの命を救う医薬品の開発を支援するためにいくら寄付するかが、また、第二のグループの被験者には八人の子どもの命を救う医薬品の開発の支援にいくら寄付するかが尋ねられた。その結果、どちらのグループもほぼ同額を提示した。しかし子どもの名前を知らされ写真を見せられた第三のグループでは、寄付額ははね上がり、一人に対して八人より多額の寄付がなされた。

これらの実験結果は、いわゆる「身元が分かる被害者効果」の現われと見ることができる。[*5] トーマス・シェリングは四〇年前に次のように述べている。「茶色の髪をした六歳の少女が、クリスマスまで生き永らえるための手術を受けるのに数千ドルを必要としていると報道されたとしよう。その場合、多額の寄付金が郵便局に押し寄せてくるだろう。それに対し、マサチューセッツ州の病院では、十分な税収なくしては治療の質が低下し、予防可能な死がかろうじて気づく程度に増えるだろうと報道されても、涙を流したり、寄付をしたりする人はそれほど多くはいないはずだ」

　この効果はまた、私たちが持って生まれた感情について、より一般的なことを教えてくれる。つまり、それらが数的感覚を欠いていることを。私たちの関心が特定の個人の苦難に関する思考によって駆り立てられているのなら、一人の苦難が一〇〇〇人の苦難より重要と見なされるような倒錯した状況を生み出し得る。

　数的感覚を欠くという私たちの感情の本性を理解するためには、どこか遠くの国で地震のために二〇〇人の死者が出たという記事を読んだらどう感じられるかを考えてみればよい。やがて死者の数が、実際には二〇〇〇人であったことが判明したとする。そのとき、以前に比べて一〇倍いたましく感じられるだろうか？　そもそも以前より少しでもひどく感じられるだろうか？

　そうは感じないのではないか？　それどころか、一〇〇人より一人のほうが重要であるように感じられることがある。なぜなら、多数の人々によっては引き起こされ得ないような感情を、たった一人の人間が喚起することがあるからだ。スターリンは、「一人の死は悲劇的だが、一〇〇万人の死は統計的だ」と述べたと言われている。またマザー・テレサは、「大衆を見ても、私は決して行動しないでしょう。でも、一人を見れば行動します」と言った。道徳的判断において数の重要性が認められるのなら、それは理性のゆえであって感情のゆえではない。

　スポットライトの問題の一つは、焦点の狭さだ。またもう一つの問題は、向けた場所しか照らし出さないことである。だからバイアスの影響を受けやすい。

前述した神経科学の研究は、共感の持つさまざまなバイアスの実例を示す。共感の経験に関与する脳領域は、敵か味方か、あるいは自集団か相手集団かの区別に敏感であり、また共感は人の見てくれが魅力的か醜悪かなどといったことに敏感である。

「身元が分かる被害者効果」と同様、このバイアスは現実世界でも確認することができる。過去数十年のあいだに起こった、アメリカ人の心情をとらえたいくつかのできごとについて考えてみればよい。

井戸に落ちた少女の話がある。一九四九年、カリフォルニア州サンマリノに住む三歳の女児キャシー・フィスカスが井戸に落ち、全米の人々がやきもきした。その四〇年後の一九八七年一〇月には、ジェシカ・マクルーア（ベイビー・ジェシカ）がテキサス州で狭い井戸に落ち、五五時間かけて救助されたできごとに全米が釘づけになった。当時の大統領ロナルド・レーガンは、「このできごとのあいだ、全米の誰もが、ジェシカの代母や代父になった」とコメントした。[*6]

大規模なできごとであっても、身元が分かる犠牲者を特定できれば、人は強い関心を抱くことがある。かくして私たちは、二〇〇四年の〔スマトラ沖地震の〕津波、その翌年のハリケーン・カトリーナ、二〇一一年のハリケーン・アイリーン、二〇一二年のハリケーン・サンディ、そしてもちろん二〇〇一年九月の同時多発テロなどの、ある種の悲劇、災害、凶悪犯罪の犠牲者に共鳴する。あるいは本書の冒頭で取り上げたが、二〇人の子どもと六人のおとなが殺害されて全米が悲しみに包まれ、援助したいという国民の強い欲求を引き起したサンディフック小学校銃乱射事件について考えてみればよい。

これらはすべて重大な事例である。しかし、なぜ他のできごとは注目されなかったのか？　客観的な観点から見た場合の重要性とは関係がないことは確かである。心理学者のポール・スロビックは、休暇中にアルバ〔西インド諸島の島〕で失踪し、誘拐されて殺害されたと見なされていた、一八歳のアメリカ人学生ナタリー・ホロウェイに対する強い関心について論じている。[*7] 彼の指摘によれば、ホロウェイが失踪したとき、彼女の苦境に関するストーリーは、同時に起こっていたダルフール〔スーダン西部の地域で、長く紛争が続いている〕における虐殺よりも頻繁にテレビ番組に取り上げられた。また彼は、ハリケーン・カトリーナの死者の一〇倍以上の人々が予防可能な病気のために、また一三倍以上の人々が栄養失調のために毎日死んでいると述べている。

ならば明らかに、これらの事例の際立ち具合は、苦難の程度の評価、国際的な重要性、援助が可能な程度を反映していない。そこには、誰を気づかうべきかに関するバイアスが働いている。私たちは幼い子どもたち、とりわけ自分によく似た子どもたちや、自分が属するコミュニティの子どもたちの苦境には強い関心を寄せる。一般に私たちは、振舞い、言葉、外観において自分に類似する人々をもっとも気づかう。そして、自分たちや自分たちが愛着を寄せる人々に関わるできごとに、どんなときでもとりわけ気を配っている。

アダム・スミスは一七九〇年に、有名な例を用いてこの点を指摘している。中国人が皆、地震で死んだとする。彼は、それに対して「人間性にあふれたヨーロッパ人」がいかなる反応を示すかを想像し、次のように述べる。「おそらく彼らは、中国人の不幸に対して、まず非常に強い悲しみの意を表わし、人間の命の危うさ、一瞬にして壊滅し得る人間の営為の無益さをめぐって深い物思いに何度も沈むことだろう。（……）そしてこの高貴な哲学的熟慮を終え、人間性にあふれる心情をひととおり表現し終えたら、彼らはあたかもなにごともなかったかのように、いつものとおり何の気兼ねもなく、自分の仕事や快楽の追及を再開し、休息し、気晴らしをすることだろう」[*8]

次にスミスは、より個人的なできごとによって引き起された情動反応をそれと比べる。「自分自身を見舞った災難は、いくら些細なことでも、それより現実的な動揺を引き起すだろう。人は明日自分の小指を失うことになると知っていたら、その晩まったく眠れなくなるだろう。だが、数億人が破滅しようと、彼らの姿を実際に目にすることがなければ、人はのほほんとしていびきをかきながら深い眠りにつくことだろう」

スミスの例にいくぶん変更を加えて、明日小指を失うのがあなたではなく、自分の親愛なる幼い息子だったとしよう。おそらくあなたは、今晩眠れないはずだ。それは、どこか遠くの国で起こった大勢の人々の死について耳にするより、はるかに大きな影響をあなたに与えるだろう。非常に言いにくいことではあるが、事実私は、これまで聞いたことすらなかった国で起こった悲劇について知ったときより、インターネットの接続が悪くなったときのほうが、気が動転し不安な気分になる。

もちろん例外はあり、ときに私たちはどこか遠くの国で起こったできごとに興味を惹かれる。しかしたいていそのような興味は、人々が受けている苦難を際立たせ、通常はもっと身近な関心によって引き起される情動や心情を喚起する画像やストーリーが提示されたときに生じる。

作家やTV番組製作者やジャーナリストが、いかにして人々から道徳的関心を引き出しているのかという問いは、興味深いトピックであり、一冊の本を書くに値する。文学や映画やテレビ番組が、赤の他人の苦難に人々の関心を引き寄せてきたことは、誰もが知っている。[*9] ハリエット・ビーチャー・ストウが一八五二年に著した一九世紀のベストセラー小説『アンクル・トムの小屋』は、奴隷制度に対するアメリカ人の態度を変えることに大きな役割を果たした。ディケンズの『オリバー・ツイスト』は、一九世紀のイギリスで子どもの扱われ方の変化を促した。アレクサンドル・ソルジェニーツィンの作品は、ソビエトの矯正収容所《グラーグ》の恐ろしさを世界に知らしめた。『シンドラーのリスト』や『ホテル・ルワンダ』などの映画は、私たちがそれまで決して気づかうことのなかった（過去や他国の）人々の苦境に対する私たちの気づきを拡大した。

　普段は疎遠なこれらのできごとのどれに焦点を絞るかの選択自体は、どのできごとがもっとも重要で、大衆の共感を呼ぶかをめぐる、ジャーナリストや映画製作者や小説家の直感に左右される。その結果、多くの人々にとって重要なできごとでも、ほとんど注目されないなどということが起こり得る。アメリカの刑務所内のひどい状況に関するストーリーは、めったに人々の関心を惹かない。なぜなら、数百万人の生活が関わっているにもかかわらず、ほとんどの人は、それら数百万人を気づかっていないからである。たとえば多くの人は、刑務所でのレイプをジョークか、さもなければ一種の満足すべき因果応報の証拠と見なしている。

　誰を気づかうかをめぐる私たちの選択は、論争を生む。およそ二〇年前、ジャーナリストのウォルター・アイザックソンは、ソマリアにおける危機に注目する一方で、スーダンで起こった（客観的に見てより大きな）悲劇は無視するアメリカ人の態度にフラストレーションを感じると述べた。

彼は次のように問う。「世界が、スーダンを無視してソマリアを救おうとするおもな理由は、後者のほうが写真映りがよいからなのか？」[*10]

ソマリアの前には、ビアフラの飢餓があった。ジャーナリストのフィリップ・グレビッチは、「手足が棒のようにか細く、腹部が風船のように膨らんだ、悲しそうな目をした子ども」[*11]のドキュメンタリー番組にアメリカ人が心を動かされ、国務省に毎日二万五〇〇〇通にのぼる手紙が寄せられてきたことについて語っている。その状況が高じて、当時の大統領リンドン・ジョンソンは国務次官に、「私のテレビから、あの黒人の子どもたちを取り除いてくれ」と言ったのだそうだ。

本書を執筆中に、「災害論」と呼ばれる分野が存在することを初めて知った。[*12]この分野における多くの業績は、利己的な動機を探究するものである。たとえばアメリカでは、大統領は、選挙の年に国家災害を宣言することが多く、激戦区では、他の選挙区より多額の寄付金を集めることができる。災害の対処に割り当てられた額は、被災者の支援ではなく、スタッフの確保や報酬などに使われている。この分野における他の研究は、私たちが焦点を絞る対象の恣意性や、いかに私たちの関心が、もっとも援助を必要としている場所がどこか、あるいは人々がもっとも有益な支援を行なえる場所がどこかに関する正当な評価と一致しなくなるかを示している。アイザックソンが嘆いているのは、まさにそのたぐいのことなのだ。

とはいえ、判断が困難なケースもある。たとえば、スーダンよりソマリアを優先することが間違っているとは、一概には言えない。その逆に、石油流出事故の犠牲になったペンギンの件や、二〇一四年にエボラ出血熱にかかった一匹のイヌを介護するためにダラス市が二万七〇〇〇ドルを支出した件のような、愛くるしい動物に対する人々の関心が、人命を救うために使ったほうが有益な金銭や関心を搾り取ってしまうケースなど、判断が容易なケースもある。

ここまで論じてきたバイアスのすべてが、共感の働きの反映であると主張したいのではない。だが、その反映と見なせるものもある。自分と類似する人、自分を親切に扱ってくれた人、自分が愛情を注いでいる人に共感を覚えるのはたやすい。だから私たちはたいてい、これらの人々を優先的に援助する。神経科学の実験室で見出されるものと同じ共感によるバイアスが、私たちの毎日の人間関係に影響を及ぼしているのである。

しかし共感より根の深いバイアスも存在する。人間は、赤の他人より友人や家族をひいきするよう、また他集団や敵対する集団のメンバーより自集団のメンバーを気づかうよう生まれついている。人間の本性をめぐるこの事実は、進化の歴史を考えれば必然的なものであることがわかる。遺伝子を共有しこれまで援助してきた人々に対して特別な感情を持つことのない生物は、必ずや進化の過程で振るい落とされるはずだ。より郷党的な競合生物を前にして挫折するのだ。身近な人々をひいきするこのバイアスは普遍的なものであり、自分がすぐに共感できる人のみならず、気に入った人、世話をしている人、協力関係にある人、罰する人などに影響を及ぼす。対象となる範囲は、共感よりはるかに広い。

他のバイアスは注意の機能をめぐって生じる。私たちは、新奇なものごとに惹かれ、古いものには無感覚になる。冷蔵庫が立てるノイズに次第に気づかなくなるように、アフリカの子どもたちの飢餓やアメリカ国内の殺人事件のような、絶えず発生する問題にやがて慣れてしまう。テレビ画面や新聞の見出しやウェブには銃乱射事件に関するニュースが踊り、コロンバイン高校、バージニア工科大学、コロラド州オーロラ市の映画館、サンディフック小学校などで起こった大きな事件は私たちの記憶に刻み込まれる。それに対し、残りの九九・九パーセントの殺人事件は、犠牲者が自分の知人でない限り、背景騒音と化す。

それらのバイアスは共感とは別ものである。だが、スポットライト的な性質のゆえに、共感はそれらの影響を受けやすい。また、焦点の狭さ、特定性、数的感覚の欠如という特質を持つがゆえに、自分の注意を惹くもの、人種の好みなどの影響をつねに受けている。私たちが少なくともある程度の公平さや公正さを保てるのは、共感の作用から免れ、規則や原理、あるいは費用対効果の計算に依拠した場合に限られる。

これらのバイアスは、ほんとうにそれほど大きな問題なのか？　それについて心配する人は、親切心の持つゼロサム的な性質を持ち出すかもしれない。お金と時間は限られている。セーブ・ザ・ホエールズに送った寄付金はすべて、オックスファムには届かない。地元の美術館のために資金を集めるのに使った時間は、ホームレスを救うためには使えない。

だが、それがどうしたというのか？　私たちは完全ではないということでは？　他者を助けようとする私たちの動機は、人種主義、郷党性などによって偏向しているとする見方が真であったとしても、ないよりはましではないのか？　共感や類似の感情は、他者を助けようとする動機を誤った方向に導くとする見方が正しかったとしても、それを欠いては、そもそも人は、他者を助けようなどとはまったくしなくなるのではないか？　第一、親切心のゼロサム的な性質は、誰かに寄付をしたり、自発的に何かをしようとしたりする心構えが人にはあるからこそ、懸念の対象になるのではなかろうか。何か善きことを行なえるのに、それをしない方向へとその人を動機づけるのなら、共感は責められるべきだろう。だが、善きことを行なおうとしていない人に行なわせるよう動機づけるのなら、共感はプラスになる。

共感に対する不満は、次のジョークと変わらないのかもしれない。ユダヤ人のおばあさんが孫息子と浜辺を歩いていたとき、高波が襲ってきて孫息子を飲み込んでしまう。おばあさんは泣き崩れて、「どうかあの子を返してください。神さまどうかあの子を救ってください。救ってくれたら何でもします」と神さまに祈る。こうして神さまに祈り続けていたところ、突然別の波が押し寄せて来て孫息子を吐き出す。おばあさんは腕のなかに駆け込んできた孫息子を強く抱きしめる。それからおばあさんは、いらだちの表情を浮かべながら天を見上げ、「帽子をかぶっていたはずなのに！」と叫ぶ（おばあさんのセリフを自分で声に出してみることが肝要だ）。

そう、神さまは帽子も返せたはずだ。だが、それに文句をつけるのは妥当だろうか？

このジョークを念頭に置きつつ、ピーター・シンガーがあげている、私たちの感情が生む焦点のずれの事例について考えてみよう。[*13] 次のような話だ。白血病をわずらう五歳の少年マイルズ・スコットは、メイク・ア・ウィッシュ〔難病を抱えた子どもたちの夢をかなえる支援をしている国際的なボランティア団体〕の支援のもと、スーパーヒーローのバットキッドとして一日を過ごす機会を手にし、バットマンの衣装を着た俳優と一緒にバットモービルに乗って、サンフランシスコの街中をドライブした。数千人が歓声をあげるなかで、苦境に陥った姫君を救い、悪漢リドラーを捕まえ、サンフランシスコ市長から市のカギを受け取った。

シンガーは、この催しが少年に「ほのぼのとした満足感（warm glow)」を与えたことを認めつつ、それにかかった費用を問うている。メイク・ア・ウィッシュが公表しているところでは、病気の子どもの願望を満たすのにかかる費用の平均は、七五〇〇ドルだそうである。バットキッドシナリオは、間違いなくそれ以上かかっているはずだが、とりあえず控えめに見積もってそれくらいとしておこう。それと同額が、マラリアがはびこる地域で蚊帳を配布するために使われたなら、三人の子どもの命が救えるはずだと、シンガーは言う。彼はさらに続ける。「一人の子どもの命を救うことが、バットキッドになりたいという子どもの願望を満たすことより望ましいのは、明らかではないか？　息子が一日バットキッドになるのと、彼の白血病が完治するのとではどちらを選ぶかと問われれば、マイルズの両親は後者を選択するだろう。二人以上の子どもの命が救えるのなら、どちらを選ぶべきなのかは、もっとはっきりする。ならばなぜかくも多くの人々が、マラリアが発生しやすい地域に住む家族に、非常に効率的に蚊帳を配布することのできるアゲンスト・マラリア財団に寄付すればもっと善きことを遂行できるというのに、メイク・ア・ウィッシュに寄付しようとするのか？」

たった一人の子どもにすばらしい一日を贈るより、三人の子どもを救うほうがよいという考えを否定する者は、一人もいないはずだ。しかし、「人は通常、そんな選択をしたりはしない」とシンガーに反論する向きもあるだろう。子どもの願望をかなえるための寄付をしなければ、その金がマラリアから子どもを救う慈善事業に回るというわけではない。もっと性能のよい車への買い換え、いつもより豪華な休暇、台所の改装など、慈善とは無縁なことに使われるだけだろう。名うての功利主義者たるシンガーは、そのように使われるのだったなら、バットキッドに金を使ったほうがよいと答えるはずだ。

したがって私は、ゼロサム的な性質を、慈善に関する決定に共感を用いることの最大の問題として見ているのではない。私の懸念は別のところにある。

共感に動機づけられた親切心は、悪しき効果を発揮するケースが多い。それは世界の状況を悪化させ得る。ここで私は、第1章で取り上げた、救った子どもが実は未来のヒトラーだったなどという哲学者が思いつきそうな奇抜な例に言及しているのではない。いかなる方法で道徳的な判断を下そうが、私たちはときに誤るのである。ここでは、悲しくも予測可能なあり方で、共感が悪しき効果をもたらす行動を導いた、現実世界における例を念頭に置いている。

そのような事態がいかに生じるのかを理解するためには、慈善とはまったく異なる領域について考えてみる必要がある。育児を考えてみればよい。自分の子どものことで頭が一杯の親は、過度に保護的になって子どもを心配し、始終恐れを抱いたり、自信をなくしたりして、子どものしつけや監督がまったくできなくなる。適正な育児は、短期的な子どもの苦痛に正しく対処することを求める。それどころか、ときに子どもに短期的な苦痛を引き起こすことがある。「夕食時にケーキを食べてはいけない」「入れ墨をしてはならない」「平日の夜にパーティーに行ってはならない」など、子どもの願望を拒否しなければならない場合がある。また、ある程度規律を課すこともある。そのとき、規律を課された子どもが、不快感を覚えることはまず間違いないはずだ。長期的に見て子どもの役に立つことを犠牲にしてでも、子どもの当面の満足感を高めようとする衝動に焦点を置く共感は、育児の妨げとなる。育児の課題は、親自身が自分の利己心を克服しなければならないことにあるとよく言われる。しかし、共感に基づく関心、すなわち周囲の人々の当面の苦痛を緩和しようとする強い欲求を克服しなければならないという別の課題がある。

慈善の話に戻ると、シンガーは、多くの人々が「ほのぼのとした満足感」の与え手であると指摘する。[*14] そのような人々は複数の慈善団体にそれぞれ少額ずつ寄付し、種々の名目のために寄付金を分散しようとする。というのも、よりどりみどりのデザートが並べられたテーブルから少しずつ好物を取り分けるときと同じように、それぞれの寄付によっていちいち小さな快が得られるからだ。だが少額の寄付は、実際には慈善を損なう結果をもたらし得る。なぜなら、寄付金を処理する費用のほうが、寄付額を上回る場合があるからだ。またシンガーは言及していないが、慈善団体は寄付者のフォローアップを行なうことが多く、とりわけ通常の郵便制度が利用される場合、コストがかさむ。自分が反対する名目をかかげる慈善団体に害を与える方法の一つは、その団体に五ドルを寄付することだ。

もっと重大な問題として、発展途上国に対する欧米諸国の援助があげられる。[*15] そのような援助が実際にどの程度役立っているのかをめぐってさまざまな議論が交わされており、その多くには負の効果があるというコンセンサスが次第に得られるようになってきた。裕福な欧米人による親切心からの介入が、数百万人の生活をいっそうみじめなものにしているのではないかと考えている人も多い。

これは奇妙な見方であるように思えるかもしれない。飢えた人々のもとに食糧を送り、病人のために医療援助を行なうことが間違っているはずはないではないか？　一つの問題は、対外援助によって、社会や経済の長期的な発展を動機づけるインセンティブが、それによって最大の恩恵を受けられるはずの地域で弱体化することにある。食糧援助は、その国の農民や市場から経済力を奪う（アメリカ国内でも、同種の懸念に基づいて、支援金は人々を失業から保護して当面は事態を改善しても、やがて負の結果をもたらし得ると見なされ、福祉プログラムや企業救済に反対する議論が出されてきた）。また、戦闘員（そのなかには大量殺戮に関与している者も含まれる）に対する食糧や医療の援助は、実のところそれによって救われる人の数より殺される人の数のほうが多いという結果を招いているのではないかという懸念もある。

さらに言えば、世の中には、他者につけ込もうとする悪人がいる。だから共感は、邪《よこしま》な目的のために戦略的に利用される場合がある。孤児院について考えてみよう。助けを必要としている子どもたちに対して多くの人々が抱く感情は、子どもを孤児院に入れる方向へと他の人々を動機づける。たとえばカンボジアの孤児院に収容されている子どものほとんどには、少なくとも片親がいるが、孤児院は貧しい親に金を払ったり圧力をかけたりして、子どもを手放させようとする。『ニューヨーク・タイムズ』紙の記者は、本章の主題にも通じるあり方で、この問題を次のように要約している。「寄付するだけでなく、ときに自身で施設を設立することもある外国人の共感は、孤児院の供給過剰を生んできた。（……）よく管理された清潔な孤児院もあるとはいえ、多くは建物が老朽化し、国連によれば性的虐待を受けている子どももいる。（……）プノンペンにある人権団体の創設者ウ・ヴィラクは〈哀れみはもっとも危険な感情です。カンボジアは物乞いのメンタリティから脱する必要があります。また外国人は、純粋な情動に駆り立てられないようにしなければなりません〉と言う」[*16]

あるいは、発展途上国における子どもの物乞いについて考えてみればよい。やせ衰えた子どもの姿は、満腹した欧米人の目には衝撃的に映る。援助の手を差し伸べたいという思いは抗しがたい。しかし実際にそうすることは、何万もの子どもたちを奴隷にし、ときに傷つけることもある犯罪組織を支援することにもなりかねない。つまり寄付することで、世界の状況を悪化させているのだ。短期的には人々を手助けしているように見える行為が、多くの人々におぞましい結果をもたらしていることもある。

意図せぬ結果に関するこのような議論を通して、いっさい援助を行なうべきでないという結論に至るかもしれない。しかしそれは私の主張するところでは**ない**。多くの慈善事業はすばらしい結果を残している。親切心、ハードワーク、寄付はたいてい、意図されているとおりに世界をよりよい場所にする。献血、マラリアの拡大を防止するための蚊帳の配布、盲人に本を読んであげることなどは、言うまでもなく善き行ないである。すべての行為が、O・ヘンリーの小説にあるように、暗くねじれた結末を迎えるわけではない。意図せぬ結果をあげつらうことは、自分の身勝手さや無関心に対する言い訳でしかない場合もある。

しかし、自分が満足を感じることをするのではなく、実際に善きことをするためには、複雑な問題に対処し、ときに利害から生じる悪意や貪欲さに満ちた搾取の動きに留意しておく必要がある。要するに、一歩下がって、共感の罠にはまらないようにしなければならない。援助してはならないというのではなく、結果に目を向けながら賢明に援助すべきだというのが、ここでの結論である。

しかしそれでも、次のような反論はあるだろう。たとえ共感のスポットライト的な性質がときに私たちの判断を誤らせるにしても、共感を捨ててしまえば、私たちは何もできなくなるのではないだろうか？　自分以外、誰にも何に対しても気づかわなくなり、世界は地獄と化してしまうのではなかろうか？

思うに、そのような疑問は、道徳的な想像力の貧困に由来するのではないだろうか。つまり、そう考えている人は、共感がもたらすコストなしに、それと同じ恩恵を与えてくれる別の能力が存在することを認識できていないのだ。おぼれかけている少女の救助から腎臓の寄付に至るまで、善き行ないが必ずしも共感に動機づけられているわけではないことを示す、日常生活における例をすでにいくつかあげてきた。善き行ないには、あらゆる種類の動機が存在する。それには、より包括的な関心、思いやりなどがあり、それらについては次章でもう一度検討する。また、名声に対する関心、怒りの感情、プライド、罪悪感、信仰、世俗的な信念体系などがある。私たちには、正しい行ないを動機づける要因として、あまりにも性急に共感をあげる傾向があるようだ。

個人的な経験から、もう一つ別の事例をあげよう。私は子どもの頃、夕方父が、台所のテーブルの上にすわって、わが家に届いたさまざまな慈善の訴えに対して小切手を切っているのに気づいたことがある。彼は、書かれている内容をほとんど読んでおらず、人々の苦難に共感している様子はなかった。私がそれについて尋ねたところ、彼は、自分より不幸な人々を援助する一般的な義務があると感じていると答えた。前述したように、そのような無条件の寄付にはリスクがともなうが、このエピソードは、一歩下がって自分や他者がしている善き行ないをよく観察してみれば、世の中には、近視眼的で歪曲した共感の力以外のさまざまな能力が働いているという事実を理解できることを示している。

ここまで私は、善き人であるためには、他者への気づかい、すなわち他者の苦しみを緩和し、世界をよりよい場所にしようとする心構えと、何が最善かを見極められる理性的な能力の組み合わせが必要であると主張してきた。実は、まさにそこに焦点を置く「効果的利他主義」と呼ばれる考えが存在する。[*17] 効果的利他主義者は自らを「心と頭を統合する、発展しつつある社会運動」と定義している。すぐれたモットーだと言えよう。善き行ないをなすよう人々を動機づけるには心が、また、それを実現するための最善の方法を見出すには賢明な頭が必要とされるからだ。

しかし、その実現は容易ではない。赤の他人に自分の腎臓を寄付したツェル・クラヴィンスキーは、「人々が私の行為を異常だと考えるのは、数学を理解していないからにすぎない」と言った。[*18]

だが、この見解は完全に正しいとは言えない。真の問題は、「人々はたいてい、数学に配慮しようとしない」点にある。

しかし、説得することなら可能だ。政策問題に関して、合理的に考えるよう人々を奨励することができる。懐疑的な見方もあるとはいえ、人は往々にして、単に自分にとって満足を得られることではなく、正しいことをしたいと考えているものである。世の中には、givewell.orgなどの非営利組織が提供する情報をもとに、慈善の効果を監視し、どの団体がもっともすぐれた業績をあげているかを追跡している人々が多数いる。政治学者のジェニファー・ルーベンスタインが指摘するように、効果的利他主義などの運動によって擁護されている、データに基づく判断の重視は、「身元が分かる被害者、威厳のある大型動物（たとえばホッキョクグマ）、カリスマ的な大スター（たとえばボノ〔ロックバンドU2のリードボーカル〕）、過度に単純化された悪漢（たとえばジョゼフ・コニー〔ウガンダの反政府勢力神の抵抗軍の指導者〕）、大災害の劇的なイメージなどに基づく慈善の訴えよりはるかにすぐれている」[*19]

もちろん、誰もが効果的利他主義を支持しているわけではない。[*20]『ボストンレビュー』誌の最近の記事で、ピーター・シンガーがこの考えを擁護する論陣を張ったとき、何人かの学者や活動家がコメントを求められているが、彼らの多くはシンガーに批判的であった。また、活動を通して最大限ポジティブな結果が得られるよう集中すべきだとするシンガーの前提を受け入れた人も、個々の点に関しては彼の見解に反対した。個人を対象とする寄付にエネルギーを使うより、武器の売買や保護関税などに関する政策の変更を訴えてロビー活動をするほうが、より効果的な援助ができるのではないかという議論も出た。あるいは、もっとも効果的な介入は、個人ではなく企業によるものだと主張する人もいた。さらには、個人に焦点を置くことで、アメリカ政府のような組織による大規模な介入に対する支持が失われるなどの、意図せぬ結果を招くのではないかという懸念も表明された。

その種の批判に対するシンガーの回答は、いくつかの点には同意しつつ、別の点に関しては反論を加えるといった慎重なもので、概してそれらが、ケースバイケースで解決されるべき経験的な問いであるとする姿勢をとっていた。ここでは、スコット・アレクサンダーの議論に従って、次の点をつけ加えておきたい。[*21] 現行の効果的利他主義を選好すべき理由の一つはその認識の謙虚さである。蚊帳の配布によってマラリアの拡大を阻止しようとする試みは、第三世界が抱える問題に対する最善の長期的ソリューションであるとは言えないかもしれないが、ある程度の効果は見込める。それに対し、より包括的な政治介入は結果がはるかに不確かであるうえ、効果的利他主義運動がその方向に歩を進めれば、他の政治介入と区別がつかなくなって、独自の貢献ができなくなるだろう。

アレクサンダーはこの点をさらに発展させて、「人間対自然」の問題と「人間対人間」の問題を区別する。病気の治療は「人間対自然」の問題の一例であり、効果的利他主義者が現在焦点を置いているのは、その種の問題に対してである。それに対し、グローバル資本主義に対する戦いは「人間対人間」の問題に属し、よい方向へと長期的な変化をもたらし得るとはいえ、結果はより不確実だ。そもそも、グローバル資本主義を擁護し、市場経済の拡大によって世界がよりよい場所になると嘘いつわりなく信じている人も多い。

これらの考察は最終的に、どのような行動が、最善の包括的恩恵をもたらすのかという問いに行き着く。心理学者としての私の関心は、効果的利他主義による提案が喚起する別種の反応にある。ラリッサ・マクファークワーは、多くの人にとって（おそらく彼女自身は除いて）「たとえ結果がよくても、抽象的になるほど遠隔的に人々に働きかけることには、不安が感じられる」と述べ、それを「利他主義のドローンプログラム」と呼ぶ。[*22] 法学者のポール・ブレストは、効果的利他主義の「聖人ぶった態度」を批判している。[*23] ジャーナリストのキャサリン・タンバーは、シンガーが取り上げている、飢えた貧しい人々に寄付するための資金を稼ぐ目的でウォール街に就職したマット・ウェイジの事例を論じ、ウェイジの活動が実際には、「世界中の持たざる人々の苦しみを激化させている」と、またその行為が彼を貶め、「そこにはある種の深い疎外が反映されている」と述べる。[*24]

シンガーはこれらの反応に我慢がならず、とりわけウェイジの寄付金が他者の役にまったく立っていないというダンバーの執拗な主張と（どうやってそれを知ったのかと彼は尋ねる）、善き行ないの定量化に対する、彼女のより一般的なレベルでの反論に苛立つ。[*25] シンガーによれば、彼女の見方は、「同じ額を別の慈善団体に寄付すれば、より多くの人々を失明から救えるにもかかわらず、少数の人々しか救えない慈善団体に喜んで寄付することを意味する」。そして彼は、「そのような態度に対して何と言えばよいのか、私にはよくわからない」と結んでいる。

私はシンガーと同意見である。数年前、子どもの道徳性の起源を論じた私の前著について、あるラジオ番組で話をした。その際、発展途上国の子どもの物乞いを例にあげながら、見知らぬ人々にどう対応すべきかに関して、ある女性牧師と議論した。私はとりあえず、子どもの物乞いに施しをすることが事態を悪化させ、より大きな苦しみを引き起こしているのではないかという、最近読んだ懸念を話題に出し、彼らに施しをするのをやめるべきだと、また、その金をもっとうまく使うべきだと提案した。

それに対する彼女の反応は、私にとっては驚きだった。彼女は事実に関して私に問いただすことはせず、自分は物乞いに施しをしたい、子どもに食べ物や金銭を与えて彼らの満足した顔を見ると、気分が晴れると言ったのである。彼女によれば、それは重要な人間的ふれあいであり、クレジットカード番号をオックスファムに打ち込んで得られるようなたぐいのものとは違うとのことだった。

その場では、激論を交わすつもりはなかったし、頭がうまく回らなかったこともあって、私はそれに対して何も言わなかった。しかし今それに答えられるのなら、それは自分が何を望んでいるかにもよると言うだろう。個人的なふれあいの快さを望むのなら、子どもに施しをすればよい。そうすればおそらく、あなたの手が子どもの手に触れたとき小さな興奮を覚え、その暖かい感覚は、ホテルに歩いて戻るあいだは残っていることだろう。だが人々の生活をほんとうに向上させたいと望むのなら、それとは別のことをすべきである。

健康や安全性以外にも優先させるべきものがあるというシンガーの指摘は正しい。たとえば人は敬意をもって処遇されることを望み、自らの向上のために自分自身が積極的な役割を果たそうとすることも多い。また費用対効果を考慮する際には、欧米人の豊かな生活について考えるべきだ。貧しい人々の援助に自らの生涯を捧げることでマット・ウェイジの生き方が損なわれているというタンバーの主張が正しいのなら、まさにその点も考慮に入れなければならない。また、距離を置いた慈善が冷淡で不満を感じさせるという見解は、私にも理解できる。私がよく知る、ある裕福な教授は一時期、小切手を切ったほうがはるかに世のためになることがわかっていながら、ニューヘイブン〔コネチカット州南部の都市でイェール大学がある〕の無料食堂《スープキッチン》で定期的にボランティア活動をしていた。彼女はふれあいを求めていたのである。それを否定するつもりはない。費用対効果の計算をすれば、イェール大学教授の満足には、確かにいくばくかの重みはあるだろう。

だが私の考えでは、そのような満足は、実際に苦難にさらされている人々のニーズと比べて、はるかに小さな重みしか持たない。子どもが飢えているときに、救援ボランティアが微笑みを浮かべながら食べ物を手渡してそのあとで一人ひとり抱きしめるか、それともドローンを使って空から食糧を落とすかの違いは重要ではない。実際に命を救うことに比べれば、個人的なふれあいの機微はほとんど取るに足らない。

共感の弱点に関する思慮深い考察の一つに、エレイン・スカリー〔戦争の結果を歌合戦で決定しない理由は何かと問いかける、痛みをテーマとした主著『*The Body in Pain: The Making and Unmaking of the World*』(Oxford University Press, 1987) でよく知られている〕の短い論文「他者を想像することのむずかしさ」で提起されたものがある。*26 彼女のアプローチは私のものとは異なるが、うまく補完し合うと私は考えている。スカリーは、「私たちが他者をどのように扱うかは、その人の生《せい》をいかに想像するかによって形作られる」と述べ、共感に賛成するモードから出発する。さらには、「他者を傷つける人間の能力が非常に高いのは、まさに他者を想像する能力が低いゆえである」とさえ述べる。次に彼女は、社会の構成員を赤の他人や外国人に対して親切に振舞うよう動機づけるにはどうすればよいかを問い、それに対し「人々が広い心で自発的に他者を〈想像〉し、その試みを日々実践することに基づく、全世界的《コスモポリタン》な寛大さの枠組みを築くこと」によってと答え、共感に基づくソリューションを提示する。

国際政策の研究者にはこのソリューションの支持者が多い。また、遠い国に住む人々を含めた他者の処遇における共感の重要性を力説するマーサ・ヌスバウムらの哲学者にも支持されている。[*27] この見方に引きつけられ、道徳的想像力の拡張をフィクションの恩恵の一つと見なす小説家もいる。ジョージ・エリオット〔一九世紀イギリスの小説家。ペンネームは男性だが、女流作家〕は一八五六年に、「一般化や統計に基づく訴えは、既存の同情（sympathy）、すなわちすでに活動している道徳的感情を必要とする」と述べ、他者に対する親切心には、ある種の情動的なあと押しが必要であり、それらはフィクションを読んだりその他の芸術を鑑賞したりすることで得られると論じている。[*28] そして次のように結論する。「偉大な芸術家が描く人間像は、凡庸な人々や利己的な人々さえも驚嘆させ、自分とはかけ離れた何ものかに注意を向けさせる。それは道徳感情の素材とでも言うべきものである」

スカリーはそれに納得せず、他者の生の想像によっては親切心を引き出すのに十分な動機づけが得られないのではないかという疑問を呈する。彼女の懐疑は、本書でこれまで取り上げてきたような実験的な証拠に基づくわけではなく、日常的な経験や直感に由来する。彼女の指摘によれば、親友を対象にしてさえ、自分が自分を経験するのと同じくらいの鮮やかさで他者の経験を心に思い浮かべることはできない。ましてや、(彼女があげる例で言えば)ドイツ在住のトルコ人、アメリカに住む不法移民、多数のイラク兵、爆撃で殺された市民など、不特定多数の他者を対象にそうするのはまったく不可能である。

この見解は、「共感は数的感覚を欠き、バイアスを孕む」という私の問題提起を思い起こさせる。私の子どもが軽傷を負ったという報せは、何千人もの見知らぬ人々のおぞましい死について聞くより、はるかに私を動揺させる。これは父親としては善き態度なのかもしれないが(それについては次章の最後の部分で取り上げる)、政策決定者の態度としては、また見知らぬ人々をどう扱うべきかをめぐる道徳的指針としてはふさわしくない。

それに対する一般的な反応は、他者が感じていることを感じようとする努力をもっとすべきだというものだ。この見解は、誰かが苦痛を感じているのにそしらぬふりをしている場合や、自分が誰かに苦難を引き起こしている場合には、価値ある提言だと言えよう。しかし赤の他人を含めた不特定多数を対象にする場合には、不適切なものになる。私たちは自分が愛情を注いでいる人々に対してと同じように、赤の他人に対しても共感するよう心理的に構成されているわけではない。一〇〇万人の苦難に対して、一人の苦難に感じる苦痛の一〇〇万倍の苦痛を感じる能力は、私たちには備わっていない。直感は、道徳的な行動を評価する尺度としてふさわしくない。

スカリーが提起する代替案は私のものに類似する。共感に依存する人は、その対象となる人の生を重くすることを目的として特定の個人に焦点を絞る。つまり、その人の喜びや苦しみを自分自身のものと同程度に重要なものにしようとするのである。これは高貴な姿勢であるかのように思えるが、私たちはそのようなやり方には長けていない。たとえば裕福なアメリカ人は、飢えたアフリカの子どもたちの生を、自分の子どもの生と同程度に重くすることなどできはしない。また、個人の生を重くすることで、地球温暖化や未来の戦争の結果を評価することはできない。なぜなら、それらには特定の個人の生は関与しておらず、抽象的な一般性が存在するだけだからである。

スカリーは、それと反対のことをすべきだと提案する。自分が愛情を注いでいる人々と同レベルに他者を持ち上げることによって、平等や正義を確立しようとしてはならない。他者の生を重くしてはならない。そうではなく、自分をより軽くし、自らを縮小することであらゆる人々を同レベルに置くべきだ。言い換えると、自分や身内を赤の他人のレベルに置くのである。

哲学者のバートランド・ラッセルもそれに類似する助言を与えている。彼は、新聞を読むときには、事態を公正に評価するために、自国を含めて国の名前を読み替えるべきだと主張する。たとえば「イスラエル」を「ボリビア」に、あるいは「アメリカ」を「アルゼンチン」に代えるのである。（X、Y、Zなどの任意の記号を用いればもっとよいだろう）。これはバイアスを除去するすぐれた方法だ。スカリーが述べるように、「無知のベールは、無数の他者に自分自身に対するものと匹敵する想像上の重みを加えることによってではなく（それには甚大な心的努力を要する）、さしあたり自分自身の一連の濃密な属性を消去するというはるかに効率的な戦略によって平等性を育む[*29]」

ならばスカリーの考えは、ものごとを非人格化し、誰をも持ち上げるのではなく誰をも下げる結果をもたらす。これは冷淡なものの見方であるように思えるのは確かだ。あまりにも志が低いように思える。ルイ・C・K〔コメディアン〕の「うんこまみれのからだで満足しなければならない。それがすべてだ。うんこまみれの、醜く、嫌悪を催させるからだでね」という自己の身体に関するアドバイスを思い出させる。[*30]とはいえ、あらゆる人々に同程度に共感することなどできないのだから、それが最善のやり方なのかもしれない。

そのような非人格化は、賢明な政策の核心にも見出すことができる。誰を雇うか、誰に賞を与えるかに関して偏りのない公正な決定を下そうとする際、私たちは、すべての候補者に等量の「想像上の重み」を与え、各人の特殊な状況や人間性を十全に評価したりはしない。それはあり得ない。そうではなく、各候補者をX、Y、Zとして扱い、匿名《ブラインド》レビュー、匿名オーディションなどの手続きを考案して、性別、人種、外観などの評価対象外の特性をめぐる先入観によって、意識的にせよ無意識的にせよ判断が歪められないようにするのだ。あるいは、特定集団の権利を確保するために、割当て制度を設けたり、多様性を重視する方針をとったりすることもできる。それらはおのおの異なる政治的展望に基づく、互いに対立するソリューションではあるが、所与の手続きを非人格化し、先天的な嗜好やバイアスを回避しようとする点ではどちらも変わらない。

一例をあげよう。あなたは著名な賞の受賞者を選考する委員会のメンバーだったとしよう。そして候補者の一人にあなたの娘がいたとする。そのときあなたは、自分の感情の対象を全候補者に拡大して等しく愛情を注いだうえで、公正な判断を下せるだろうか？　そんなことはしない。そうはせず、自分はその決定から身を引いて、あなたの娘をもう一人の赤の他人として、他の候補者と同じ条件のもとで審査することのできる他のメンバーの手に決定を委ねるはずである。

公正さを求めるこの種の要請は、誤解されやすい。類似の提案を支持する私の論文をめぐる議論のなかで、サイモン・バロン＝コーエンは、共感力を持つ意思決定者が存在しない世界に関する暗黒の未来像を提示している。彼は次のように述べる。「意思決定から共感を取り除けば、最終的解決のようなまったく合理的なシステムを考案したナチスの所業を繰り返す危険性がある。彼らは、ヨーロッパ中から列車でユダヤ人を強制収容所へと輸送し、完璧に設計されたガス室や焼却炉から成るシステムを考案したのだ。不純な血を受け継ぐ者すべてを根絶することを目標とするナチスの観点からすれば、このシステムは理にかなっていた。そこに欠けていたのは、ユダヤ人犠牲者に対する共感以外の何ものでもない[*31]」

バロン＝コーエンはさらに、彼が費用対効果分析に基づく意思決定の結果と見なすものについて次のように論じる。「あるいは、学習障害者を系統的に根絶するための安楽死プログラムをナチスが考案したことを考えてみよう。費用対効果分析は反駁不可能だ。安楽死は、人口から〈病んだ遺伝子〉を除去し費用を節約する。なぜなら、生涯にわたり学習障害を抱える人々を支援するのに必要な費用は高くつくからである。このようなナチスの法的決定を可能にしたものとは、言い換えるとナチスの立法者をして自分たちが道徳的に判断していると信じさせたものとは、学習障害者に対する共感の欠如である」

バロン＝コーエンにとっての費用対効果とは、財政上の費用対効果のことである。だから彼は、政府の財政を救うがゆえに、ナチスによる学習障害者の安楽死に関する費用対効果をめぐる議論が、合理的な観点からは「反駁不可能だ」と結論するのである。

その種の費用対効果分析は、間違いなくグロテスクだ。だが私は、そのような費用対効果分析を提案しているのではない（というより、私の知る限り誰もそんなものは提案していない）。私が提起する共感の代替案は、他者に対する思いやりを含む。よってそれに従えば、いかなる合理的な意思決定プロセスも、幸福や繁栄や苦痛を考慮に入れる。バロン＝コーエン流の言い方を借りると、その種の費用対効果分析をすれば、学習障害者の大量殺人は耐え難いコストと見なされるだろう。

そのような言い方は人を当惑させるかもしれない。また、バロン＝コーエンのみが、理性的熟慮の実践者を軽蔑しているわけではない。だが私は理性的熟慮の擁護者である。以下の議論は本書でももっとも論議を呼ぶものになるだろう。

ここで私は、経済学者を持ち上げるつもりだ。私にとってそれは容易なことではない。大学教授の私が言うのだが、法外な給料をもらい、高級スーツを着用し、経済の崩壊を何度も予測し損なってきた彼らは、大学でも人気があるとはとても言えない人たちだ。しかし冷徹な経済的推論の適用は、ほとんどの人が免れることのできない先入観やバイアスから、専門家として免れられるよう努力することを強いるので、ときに経済学者を天使の側に立たせる。

たとえばほとんどの経済学者は、自由貿易の利点を信じている。その主たる理由は、政治家や多くの一般市民とは異なり、彼らが自国民の生活と他国民の生活とのあいだにいかなる原理的な差異を見出すことをも拒むからである。メキシコの家族もアメリカの家族同様に重要なのだから、アメリカ国内の雇用を確保する努力をすべきではないなどと主張する大統領は、そう長くは大統領でいられないだろう。しかし経済学者は、世界の状況を悪化させるまったくのバイアスとしてそのような見方を退ける。

あるいは経済学がときに「陰気な科学（dismal science）」と呼ばれる理由を考えてみよう。[*32] これは、音楽や詩などの「陽気な科学（gay science）」と対比するために、一九世紀にトーマス・カーライルが考え出した侮蔑的な言い回しである。彼は次のように述べる。「あえて言えば、私たちが聞いたことのあるもののような〈陽気な科学〉ではない。そうではない。陰うつでわびしく、のみならずみすぼらしく悲惨な学問だ。それは陰気な科学と呼べるだろう[*33]」

カーライルは思うところがあって経済学をそう呼んだのだ。彼が心や感情を存分に注ぎ込んでいる対象、彼がそれまで心から支持してきたものに反対する経済学者をあざけることを意図していたのである。

では、経済学者が反対していたものとは何か？　それは奴隷制度である。カーライルは、経済学者が奴隷制度に反対したためにろうばいしたのだ。西インド諸島への奴隷の導入を支持していた彼は、それを激しく非難した経済学者にいらだっていた。経済学者や、人間の営為に対して彼らが取る冷淡なアプローチを嘲笑したくなったときや、誰かが「強い感情＝善きもの、冷淡な理性＝不快なもの」などという図式を振りかざすのに出くわしたときには、このエピソードを思い出すとよい。これまで見てきたように、現実世界では、真実はたいてい、その図式の逆である。

幕間Ⅰ　共感に基づく公共政策

共感に反対する説を主張していると、私の政治的姿勢を問われることがよくある。私は反共感論を唱えることで、ある種の保守主義を擁護しているのだろうか？　リベラルや進歩主義者に反対しようとしているのか？

これは妥当な問いである。多くの人は、リベラル、左翼、進歩主義者が信奉する一連の見方と関連づけて共感をとらえている。少なくともアメリカでは、それには同性婚、厳格な銃規制、妊娠中絶の容認、オープンな国境、国民皆保険制度などの政府のプログラムを擁護することが含まれる。これらの見方を支持する人々は、とりわけ共感力が高いと一般に見なされている。

リベラルは保守主義者より共感力が高いという言い方には、微妙に異なる二つの意味が込められている。一方では、政治哲学そのものに言及する場合がある。リベラルの信条の熱心な擁護者たる認知言語学者のジョージ・レイコフは、その見方を「あらゆる進歩的な政策の背後には、たった一つの道徳的価値である共感が存在する」という強い言葉で表現する。[*1] 他方では、リベラルや保守主義者個人に言及する場合がある。すなわち「おそらく共感力の高い人は、保守主義よりリベラルの見方をとる傾向が高い」、あるいは「おそらくリベラルの信条を受け入れた人は共感力が高まり、保守主義の信条を受け入れた人は低下するのだろう」などといった具合に。

立場に関する主張と個々人に関する主張は、論理的に区別される。たとえば、リベラル一人ひとりの共感力は高かったとしても、リベラルの哲学そのものは共感とはいかなる特別な関係もないという可能性も論理的には考えられるが、現実的に言って明らかに関係はある。共感力の高い（低い）人が、共感に依拠する度合いの高い（低い）政治的展望に引きつけられるのはごく自然なことである。

いずれにしても、リベラルの政策が実際に共感に依拠し、かつ、共感が道徳的指針としてふさわしくないという私の見方が正しいのなら、本書は左派に対する攻撃を意図していることになり、確かに私の立場は実に興味深いものになろう。

しかし、それは私が論ずるところではない。一般に考えられているように、共感と政策のあいだにはある程度関係があることが判明している。しかしそれは、一般に考えられているほど強いものではない。共感に深く基礎を置く保守主義の立場もあれば、そうではないリベラルの立場もある。共感に反対していることから、その人が厳格な銃規制、徴税、健康保険制度についてどう考えているかがわかるわけではない。またその人が誰に投票するか、あるいはどのような政治哲学を信奉しているかがわかるわけでもない。

ならば良かれ悪しかれ、共感に対する私の攻撃は党派とは関係がない。もっと積極的な言い方をすると、リベラル、保守主義者、リバタリアン、極右、極左を問わず、いかなる政治的信条を持つ人も、互いに手を取り合って共感に反対することができる。

この問題について少しでも語ろうとするなら、リベラル／進歩主義／左翼、あるいは保守主義／右翼とはいかなる意味なのかについて考えてみる必要がある。これらの用語は時代とともに意味を変え、政治的言語はそれ自体が激しい政治的議論の対象になる。「リベラル」や「リベラリズム」、そしてとりわけ「ネオリベラリズム」を激しく嫌悪する極左の人々がいる。「保守主義」に関連づけてとらえられている見方の多くは、いかなる意味でも保守主義的ではなく、長期にわたり実施されている政府のプログラムを廃止しようとするなど、実際には急進的である。自由市場に対する熱狂的信頼と特定の社会プログラムに対する蔑視のゆえに、現代の政治的構図のなかではリベラルに分類されないリバタリアンは、自分たちこそ、ジョン・ロックやジョン・スチュアート・ミルらリベラリズム創始者の政治的見解を擁護する真のリベラルだとよく主張する。

これらはひどく錯綜した複雑な問題だが、ここではそれには触れないことにする。以後私は、左派／リベラル／進歩主義、右派／保守主義などの用語を、一般の欧米人が使っている意味で用いる。なぜなら、「リベラルは保守主義者より共感力が高い」などといった言い方によって言及されているのは、そのような意味だからである。つまり人々は、リベラルを共感に結びつける際には、普段の議論で念頭に置いている意味によってリベラルをとらえている。具体的に言えば、性的、人種的なマイノリティに対して強い法的保護を求め、銃の過剰な流通を憂え、妊娠中絶に法的権利を与えることに賛成し、大学における多様化プログラムや国民皆保険制度を支持する人々として考えているのである。

つけ加えておくと、少なくともアメリカでは、政治的な世界をこのように分類しても不当だとは見なされない。のみならず、リベラルと保守主義という常識的な区分は、人々が抱いている一連の見方をとらえるのに驚くほど有効である。確かにそのような区分は特に必然的なものではなく、いくつかの政治的な見方は、互いに独立していてもおかしくはない。たとえば、ピザのトッピングの好みが、映画『ミッション・インポッシブル』が好きか嫌いかとは無関係であるのと同じように、銃規制に対する見方は、同性婚に対する見方とは無関係であってもおかしくはない。しかし現在では、人々にリベラルか保守主義者かを尋ねて政治的志向を調査する無数の研究が存在し、それらによって、その種の粗雑な評価でもあらゆる種類の政治的見方をうまく予測できることが判明している。たとえば、ある研究では次の五つの項目が尋ねられている。[*2]

・アメリカにおける、より厳格な銃規制を規定する法律
・国民皆保険制度
・もっとも高い収入を得ている人々を対象とする増税
・マイノリティに対するアファーマティブアクション〔マイノリティの不利を、歴史的経緯や社会環境を考慮しつつ是正する措置〕

・地球温暖化対策としての厳格な二酸化炭素排出基準

読者が欧米人なら、これらの項目に対するどのような立場が、リベラルと保守主義のいずれに対応するのか、間違いなくわかるだろう。さらに言えば、これらの項目は連動する。つまり、ある一つの項目を承認する人は残りの項目も承認し、ある一つの項目に反対する人は、残りの項目にも反対するはずだ。この承認／非承認の一般的なパターンは、その人が左か右か、すなわちリベラル（進歩主義）か保守主義かを示す尺度のどの位置に自分がいると見なしているのかに対応する。人々の政治的見解を知りたければ、「あなたはリベラルですか、それとも保守主義者ですか？」と尋ねてみればよい。

左から右に至る政治的志向の連続性は普遍的な現象であると考えている人もいる。[*3] ジョン・スチュアート・ミルは、政治システムには「秩序と安定性の政党と、進歩と改革の政党」があると指摘している。ラルフ・ウォルド・エマソンは、「この国を分かつ二つの政党、すなわち保守主義政党と革新政党は古くから存在し、それらができた頃から世論を味方につけようと論争し合っている」と書く。そして「そのような互いに譲ることのない対立は、人間の本性に深く根ざしているに違いない」と結論する。

この対立は、社会問題に、よりはっきりと現われる。私たちの政治的本性は、何人かの研究者が述べるように、「性に関することがら、外集団との関係、内集団の厄介者に対する罰則、伝統的／革新的な生活様式」に関してもっとも明瞭に現われるようだ。[*4] 自由貿易、金融規制緩和などのあまり卑近ではない問題については、より包括的な政治的志向には強く関係せず、予測がむずかしい。

特に意外ではないが、アメリカでは、政治的志向と主要政党への帰属のあいだにおおよその相関関係があり、自分をリベラルと見なしている人は民主党の候補者に、保守主義者と見なしている人は共和党の候補者に投票することが多い。[*5] しかしこの相関関係は完全と言うにはほど遠く、尺度を〇から一にとると、およそ〇・五から〇・六に該当する。

それらのあいだの相関関係が不完全なのは、同性愛者の権利や妊娠中絶などではなく、雪害や財産税などが論議の的《まと》になる地方レベルでは特に、政党への帰属がイデオロギー以外の要因で決まるからである。また二大政党は、イデオロギー的には一枚岩ではない。たとえば二〇一二年のアメリカ大統領選挙における共和党の候補者には、性的純潔さ、公共生活における宗教の中心的役割、強い軍隊に関心を持ち、社会保守主義的世界観の完璧な体現者であるリック・サントラムや、日常生活における個人の自由の最大化と、より柔軟な外交政策を支持するリバタリアンのロン・ポールがいた。

では、リベラルは保守主義者より共感力が高いのだろうか？　どうやらそのように思える。歴代の大統領のなかでももっとも共感について語ることの多いバラク・オバマが民主党員であるのも、おそらく単なる偶然ではないのであろう。国民に「私はあなたがたの痛みを感じます」と語ったことで知られているのも、民主党の大統領ビル・クリントンであった。他の著名な民主党員も、共感の言語を巧みに操る。エリック・ガーナーがニューヨーク市警の警官に逮捕された際に窒息死した事件を受けて、ヒラリー・クリントンは警察のやり方を変えるよう求めて、「私たちの一人ひとりにできるもっとも重要なことは、隣人の目を通して世界を見るようもっと努力することです。(……)隣人の立場に身を置き、彼らの痛みや希望や夢を分かち合うのです」[*6]

多くの人々は、そのような考え方を、リベラルの世界観の核心的な何かを反映するものと、言い換えるとリベラルが擁護するさまざまな政策が、共感力の高さによって互いに結びつけられているととらえている。政治と共感の関係を研究しているある心理学者は、次のように分析する。「人々は、他者の苦難に自己を同一化する程度に応じて、自分が目撃している苦難を緩和したいと思うはずだ。政治的領域においては、そのような行動は、犠牲者として認識された人々のために何らかの行動を起すよう政府に働きかけるだろう。それゆえ〈ブリーディング・ハーツ〔同情し過ぎる人〕〉は、一般に他者の苦難の緩和を目指すリベラルの政治的ソリューションを好む」[*7]

ならば、移民規制を緩和したり最低賃金を上げたりすることで、苦境に置かれている人々を救済しようとする政党に所属する人々が、そうでない人々に比べて共感によってはるかに強く動機づけられているであろうことは、容易に察せられる。それとは相反するレトリックは、二〇一二年の大統領選挙をオバマと争い、「自分にサービスを提供する人たちをお払い箱にできることは好ましい」と述べて嘲笑を買った共和党候補のミット・ロムニーの発言に見て取ることができる。[*8] 実のところロムニーは、究極的には誰の生活をも向上させると彼が信じ、擁護している経済システムの働きについて正当な指摘をしているのである。それにもかかわらず、彼の発言は、滑稽なほど反共感的な立場をとっている。

リベラルの多くは、これらを「自分たちは他者を気づかうが、保守主義者は報復的で懲罰的、残酷で無感覚だ」として要約するだろう。貧困にあえぐ人々を気づかうリベラルは最低賃金が上がることを望み、そうでない保守主義者は望まない。銃撃の犠牲者を気づかうリベラルはより厳格な銃規制を望み、そうでない保守主義者は望まない。女性を気づかうリベラルは妊娠中絶の権利を擁護するが、保守主義者は女性の自由を制限したがる。そう考えるのだ。妊娠中絶に反対する立場について、ジョージ・レイコフは次のように述べている。保守主義者は、社会を権威主義的な伝統家族として考え、妊娠中絶に関して言えば、「そのような決定、すなわち自分の生殖、身体、一人の男性の子孫の運命が関わる決定を下す能力が女性に備わっているという見方そのものが、厳格な父性道徳という考えに反し、脅威になるのである[*9]」

これは、保守主義者の最悪の敵の目で見た保守主義である。しかし保守主義者自身が、共感に依存しないあり方に親和性を感じているのかもしれない。そもそも彼らは、リベラルを軟弱で感情的であるとして非難しているのだから。「ブリーディング・ハーツ」だとか「木を抱きしめる人々《ツリー・ハガーズ》〔環境保護論者〕」などといった言い方は、賛辞ではまったくない。保守主義者は、ウィンストン・チャーチルが言ったとされる「二十歳《はたち》の時分にリベラルでない人には心がない。四十にして保守主義者でなければ、脳みそが足りない」という言葉を繰り返すことだろう。彼らは、宗教的なものを始めとする伝統の重要性や、個人の権利や自由などといった非共感的な道徳的価値観の重要性を強調するだろう。

また保守主義者には、とりわけ家族や友人以外の人々に対する人間の親切心の程度に疑いを抱き、加えて政府機関の信頼性の欠如や腐敗を憂慮する傾向がある。リベラルが、たとえば国民皆保険制度や、ヘッドスタートを始めとする初期教育プログラムなどの政府が実施するプログラムを、世界をよりよい場所にするものと考えて擁護するのに対し、保守主義者は、それらのプログラムが計画どおりには決して機能しないことを懸念する。[*10]

リベラルと保守主義者の対比に関する他の分析に、ジョナサン・ハイトが提起するものがある。[*11]彼の分析は、人間には、〈ケア〉、〈公正〉、〈忠誠〉、〈権威〉、〈神聖〉から成る一連の道徳基盤が備わっているとする彼独自の理論に基づく。これらは進化によって形成された普遍的な特徴だが、変化を許容する。ハイトらの調査によれば、リベラルは他の基盤より〈ケア〉と〈公正〉を強調し、保守主義者はすべての基盤に多かれ少なかれ等しく配慮する。だから保守主義者は、リベラルに比べ（〈忠誠〉基盤に関わる）国旗の尊重、（〈権威〉基盤に関わる）両親に対する子どもの服従、（〈神聖〉基盤に関わる）貞節に強く配慮するのである。このようにハイトの説でも、保守主義者は、リベラルに比べ非共感的な価値観に依拠する度合いが高いとされている。

最後になるが、リベラルと保守主義者の実際のものの見方《マインドセット》に関する研究がある。オンライン調査を用いたある研究は、およそ七〇〇〇人の被験者を対象に、支持政党を尋ねたうえで、二つの標準的な共感テスト（デイヴィスの「共感的関心尺度」とバロン＝コーエンの共感尺度）を受けさせている。[*12]私は第2章で、「共感以外の能力を測定している」「自己報告や自己認識によるバイアスがともなう（必ずしも被験者の現実の姿が反映されるわけではなく、自分がどうありたいと被験者が考えているのかが測定されてしまう)」などと指摘し、これら二つの尺度にけちをつけた。とはいえそれでも、それらの尺度を用いて、おそらくは共感に関係する何かをとらえることができるだろう。そしてこの調査によって、予測されるように、自らをリベラルと規定する被験者は、どちらの尺度によっても保守主義者と規定する被験者より共感力がかなり高いという結果が得られている。差はそれほど大きくないが、現実に存在する。

もう一点つけ加えておくと、共感力の高い人には、リベラルの世界観のほうがより強く訴えかけるというのが事実なら、それは、統計的に見て男性より女性にリベラルが多い事実を説明してくれるだろう。というのも、一般に男性より女性のほうが、いくぶん共感力が高いからである。[*13] 共感、ジェンダー、政治志向を調査したある研究は、「男性に女性と同程度の共感力が備わっていれば、政治における男女格差は、ほぼ完全に消えてなくなるだろう」と結論づけている。[*14]

したがって、リベラリズムの世界観は保守主義の世界観より共感に訴える傾向が高いという見方には、それなりの真実が存在するのであろう。しかし、政治的イデオロギーと共感の結びつきは、見かけほど強いわけではない。

そもそも、この紋切り型の見方にも、微妙な差異が認められる。リベラル陣営には、マイケル・デュカキスや、おそらくはアル・ゴアなど、慎重に問題を解決しようとする理性的なテクノクラートと見なされ、自分でもそう位置づけている著名な政治家もいる。また、保守陣営にも、ロナルド・レーガンのように、共感に基づく他者とのつながりを前面に押し出すことに非常に長けた政治家がいる。

もっと肝心なことを言えば、リベラルの政策を共感に結びつけるのは大雑把すぎる。リベラリズムに基づく政策の多くが、標準的な共感尺度ではもっとも共感力が低いとして測定されるリバタリアンによっても支持されている点を考えてみればよい。[*15] リベラルとリバタリアンは、同性婚、一部の麻薬の合法化、警察の軍隊化などの論点をめぐって見解を共有する。それらの政策が共感に依拠しているのなら、この世でもっとも共感力の低い人々が、それらを支持している理由はまったくの謎になるだろう。

加えて、保守陣営の政策のなかにも、特定の人々に対する共感に基づいて提起されたものもある。ただリベラルの共感と対象が異なるだけである。たとえば、オープンな国境を支持するリベラルが難民の苦難をめぐって共感を喚起しようとするのに対し、保守主義者は失業の可能性があるアメリカ国民を対象にする。あるいは、リベラルが警官の手で虐待されたり脅されたりしていると自分たちが考えるマイノリティに深く共感するのに対し、保守主義者は警官や、警官に対する抗議運動に触発されて生じた暴動で生計の手段を失った商店主に共感する。

誰を関心の焦点とするかをめぐる、このような視点の反転は、政治的議論のなかではよくある。政治的議論は一般に、誰かに共感すべきか否かではなく、誰に共感すべきかに関して見解が分かれるのである。

例として銃規制を取り上げよう。リベラルは通常、銃撃の犠牲者に焦点を置くことで銃規制を支持する。しかし保守主義者は、銃を取り上げられ他者の蛮行に対して無防備になった人々に着目する。賢明な政治家たちは、この対称性をよく理解している。バラク・オバマは、デンバー警察学校での演説のおりに、アイオワ州で選挙運動を行なっていたときに妻ミシェルに言われたことを話題にした。それは次のような話である。「アイオワ州の農場で暮らしていれば、私もおそらく銃の所持を望んだと思います。あなたがいないあいだに、見知らぬ誰かが車でわが家の軒先に乗りつけてこようとしているのに、保安官を呼んでもいつ来るかがわからないのなら、自分を守るために銃が欲しくなるのは当然と思えます[*16]」

オバマはいかにも彼らしく、共感の対象をめぐる対立を解決するのも共感だと述べている。そして、「私たちは互いに相手の立場に身を置き」、ハンターもスポーツマンも、無作為の暴力によって息子を失った母親や、母親を失った息子であることがどんなことであるのかを想像してみるべきだと続ける。

あるいはCIAや米軍による拷問の適用に対する憂慮について考えてみよう。共感は、それに関して一方の立場、すなわち拷問された人々の側にしか適用されないように思えるかもしれない。しかし、ことはそれほど単純ではない。二〇一四年後半に拷問報告書が刊行されたあと、元副大統領のディック・チェイニーは、アメリカが行なった拷問を弁護するよう求められた。おそらく読者は、彼が国家安全保障に関する抽象的な議論を展開するだろうと思ったのではないか。しかし拷問を定義するよう求められた彼は、「二〇〇一年九月一一日に、乗っ取られた飛行機が世界貿易センタービルの上階に突入する直前に、四人の幼い娘に最後の電話をした一人のアメリカ国民」の例をあげた。[*17]これは、身元を確認できる一人の犠牲者の苦難を語ることで米軍の拷問を弁護する、共感に訴える議論である。

もう一つ、ある種の表現に対する憂慮について考えてみよう。リベラルは人種差別主義者や性差別主義者の言動によって引き起される危害を懸念し、保守主義者は伝統的な価値をないがしろにする言動によって引き起される危害を懸念する。リベラルも保守主義者も、理由は異なれ、ある種のあからさまな性的表現に反対し、ポルノの糾弾に共通の目標を見出す。また両者とも、尊敬されている人物（もちろんそれが誰かは両派で異なるが）に対する侮辱に抗議し、ソーシャルメディアで不適切な発言をした人を対象にただちに解雇を求めたり、屈辱を与えたり、最低でも謝罪を求めたりする。

この種のできごとは、私たちの政治的営為における共感の役割に不安を覚えさせる。問題は、それらの懸念がすべて間違っていることにあるのではない。表現の自由のもっとも熱心な擁護者でさえ、それにはある程度の限界があると考えている。たとえば、ナチスのイデオロギーを教える小学校教師を解雇することや、あるいは通行人に向かって人種差別の暴言を吐いている人物を制止することは正当だと、ほぼ誰もが考えているはずだ。またソーシャルメディアでの発言には、鋭い反論を受けるのが当然なものもある。しかし問題は、共感がつねに検閲者の側に立つ点にある。誰かの言論によって傷つけられた人の痛みには共感しやすい。その人が自分の所属するコミュニティの一員で、自分が同じことに悩まされているのなら、なおさらそうである。ひどく傷ついた人に向かって、「こらえろ」と言うのは恐ろしく冷酷であるように思われる。

それに対して、表現の自由の問題は、共感とはほとんど無関係である。他者の言動を制限することを慎むべき理由はあまた存在する。それには、帰結主義の考えに依拠するものもあれば（劣悪なものも含め、どんな考えであっても自由に表明できれば、長期的に見て世界はよりよい場所になる）、自己を表現する権利は至高のものであるとする、人間の自由の概念に基づくものもある。また表現の自由の擁護には、「あなたには自分の言いたいことを言う権利がある。その代わり、私にもその権利はある」などといったような、洗練された形態の利己心が働いていることもある。いずれにせよ、これらの考え方はすべて、特に共感に基づいているわけではない。これらのケースでも他のケースでも、妥当な公共政策は、より一般的でバイアスの小さな動機に依拠しているのだ。

法の領域でも、共感は超党派的な性格をあらわにする。オバマを含めリベラルの多くは、共感に基づく判断の必要性を訴えてきた。対する保守主義者はいつも決まって、リベラルの理念に沿って法システムを歪曲する試みとしてそれを軽蔑してきた。しかし、トーマス・コルビーは思慮深い議論のなかで、保守陣営の最高裁判事も、リベラル同様、人々の共感に訴えかけることが多いと指摘している。[*18] つまり、もっとも保守主義的な判事でさえ、ときに司法の意思決定を機械的なプロセスと見なしながらも（ジョン・ロバーツ〔ジョージ・W・ブッシュ大統領によってアメリカ合衆国最高裁判所首席判事に任命された〕はそれを審判がボールかストライクかを判定するようなものだと言った）、共感に依拠する判断の重要性を暗黙的に受け入れているのである。

それどころか、ときには暗黙的でない場合すらある。最高裁判事のクラレンス・トーマスは指名承認公聴会で、「法廷の決定によって影響を受ける人々の立場に身を置くことができる」がゆえに判事として独自の貢献ができるだろうと述べた。また最高裁判事のサミュエル・アリートは自身の公聴会で、「差別をめぐる裁判が行なわれるときには、私は人種、宗教、ジェンダーのゆえに差別を受けた自分の家族のメンバーについて考え、その結果を加味しなければならないと考えている」と述べている。

それに関連して言うと、保守陣営の判事によってなされた裁決には、共感に依拠していることが一目瞭然なものもある。たとえばコルビーは、軍葬に対して抗議行動を行なったウエストボロ・バプティスト教会の表現の自由をめぐる裁判でアリートが示した異議の例をあげている。この裁判では、アリートが戦死者の家族が経験している「いつまでも消えない重い心の傷」「激烈な情動の痛み」について言及する一方、他の判事は、いくら非難に値しようが、教会の抗議が完全に合法的なものであるという見解で一致した。コルビーの見るところ、アリートは共感に駆られて法に反する判断に至ったのである。

ここまで、保守主義者がリベラルと同程度に共感に依拠していることを見てきた。のみならず、リベラルの哲学に結びついた視点には、共感とはまったく無縁なものもある。

その最良の例は、進歩主義者が保守主義者より強く懸念する気候変動に関するものだ。共感はそれに対して、何もしないよう導く。行動を起こせば、身元の特定が可能な、すなわち共感の対象になり得る大勢の具体的な人々が、燃料価格の高騰、廃業、税率の引き上げなどによって損害を被るからだ。それに対し、何も行動しないことでいつの日か無数の人々が被る損害は、統計的な抽象性のなかに埋没する。その点に鑑みれば、リベラルが今すぐ行動すべきだと主張するとき、その言動を動機づけているのは共感以外の何ものかであることがわかる。

ならば、共感の政党などというものは存在しない。リベラルは共感に駆り立てられ、保守主義者はそうではないという見方は正しくない。共感に依拠する政策は、今ここにいる人々を気づかうといったところが、より現実的な見方である。リベラルや保守主義の理念の一部は、その見方とうまくかみ合う。銃規制などの事例では、共感は両陣営で働くが、表現の自由や気候変動などに関しては、一方の陣営でしか働かない。

もちろん、今ここにいる人々を気づかうこと以上に不適切なことがあるのは確かだ。人々の苦難を取り除けるのなら、行動すべきだし、長期的な効果を心配することは、無関心や利己心を正当化するための手段にすぎない場合もある。それでも、共感の政策によってもたらされるコストは巨大だと言わざるを得ない。政府が長期的な見通しに立った慎重な政策を立てられないのは、(短期的な利益を選好する)民主政治におけるインセンティブ・システムや、金銭の強力な影響のためであるとされることが多い。だが、共感に依拠する政策にも問題がある。一国の国民がこぞって井戸に落ちた女児に釘付けになる一方で、気候変動にほとんど無関心でいられるのも、また、野蛮な法律を発布して恐ろしい戦争に突入することがあるのも共感のゆえである。つまり、少数の人々の苦難に共感することで、多数の人々に破滅的な影響が及ぶのだ。

道徳的義務と起こり得る結果に関する合理的で反共感的な分析は、腹の底から湧き出してくる共感よりもすぐれた未来への指針になる。これは党派的な指摘なのではない。道理にかなった指摘である。

第4章　プライベートな領域

あなたは恋人に何を求めているだろうか？　数人の心理学者から成る研究チームが、数十の文化に属する数千人の被験者を対象に、配偶者にどのような特質を望むかを尋ねたことがある。[*1]心理学者たちは性差に関心を抱いていたので、若さ、貞潔、権力や財力、容姿などの、進化心理学の観点から妥当だと考えられる特徴について質問した。その結果、（男性は若さに、女性は地位に関心を持つなど）予測されていた項目に関して性差が見出され、この論文のコメンテーターは、見出された性差の本質が正確には何なのか、および、それらが生物学的な要因によるものなのか、文化的な規範によるものなのかを論じている。

しかしそこでほとんど見過ごされていたのは、配偶者に望まれる第一の特徴が男女間で一致していた点である。それは容姿や財力ではなく、親切さであった。

多くの人にとって、それは共感を意味する。私の知る限りでは、恋人に望む特徴として共感をどう位置づけるかを特に尋ねた研究は存在しないが、非常に重要であることは間違いないだろう。あなたは共感力が低く、たった今恋人募集中なら、少なくとも最初のデートではその点に留意しておくことをお勧めする。友人や家族のみならず、医師、セラピスト、コーチ、教師などの専門家との関係を含め、あらゆる人間関係において、共感は高ければ高いほどよいというのが、常識的な考えである。

そう考えられている理由の一つは、たいていの人にとって、共感が、思いやり、温かさ、理解力、気づかいなど、あらゆる有徳さを意味するからである。だが、他者が感じていることを感じる能力という、本書が焦点を置く狭い意味での共感についてはどうだろう。思うに多くの人々は、その意味でも、共感力の高い人のほうが、善きパートナー、善き友人になるはずだと考えているのではないか。その考えは間違っているのだろうか？

私がここまで提起してきた反共感論は、ほとんど政策レベルに関するものであった。しかし親密な関係はそれとは異なり、私は、プライベートな領域における共感に疑問を呈するべきいかなる理由もあげてこなかった。

そもそも、いかなる理由もないのではないか？　つまるところ、政策の領域において共感をかくも不適切なものにしている、激しいバイアスなどの要因は、よりプライベートな領域では問題にならないのかもしれない。それどころか、それらは利点にさえなり得る。アダム・スミスは、共感を含む情念の力を克服することの道徳的な重要性について語り、「自分が大勢のうちの一人にすぎず、いかなる点でも他者以上にすぐれているわけではない」ことを正しく認識することが重要であると論じる。[*2] しかしそれは公平かつ公正な道徳的判断のすぐれた指針にはなろうが、私は息子や友人や妻に、自分を「大勢のうちの一人」として見てほしいとは思わない。ほとんどの人は、自分が愛する人や、自分を愛する人の目には、自分が特別な存在として映っていてほしいと思っているはずだ。その意味では、共感ほどそれにふさわしい能力はない。

また共感は、親子の関係などの一対一の関係を促進するために人類において進化した可能性があることに留意されたい。そのような進化が生じた状況とは異なり、赤の他人で満ちた世界で、自らの行動の結果を評価しなければならないような現代の状況に共感が適用されれば問題が生じるであろうことは、容易に推測できる。だが、親密な関係はまさに共感が得意とする領域であり、したがって共感はそこでもっともうまく機能することが予想される。

このトピックを論じた最初の記事のなかで、私は次のように述べてこの点を指摘した。「共感がほんとうに重要になるのは、プライベートな人間関係においてである。チャールズ・ディケンズが功利主義を風刺するために自分の小説に登場させた、子どもとの関係を含めてすべての人間関係をあからさまに経済的な用語でとらえようとする人物、トーマス・グラッドグラインドのごとく生きたいと思う人は誰もいないだろう。共感は、私たちを人間らしくする要素であり、道徳的配慮の主体にも対象にもする。共感は、道徳的な指針として扱われたときにのみ私たちを挫折させる」[*3]

編集者はこの文章を紙数の都合で削除しようとしたが、私は残すよう主張した。というのも当時は、私が共感のあらゆる側面に反対しているという印象を読者に与えたくなかったからだ。共感の全否定は極端すぎて相当に奇妙であるように思えたので、そのような見方とは距離を置きたかったのである。

だが、今の私にはその確信がない。共感について慎重に考察してみると、もっと複雑なストーリーが見えてきたのである。ここでも共感を理解から区別することが重要になる。周囲の人々の理解を得ることが有益なのは、言うまでもない。また、共感を思いやり、温かさ、親切心から区別することはさらに重要である。誰もが周囲の人々の気づかいを求めているであろうことは否定しようがない。

しかし、他者の快や不快を感じること、あるいは他者が経験しているように世界を経験することという、アダム・スミスが言う意味での共感に的を絞った場合にはどうだろうか？　この意味での共感はどれほど重要なのか？

これから見ていくように、それをなくてはならないものとしてとらえている人は多い。だが証拠は、どちらともとれる。個人対個人のプライベートな人間関係には、共感によって何らかの価値が付与される側面があることには私も同意する。しかしながらここでも、概して言えば、「その意味での共感は、利益よりも害になることのほうが多い」という本書の主張にぶれはないという結論に至らざるを得ない。

共感の擁護者は大勢いるが、そのなかでももっとも思慮に富む人物の一人としてあげられるのは、サイモン・バロン＝コーエンである。共感を欠く意思決定者に対する彼の懸念については、すでに取り上げた。しかし彼は、それだけでなくプライベートな人間関係においても共感力の高さが恩恵をもたらすと論じている。

当然考えられることだが、バロン＝コーエンは、共感力が人によって異なり、その分布が釣鐘曲線《ベルカーブ》〔正規分布〕をなすと想定している。このグラフは、サイコパスや自己愛者のようにまったく他者に共感を覚えない人をレベル0とし、「過覚醒が常態となり（……）たえず他者の感情に焦点を合わせ、他の人たちがけっしてレーダーから消えないようにする」人をレベル6として、共感力を段階的に表わすものである。

レベル6に該当する人を呼ぶための用語は特になく、レベル0の人々に比べ、レベル6の人々を対象とする研究は、はるかに少ない。それもあってかバロン＝コーエンは、レベル6に該当する人がどのような人物であるかを示す、次のような具体例をあげている。

> ハンナは、他者の感情に波長を合わせることに対する天性の能力を持つ心理療法士である。あなたが部屋に一歩足を踏み入れるやいなや、彼女はすでに、あなたの表情、身ぶり、姿勢を読み取っている。最初に彼女があなたに尋ねる問いは「調子はどうですか？」だが、これはおざなりのあいさつの言葉などではない。彼女の声の抑揚は、あなたがコートを脱ぐ前から、自分の生活について打ち明け、分かち合うよう誘っている。その問いに手短に答えたとしても、彼女はあなたの声の抑揚をもとに、あなたの心の状態を察知する。そして彼女は、あなたの返事に対して「少し悲しそうな声をしていますね。何があったのですか？」などと言うだろう。
>
> かくしてあなたは、慰めと気づかいの言葉をかけるため以外には相手の話をさえぎらず、感

情をミラーリングし、気分を高揚させ、自分の存在価値が正しく評価されていると感じさせるためにときおり気持ちを落ち着かせる言葉をかけてくれる、このすばらしい聞き手に、あっという間に自分の心を開いているのである。ハンナは、それが自分の仕事だからそうしているのではない。彼女は、自分のクライアントにも、友人にも、あるいは会ったばかりの人にさえ、そのようなあり方で等しく接するのである。ハンナの友人は、彼女に気づかわれていると感じ、彼女の交友関係は、信頼を分かち合い、互いに支援し合うことを中心に築かれている。このように、彼女は抑えようのない共感に駆り立てられているのだ。[*4]

バロン＝コーエンが何に強い印象を受けているのかを見るのはたやすい。ハンナの描写には、何やら心を動かすものがある。ハンナのような人がそばにいてくれたらと思うことは私にもよくある。しかしハンナについてよく考えてみると、共感に対するある種の懸念が頭をもたげてくる。公正を記すために述べておくと、バロン＝コーエンも、共感力の高さの危険性を論じた研究があると脚注に記し、その点に言及している。ところがすぐに彼は、その種の危険がハンナのような人にも適用されるとは考えられないと述べる。

ほんとうだろうか？　まず、ハンナのような人であるとはどのようことかを考えてみよう。バロン＝コーエンの記述によれば、次のことは明確である。ハンナの他者に対する配慮は、好みによるものでも敬意によるものでもない。また、彼女は思いやりや親切などの何らかの道徳的指針を支持しているから他者に配慮しているというわけでもない。そうではなく、彼女は覚醒した心の状態に煽られている、言い換えると抑えようのない共感に駆り立てられているのである。利己的な人が、ひたすら自分の快や苦に配慮し、他者の快や苦には無関心でいる（自分が九九で他者が一の割合を占めるような）生活を続けるのと同様、ハンナは他者の経験がつねに彼女の頭を占めるよう（つまり、自分が一で他者が九九の割合を占めるよう）に生まれついたのだ。

それにはコストがともなう。バロン＝コーエンが女性を例に取り上げているのは偶然ではない。一連の実験的、理論的な論文のなかで、心理学者のヴィッキー・ヘルゲソンとハイディ・フリッツは、二人が「過度の共同性（unmitigated communion）」と呼び、「他者に過剰に配慮し、自分のニーズより他者のニーズを優先する」こととして定義される先天的な性質の性差を調査している。被験者の「過度の共同性」を測定するために、二人は九項目から成る単純な尺度を考案している。[*5]この尺度では、被験者は次のような評価項目に対して「ほとんど当てはまらない」から「強く当てはまる」に至る評価段階で回答する。

- 自分が満足するには、他者も満足しなければならない。
- 誰かに助けを求められると断れない。
- 他人の問題に悩むことが多い。

この尺度では一般に、男性より女性のほうが高いスコアを示す。ハンナのスコアは間違いなく高いはずだ。

過度の共同性の度合いが高いと、多くの点で悪影響が生じる。ある研究では、この尺度で高いスコアを得た被験者は、配偶者が心臓病にかかると過度に保護的になることが、夫婦両者による報告によって判明している。またそのような人々は、他者を非常に強く気づかうが、他者からはあまり気づかわれないという非対称的な関係が報告されている。のみならず、支援を受ける側になるのを好まないと言う人が多い。「過度の共同性」尺度のスコアが高い人が、他人の問題について聞かされてから数日後に面談を受けると、それに関してまだ心の動揺がおさまらず、侵襲的な思考に悩まされ続けていると回答する割合が高いという、別の研究による報告もある。

大学生と高齢者を対象に行なわれた調査では、過度の共同性は「過剰に保護的、侵襲的、自己犠牲的であること」と結びついていることが見出されている。[*6]それはまた、他者が自分のことを嫌っている、よく思っていないという感情に結びついており、他者が自分の手助けや助言を望まないと気が動転する。実験室で行なわれた研究では、この尺度のスコアが高い人は、友人が自分以外の他人の援助を受けると、援助をまったく受けなかった場合以上に気にするという結果が得られている。

過度の共同性の高さは、身体的にも心理的にも適応不良に結びつき、心臓病、糖尿病、がんなどのもとになる。おそらく他者に対する注意の集中が、自分自身のケアを妨げるためであろう。

ヘルゲソンとスピッツは、この性差が、不安や抑うつにはるかに悩まされやすい女性の傾向を説明すると考える。この結論は、「病的利他主義」に関する業績に依拠しつつ「女性に一般に見受けられる疾病や症状の多くが、他者に焦点を置き強い共感を覚える、女性の一般的な傾向に関連しているのは実に驚くべきことだ」[*7]と述べる、教育学者のバーバラ・オークリーの主張ともかみ合う。

「過度の共同性」という言い回しは、問題が「共同意識」ではなく「慢性的である」点にあるという印象を与えるはずだ。事実、この分野における初期の研究は、主体性（agency）と共同性（communion）という、人間の本性における二つの中心的な側面について論じた、心理学者のデイヴィッド・バカンの業績に啓発されている。それによれば、「主体性」は自己と分離を強調し典型的に男性的な特徴であり、「共同性」は人々との結びつきを強調し典型的に女性的な特徴である。[*8] いずれにも価値があり、心理的に完全であるためにはどちらも必要とされる。

共同性（過度なタイプではなく適切な共同性）に注目すると、それにも尺度が存在する（とにかく私たち心理学者は尺度が好きだ）。この尺度は、次のような特徴を五段階で自己評価するものである。

・人のために役立とうとする度合い
・他者の感情に対する気づき
・親切心
・他者理解

特に驚くべきことではないが、この尺度で高いスコアを得ることは、良好な健康など、あらゆる種類のポジティブな恩恵に結びつく。

では、共同性が高い人（ポジティブ）と、過度の共同性が高い人（ネガティブ）の違いはどこにあるのか？　どちらのタイプの人々も、他者を気づかう。しかし共同性が、配慮や思いやりとも呼べるものに対応するのに対し、過度の共同性は共感、もっと正確に言えば共感的苦痛（empathic distress)、つまり他者の苦しみに苦しむことにより強く結びついている。

私は、過度の共同性の高さが、共感力の高さとまったく同じであるとは思っていない。とはいえそれらのいずれも、他者との関わりという点では、同じ根本的な脆弱性をもたらす。自身の生活を阻害する過剰な苦痛を本人に引き起こすのだ。

バロン＝コーエンが描く架空の人物ハンナをめぐる懸念は、彼女が他者を気づかう点にあるのではない。そもそも他者を気づかうことは大切である。他者へのある程度の気づかいが道徳的に正しいことは別としても、利他的な行動は、短期的な気分の高揚や長期的な幸福感の達成を含め、あらゆる種類の身体的、心理的な恩恵をもたらしてくれる。他者を援助することは、幸福感を得るためのすぐれた手段になるだろう。[*9]

ハンナの問題は、彼女の気づかいが、苦痛に対する感受性に駆り立てられている点にある。彼女はおそらく、過度の共同性を高い割合で備えていると考えられるが、前述の研究によれば、その状態が長く続けば有害になる。

この懸念は私たちを新たな方向へと導く。ここまでの章では、共感はスポットライト的な性質を持つために、道徳的指針としてふさわしくないと論じてきた。共感はバイアスの影響を受けやすい、数的感覚を欠くなどの数々の欠点を持つ。だが本章では、共感がそれを経験する人にも負の効果を与え得る点を特に指摘したい。

おそらく読者は、「過度の共同性」という用語を本書で初めて知ったのではないか。しかし本章を読めば、人は他者の苦しみを過剰に感じることがあるという考えが、よく理解できるようになるはずだ。これはときに「燃え尽き（burnout）」と呼ばれる。これは一九七〇年代に造語された言葉だが、それほど新しい知見ではない。それにはさまざまな起源があり、驚いたことにその一つは仏教神学に求められる。

私がそれについて初めて知ったのは、ときに「地球上で最高に幸福な人」とも呼ばれる、仏僧にして神経科学者のマチウ・リカールと議論したときのことである。彼と出会ったのは偶然だった。彼と私が講演者として招待されていた会議のためにロンドン郊外のホテルにチェックインしたときに、フロントで手続きをしている彼の姿を見かけたのである（サフラン色のローブと、彼の至福の微笑を見逃すはずはない）。そこで私は自己紹介し、あとで一緒にお茶を飲んだ。

それは興味深い出会いだった。彼は、まさしく身体から内面の平穏さを滲《にじ》み出させていた。事実、毎年数か月を完全に孤独な状態で過ごし、それによって深い喜びを得ているとのことだった（この会話のおかげで、私は不規則ながら自分でも瞑想を実践するようになった）。会話が進むと、彼は私が今何をしているのかを礼儀正しく尋ねてきた。そのとき私の頭には、リカールのような人物に共感に反対する本を執筆していると答えることは、正統派ラビに貝を食べることを推奨する本を書いていると答えるようなものだという思いが浮かび〔ユダヤ教では貝を食べることが禁じられている〕、それに言及することははばかられた。それでも正直に答えたところ、私が提起する反共感論に対する彼の反応は私を驚かせた。

リカールはそれをショッキングな見解とはとらず、明らかに正しいと考えているようだった。そしてその考えが、いかに仏教哲学と、さらには著名な神経科学者タニア・シンガーと行なった共同研究の結果とうまくかみ合うかについて語ってくれた。

涅槃《ねはん》に至るのではなく、通常の生と死のサイクルのうちに留まって、無知な大衆を導く道を選んだ菩薩の生き方について考えてみればよい。菩薩の生き方とはいかなるものか？

哲学者のチャールズ・グッドマンは、仏教の道徳哲学を扱った本のなかで、仏教の教義では、本書でいう共感に該当する「感情的な思いやり（sentimental compassion）」と、私たちが通常思いやりと呼んでいる「偉大な思いやり（great compassion）」を区別すると述べている。[*10] 彼によれば、前者は菩薩を消耗させるので避けるべきであり、追求する価値があるのは後者である。偉大な思いやりは、より距離を置いた立場をとり控えめで、いつまでも維持することができる。

共感と思いやりのこの区別は、本書の議論にとって一貫して非常に重要であり、神経科学の研究によっても支持される。あるレビュー論文のなかで、タニア・シンガーと認知科学者のオルガ・クリメッキは、この区別について次のように述べている。「共感とは対照的に、思いやりは他者の苦しみの共有を意味しない。そうではなく、それは他者に対する温かさ、配慮、気づかい、そして他者の福祉を向上させようとする強い動機によって特徴づけられる。思いやりは他者に向けられた感情であり、他者とともに感じることではない[*11]」

共感と思いやりの神経科学的差異は、リカールを被験者とした一連のｆＭＲＩ実験で調査されている。[*12]この実験では、スキャナーに横たわるリカールに、苦難にある人々に向けて、さまざまなタイプの思いやりの瞑想を実践するよう求めた。実験者が驚かされたことに、彼が入った瞑想状態は、共感による苦痛の共有を司る脳領域の活性化を引き起こさなかった。彼のような瞑想者でなければ、他者の痛みについて考えると、通常はこの領域が活性化される。しかもリカールは、快と高揚を感じていた。彼はスキャナーから出たあとで、その経験を「強い向社会的動機づけをともなう温かくポジティブな状態」と評した。[*13]

次にリカールは、もう一度スキャナーに横たわって、今度は共感を覚えた状態に身を置くよう求められた。すると、しかるべき共感の神経回路が活性化された。彼の脳は、他者の痛みについて考えるよう求められた非瞑想者の脳と同じような活性化を示したのだ。彼はのちに、この経験について次のように述べている。「共感による共有は、（……）私にはただちに耐え難いものになりました。燃え尽きたかのごとく、情動的に消耗したように感じられたのです。ほぼ一時間共感による共鳴を経験したあと、思いやりの瞑想を実施するか、脳スキャンを中止するかを尋ねられました。私はまったくためらうことなく、スキャナーに横たわったまま思いやりの瞑想を行なうことを選択しました。というのも、共感による共鳴のせいで消耗し切っていたからです[*14]」

それと同じような対比は、シンガーが現在行なっている、共感か思いやりを経験するよう非瞑想者を訓練する実験でも見出されている。[*15]共感の訓練では、被験者は、他者が感じていることを自分でも感じるよう訓練される。ときに「愛情‐親切心瞑想」とも呼ばれる思いやりの訓練では、身内から赤の他人、さらには敵に至るまで、頭に思い浮かべた一連の人物に対してポジティブで温かい思いを感じるよう訓練される。

それらのあいだには神経学的な相違が存在する。つまり、共感の訓練は島皮質や前帯状皮質（どちらの領域も、共感の神経科学的な研究を取り上げたときに論じた）の、また思いやりの訓練は内側眼窩前頭皮質や腹側線条体などの他の脳領域の活性化を促す。

また実践的な違いも存在する。苦しんでいる人に共感するよう求められた被験者は、それを不快に感じた。それとは対照的に思いやりの訓練は、瞑想者に快を与え、他者に対してより親切に振舞うよう促した。

このような共感と思いやりの対比には、聞き覚えがあるのではないか。過度の共同性の問題を指摘したとき、私は、その原因が苦痛にあることを示す発見を取り上げた。そのために、他者が苦しんでいるところを目にすると自分自身も苦痛を感じ、それによって負担が生じて、その人は効果的に他者を助けられなくなるのだ。このことは、共感の訓練の何がそれほどまずいのか、また、なぜ思いやりの訓練のほうがはるかにすぐれているのかを説明する。

シンガーは自身の講演の要約で、より慎重な言い方でその点を指摘し、それが宿すより包括的な意義を探究している。

共感による苦痛は、恒常的に経験されると、健康に悪影響が及ぶ。他方、思いやりによる反応は、ポジティブな他者志向感情、および向社会的な動機づけや行動の活性化に基づく。共感による苦痛には有害な効果をもたらす可能性がある点に鑑みると、適応的な社会的情動に柔軟性があることを示す発見は、私たちの励みとなる。とりわけ思いやりの訓練は、向社会的行動を促すだけでなく、ポジティブな感情や回復力を増強し、それによってストレスに満ちた状況にうまく対応できるようにしてくれる。かくして、的を絞って適応的な社会的情動や動機を育成するためのさまざまな機会が開けてくる。このような育成は、とりわけ福祉関連の仕事に従事している人々や、ストレスに満ちた環境で仕事をしている人々にとって有益である。[*16]

この見解は、デイヴィッド・デステノらの比較実験によって得られた、マインドフルネス瞑想法の訓練を受けることで（他の認知スキルの訓練を受けた被験者と比べて）より親切になり、進んで他者を手助けするようになるという結論とも合致する。[*17] デステノらは、マインドフルネス瞑想法が「苦難にある人々の感情のシミュレーションに関与する脳のネットワークの活動を抑制し、社会的な連帯の感情に関与するネットワークを優先する」と論じている。そして彼は、仏教徒の学者トゥプテン・ジンパの「瞑想に基づく訓練は、他者の苦痛を感じることから、それを緩和するために思いやりをもって行動することへとただちに移行できるよう導いてくれる」という言葉を肯定的に引用している。[*18]

共感の度合いが小さいほうが、より親切になるということだ。

これらの研究は、思いやりと共感が必然的に関連し合っていると考える心理学者や神経科学者の主張を反駁《はんばく》する。神経科学者のレオナルド・クリストフ゠ムーアとマルコ・イアコボーニは以前私が書いた論文に対する批判のなかで、「感情的な共感は、思いやりの前駆である」[19]と、また心理学者のリン・E・オコナーとジャック・W・ベリーは、「私たちは、最初に情動的共感を覚えない限り、思いやりを感じることはできない。実のところ、思いやりは認知プロセスによる情動的共感の拡張なのである」[20]と主張している。

これまで何度か述べたが、私たちは一般に、日常生活では情動的共感を特に覚えなくても他者を気づかったり手助けしたりしていることを考えてみれば、これらの主張は理解しがたい。私は、雷を怖がっている子どもを抱き上げて慰めることができるが、その際、雷に対する子どもの恐れを自分で経験したりなどまったくしていない。また、飢えた人々を思いやって援助の手を差し伸べることができるが、その際自分でも飢えを代理経験しているわけではない。加えて、前述の研究はさらに強い結論を支持する。思いやりや親切心は共感から独立しているばかりでなく、それと対立することさえあり、共感感情を抑えたほうが人はより適切に振舞える場合がある。

共感の負の効果に対するこれらの懸念は、医師の訓練に関わっている人には意外に思えるかもしれない。医学生のあいだで共感力が減退しているという研究報告をめぐって数々の懸念が出されている。[21]米国医科大学協会によって、共感は「必須の学習目標」とされており、医学部では共感の訓練に特別な焦点が置かれている。[22]

私もおおむねそれに賛成する。これまで見てきたとおり、「共感」という用語は一般に、あらゆる種類の善きことを指して用いられている。共感の訓練という名のもとに医学部で教えられていることのほとんどは、患者の言うことに耳を傾ける、診察には十分な時間をかける、患者に敬意を払うなど、否定できるようなたぐいのものではない。問題は、より文字どおりの意味における共感を考慮した場合に生じる。

外科医のクリスティン・モントロスは、共感のリスクをめぐる論争に加わって、「死体安置所で息子の遺体と対面した母親の生々しく耐え難い話を聞いているときに、その場面を自分の息子に置き換えて想像したら、私は何もできなくなるでしょう。患者の精神病理学的ニーズに応える能力が、自分自身の破壊的な悲嘆の念によって損なわれてしまうからです。同様に、私がもし救急車で地元の救急救命室に運び込まれ、ただちに外科手術を受けなければならないとわかったら、私の痛みや苦しみに共感して手をとめるような外科医に執刀してほしくはありません」と述べる。[*23]

このモントロスの見解は、医療における共感の問題について論じた私の論文に啓発されている。この論文の発表直後、私は別の医師（救急救命医）から次のような手紙を受け取った。以下は彼女の許可を得て掲載するものである。

私は、自分が非常に共感力の高い人間だと思っています。私の仕事では、そのことは恩恵にも呪いにもなります。何年も燃え尽きと苦闘してきたのです。（……）私は、患者の痛みに対する共感を抑えると、自分があまり患者の役に立たなくなると感じていました。この感覚は、世界貿易センタービルが倒壊したあとしばらくして、災害救援チームの一員として送られたときに大きな負担になったのです。それは一一月初頭のことでした。ですから、すでに看護すべき負傷者の姿はなく、そこにいたのは遺体を掘り出す作業をしている人たちだけでした。（……）そのとき私は、そこに留まり心を開いて作業員の痛みを感じようとしたばかりか、その場所全体を心に取り込み、周囲のおぞましさや喪失をじかに感じようとしたのです。そうしなければ不道徳であるように感じられたのです。ある日私は、そんな調子で共感力があまりにも過剰に働いたために、これ以上耐えられない状態になってしまい、とにかく私の心が、その状況を処理できなくなってしまったのです。あたかも消火栓から水を飲もうとして、おぼれかけているように感じたのです。

彼女はさらに、共感と思いやりの区別に関して書いた私の文章（本書でここまで記してきたことの一部）を読んで、自分の抱えている共感の問題が、自分を悪しき人間にするわけではないという理解を得るのに役立ったとつけ加えている。

難病による終末期にある身内の処遇に関わる決定を下さなければならない家族や、最愛の人の死を今まさに知ろうとしている人々、あるいはこれから自分ががんを宣告したり、胎児の頭が変形していることを知らせたりしようとしている人々の痛みを感じないことで、人間としての義務を怠っているわけではないということを知って安堵しました。思いやりを失うことなく、情動反応を積極的に抑えられるという考えは、私にはとてもすばらしく思えます。

共感をめぐるこれらの問題は、医療関係者には周知のものである。私は小児外科医の友人から、苦難にさらされた子どもや両親に対応することで受けるストレスのために、二人の見習い医師が別の専門分野に移らねばならなくなったという話を聞いたことがある。ある研究によれば、とりわけ共感力の高い見習い看護師は、患者の看護にあまり時間を費やさず、他のスタッフの助けを求めることにより多くの時間をかけている。[*24] おそらくそのような人は、苦しむ患者に対応することを避けようとするだろう。

共感のリスクは、抑うつ、不安、妄想を抱え、激しい情動的苦痛に悩まされていることの多い患者をつねに相手にしなければならないセラピストにもっとも顕著に現われる。セラピスト、とりわけ精神分析的志向を持つセラピストのあいだでは、セラピストとクライアントの複雑な人間関係をめぐって、盛んに理論的な議論がなされている。しかし、抑うつや不安障害を抱えたクライアントに対応する際、セラピスト自身も抑うつや不安を感じることが重要だと考えるのなら、その人はセラピーの何たるかを理解していない。

実のところ、私たちの多くは、共感反応を抑えられないために、セラピストという職業には向かないはずだ。しかし優秀なセラピストは、この点で例外をなす。私の友人に、間断なくやってくるクライアントを数時間続けて相手にし、忙しいスケジュールをこなしている臨床心理士がいる。抑うつや不安症を抱えている人とわずかな時間を過ごしただけでも消耗してしまう私には、とても無理な仕事だ。だが私の友人にとって、セラピストとしての仕事は気分を高揚させるのだそうである。

彼女はクライアントの話に耳を傾け、困難な問題に関心を持ち、彼らの生活を改善する可能性に刺激を感じるのだ。

彼女の話は、すぐれた外科医が患者に対して感じる「愛情と審美主義」に関する、外科医で作家のアトゥール・ガワンデの議論を思い起こさせる。[*25] そのような医師は、敬意をもって接しながらも解決しなければならない問題として患者を見なす。かのフロイトも、同じようなたとえを用いている。彼は次のように述べている。「人間的な同情を含め自分の感情を脇に置き、手術をあたう限り巧みに実施するというたった一つの目標に全精力を傾ける外科医を精神分析医のモデルにするよう、真っ先に同僚に薦めたとしても、それは決して性急な助言ではない」[*26]

私の友人は、クライアントの頭のなかに入り込もうとするのはもちろんだが（それができなければ臨床心理士として役に立たない）、クライアントが感じていることを自分でも感じたりはしない。彼女は、共感ではなく理解力や気づかいを用いているのである。

私はここまで、共感が共感する人に対していかなる効果をもたらすかを論じてきた。しかし共感の対象になる人についてはどうだろうか？　苦難にさらされている人が、敬意、思いやり、親切、配慮を望んでいることに間違いはなかろう。だが、共感されたいと思うだろうか？　共感されることで、何らかの恩恵が得られるのだろうか？

数年前、私の敬愛するおじが、がんの治療を受けた。彼が病院やリハビリセンターに通っていた頃、大勢の医師と接しているおじの姿を見た私は、彼らをどう思うかと尋ねたことがある。彼は医師が自分の話に耳を傾け、自分が置かれた状況を理解しようと努めてくれていることを評価していた。その種の「認知的共感」に共鳴していたのである。また思いやり、気づかい、温かさを表現する医師を評価していた。

だが、共感の持つより情動的な側面についてはどうだろうか？　その点に関しては話がもっと複雑になる。どうやらおじは、彼が感じるように感じたりはせず、自分が不安を感じているときには冷静に対応し、自分に自信がないときに確信をもって対応してくれる医師からもっとも大きな恩恵を受けていたようだ。また、共感とはほとんど直接的な関係がない、有能さ、誠実さ、医師としての技量、そしてもちろん敬意などの美徳を高く評価していた。

レスリー・ジェイミソンの論文集『共感試験』の巻頭論文でも、類似の点が指摘されている。ジェイミソンは、医学生の技量を評価するために模擬患者を務めていた頃のことを述べている。そのときに用いていた評価チェックリストに、「私の状況／問題に対して表明された共感」という項目（項目31）があった。しかし彼女は、自分自身が医師とやりとりしたときの経験に基づいて、共感を中心的と見なす考えに疑問を抱いている。

またジェイミソンは、自分の懸念に対して冷淡で、同情した様子を示さない医師と出会い、その態度が彼女に痛みを与えたことについて語っている。しかしそれとともに、距離を置き客観性を保ちながら接してくれた別の医師について感謝の念を持って次のように記している。「彼には一日たりとも、私の母親になる必要などありません。自分のすべきことをしっかりとわきまえていればそれでいいのです。(……)彼の冷静さは、見捨てられたという思いを引き起こしたりはせず、安心感を与えてくれました。(……)私は彼を見て自分の不安とは正反対のものを見たかったのです。その反響《エコー》などではありません」[*27]

ここまで、共感の限界に関する私の主張を裏づける、クリスティン・モントロスとレスリー・ジェイミソンの見解を引用した。しかし公正を期すと、二人ともある程度は共感を擁護している。モントロスは、患者に対して過剰な共感を覚えたくない理由や、自分でも共感あふれる医師を望まない理由をあげたあと、一歩あと戻りして次のように述べている。「それでも、日常の医療実践における医師と患者のやりとりのほとんどにおいては(実際それが私の仕事なのですが)、適度の共感が両者にとって有益であることをたやすく見て取ることができます。患者は医師が自分の言葉を聞いてくれた、理解してくれたと感じることができます。医師は患者の懸念を正しく評価して、患者の苦痛をできるだけ小さくしたいと感じるようになります」[*28]

またジェイミソンは、患者とある程度距離を置く医師の価値に言及したあとで、次のようにつけ加えている。「私は、単純に私の恐れを反響させせない医師の気づかいを評価しています。けれども共感なくしては、医師は私が評価する、まさにその気づかいを示すことができなくなるでしょう。情報、指針、勇気づけを与えることで問題を解決し、恐れに取って代わるものを提供できるに十分なだけ長く、私の感情に住まう必要があるのです」[*29]

私は、この見解におおむね賛成する。気づかいや理解が重要であることは言うまでもない。しかし私は、情動的に距離を保ちつつ、すなわち医師やセラピストが患者の感情に「住まう」ことなく、相手を気づかったり理解したりすることが可能だと考えている。というよりも実のところ、患者にとっても医師にとっても、距離を置くほうがよいと考えている。

「気づかいはそのようなあり方で働くのではない」と反論する人もいることだろう。他者の経験を真に理解する唯一の方法は、他者が感じていることを自分でも感じることではないのか？　私が述べるような知性による理解では、不十分ではなかろうか？

思うに、その種の反論をする人は、まったく別の問題に気をとられているのではないだろうか。つまり自分自身で経験しない限り、何ごとも真に理解することはできないという考えに駆り立てられているのである。そのような人は次のように考える。すぐれたセラピストは、抑うつ、不安、孤独とはどのようなものであるかを理解しているはずだ。そしてそれは、セラピスト自身が、少なくとも一度は抑うつ、不安、孤独を感じた経験があることを意味する。哲学者のローリー・ポールが「変容的な経験（transformative experience）」と呼ぶこの種の経験を理解するためには、自分自身でそれを体験しておく必要がある。[*30] 想像力だけでは十分ではない。ほんものの経験に代わるものなどないのである。

哲学者のフランク・ジャクソンは、有名な思考実験（すばらしいSFホラー映画『エクス・マキナ』で拡張して用いられたストーリー）を通じてこの点を指摘する。ジャクソンは、天才科学者メアリーを主人公とする次のようなストーリーを語る。[*31] メアリーは、白黒のテレビモニターが設置された白黒の部屋に閉じ込められてこれまでの生涯を送ってきた。彼女は人間の知覚を研究する科学者で、色覚の神経科学に関してあらゆることを知るようになった。色の波長も、緑色を見たときにどのニューロンが発火するのかも熟知している。また、一般に人間は血の色と停止信号の色をともに「赤」と呼ぶことも、絵の具を混ぜると何が起こるのかも知っている。要するに、色に関するあらゆる事実を知っているのだ。しかし実際には、白黒以外のいかなる色も見たことがない。

さてメアリーは生まれて初めて、この白黒の部屋から外に出て、青空を見たとしよう。そのとき彼女は、それまではまったく知らなかった何かを今や知るようになったと、多くの読者は直感的に思うのではないか。哲学の用語を借りると、ここには何らかの新奇な質的体験、つまり概念的知識を超越したクオリアが存在するはずだ。ジャクソンはそこに、心の本性に関する強い形而上学的な意義を見出す。それに関してはさまざまな議論があるが、より慎重な解釈は、人間には、経験を通して、それ以外の方法では正しく評価することのできない事象を学習する能力が備わっていることが、この思考実験によって示されているというものだ。経験は、実際にそこにいて体験されなければならない。青い色を見るとはどのようなことかを知るためには、メアリーは実際に青い色を見なければならないのだ。

本章の議論に戻ると、セラピストにとっては、ある種の現実の体験が不可欠なのかもしれない。患者の立場からすると、自分がどう感じているかをきちんと理解している誰かと話をするのは気休めになる。またセラピストの立場からすると、患者がたった今経験していることを正しく評価することは、どうすれば患者を治療できるかを見極めるのに間違いなく役立つはずだ。

しかしこれは、共感を支持する議論にはなっていない。その種の評価を行なうのに、他者の感情を実際にミラーリングする必要などない。そもそも、あなたに話しかけている人の苦悩を、今は冷静であってもかつて自分でも経験したことがあるゆえに理解するのと、ミラーリングによってその苦悩をたった今感じることによって理解するのとでは、天と地ほどの違いがある。いかなる意味でも共感をともなわない前者の理解、つまり純然たる理解によって、後者の持つあらゆる恩恵が得られるとともに、後者にともなうコストを一切避けることができる。

自分が愛情を注いでいる人々との関係においてはどうだろうか？　ここまでは、限られた側面で相手と親密な関係を結ぶことのある医師やセラピストを論じてきた。しかしそこでは、依然としてある程度の距離が前提とされる。彼ら専門家は複数の顧客を相手にし、そうする理由の一つは稼ぐためであり、彼らは仕事が終われば自宅に帰る。

だが友人や家族は違う。彼らはあなたとともにいるのであり、専門家の場合とは引かれる境界が異なる。赤の他人には当てはまることでも、より親密な関係にある人々には当てはまらないことがある。

仏教の特定の宗派によって追求されている「偉大なる思いやり」をめぐって類似の懸念が提起されている。その考えが、親密な関係において必須の役割を果たしている偏愛性と相容れないことが不安を煽るのかもしれない。そのことは、言い古されたジョークにうまく表現されている。

「仏教徒の掃除機を知ってる？」

「付属品《アタッチメント》がついてないやつのことかい」

私たちが親密な関係に望んでいることについて考えるにあたって、当然のことに拘泥しないようにしよう。たいていの人は、愛され、理解され、気づかわれることを望んでいる。のみならず、友人や家族には、赤の他人以上に自分を気づかってほしいと思っているはずだ。多くの人には、それが親密な関係の意味するところでもある。

そのような気づかいは、私たちの感情が、親密な関係を結んでいる人と頻繁に同期していることを示す。親しい人が、自分がみじめなときに満足していたり、自分が満足しているときにみじめな様子をしていたりすれば、間違いなくろうばいするはずだ。そんな人が、どれだけ自分に愛情を注いでくれるのだろうかと疑問に思えてくるからである。

しかし、それは私たちが共感のミラーリングを望んでいるからではない。私を気づかってくれる人は、私の悲しみによって悲しくなり、私の満足によって満足するだろう。奨学金を手にすることができた私の姪が喜んでいれば、私も嬉しくなるだろう。だが、彼女の喜びを代理経験しているから私も嬉しくなるのではなく、自分が愛情を注いでいる姪が順調に生きていけることを望んでいるから嬉しくなるのである。事実、彼女が喜ぶところを自分の目で見る前でも、つまり共感のミラーリングが生じなくても、吉報を聞いただけで私も嬉しくなったことだろう。

また、共感とは異なる感情が示されてしかるべきケースもある。これは、通常の人間関係では、各人が自律性、独立性を持っているからでもあり、また、他者を気づかうときには、相手の気分をつねにミラーリングしていればよいというものでもないからである。キケロが交友関係の長所に関して述べているように（キケロは、親密な人間関係一般について語っているともとれる）、それは「喜びを倍加することで幸福感を高め、悲しみを分割することでみじめさを緩和させる」。自分を気づかってくれる人には、私がパニックに陥ったときには冷静に、落ち込んでいるときには上機嫌で対応してほしい。そう私は思っている。

このような機微についても、アダム・スミスによってみごとに探究されている。[*32] アダム・スミスはよく、人間関係における共感の中心性を説いているので、彼が私の反共感キャンペーンの盟友であると主張するつもりは毛頭ない。しかしそれにもかかわらず、彼は社会的相互作用の解釈に精通しており、交友関係における共感の役割に関して、とりわけ精緻な分析を行なっている。

スミスは共感の美徳について語ることから始める。不安なときには、冷静な友人に共感を寄せると自分も気が静まり、自らが置かれた状況をよく理解できるようになる。彼は次のように述べる。「心がこれほど激しくかき乱されることはめったにない。だが友人がそばにいてくれることで、ある程度の落ち着きを取り戻せるだろう。友人を前にした途端、胸中がいくぶん静まり、心が落ち着くのだ。そして私たちは、自分が置かれた状況を友人が見ている、その心の光のもとにただちに身を置き、自分もその光のなかで自らの状況を見ることができるようになるのである。このように、同感の効果は即時に作用する[*33]」

スミスは、セラピーという文脈においては私たちが懸念を感じるたぐいの、共感による苦痛のシナリオ、すなわち冷静な人（セラピスト）が、気が動転した人（クライアント）と面談し、共感のために前者も気を動転させるというシナリオを反転させる。スミスのあげる例では、冷静な人が、気が動転した人に出会い、後者が落ち着きを取り戻すのである。セラピーでは、スミスが提示するモデルのように事態が進行すべきであろう。ならばセラピーの秘訣は、「共感はセラピストがクライアントにではなく、クライアントがセラピストに覚えるべきものだ」ということになる。

大喜びしている友人に会ったときには、事態はより複雑になる。私たちは「小さな喜び」に共感する能力は持つが、大金が転がり込んで有頂天になっている人は、「それに対する親友の祝福の言葉のすべてが、心からのものではないことをやがて思い知るだろう」とスミスは述べる。[*34]嫉妬は共感の発露を妨げ得る。私がどうしても欲しかった賞をあなたが手にしたら、あなたの喜びを分かち合うことは非常にむずかしい。嫉妬と共感が争い合うのだ。

喜ぶ友人を見て自分も嬉しくなるのは、嫉妬心に火がつかなかった場合だ。これは自己の境界が、喜ぶ友人を包み込むまでに広がり、彼の成果が自分の成果のごとく感じられた場合に起こり得る。それはおそらく、自分の子どもに関してもっともよく起こるはずだが、自分が属する共同体《コミュニティ》に名声をもたらした人物に会ったときにも起こるだろう。ダニエル・カーネマンがノーベル経済学賞を授与されたとき、私は、彼が私と同じ心理学者であることからとても嬉しかった。経済学者のロバート・シラーが受賞したときには、彼がイェール大学の出身であることと、さらに重要なことに、私の家から八軒隔てた場所にある、同じ通りに面した家に住んでいることから喜びを感じた。つまり何らかの共感の働きによって、彼らの偉大な業績が私自身のものにもなったのである。

また、該当する業績が自分とは無縁の領域で得られたものである場合、嫉妬は弱まる。たとえば私は、あなたがトマト栽培で一等賞をとったからといって嫉妬したりはしない。園芸は私の趣味ではないからだ（それでも人々があなたに強い印象を受けているところを見れば、嫉妬が頭をもたげてくるかもしれないが）。

アダム・スミスは突然富を手にした人に対して、嫉妬を引き起こす危険が生じないよう喜びは自分の心の内に留めておくべきだと助言する。むやみにはしゃぎまわらず、控えめな態度を保ち、とりわけ友人には格別親切にすべきだ。これは、すぐれたアドバイスだと思う。

ところで、私たちが「小さな喜び」にはよく反応する件に関するスミスの議論には、二つの事実をあいまいにする危険性がある。ポジティブな反応は純粋な共感（スミスの言う「同感」）に起因する場合もあろうが、気づかいに基づく場合もあり、嫉妬を克服できれば、あなたの幸運によって私も幸福な気分になれる。

後者の非共感的反応は、おそらく前者より一般的なのではないだろうか。親友が恋に落ちたとしよう。それを聞いて、私の心は喜びで満たされる。だがそれは、自分自身が新たなロマンスのめまいや興奮を感じているからではない。私の気分が晴れやかなのは、単に私が友人を好ましく思っているからだ。このようなありきたりの例においてさえ、共感の役割を過大評価しないよう注意しなければならないのである。

最後に、何かを嘆いている友人に対応する場合を考えてみよう。私たちはここでも共感を行使することができるが、そうしないほうがよい理由が存在する。

一つは、その人が愚かな理由で嘆いていると考えられる場合があることだ。これに関してもアダム・スミスは、「自分が話をしているあいだ中ずっと、弟が鼻唄を歌っている」ことにいかに慨嘆させられたかについて語る兄の例をあげている。[*35]この場合、それを語っている兄は気が動転しているが、この話を聞いている人はしていない。むしろ滑稽に感じるだろう。それどころか、とてもおもしろい話だと思うかもしれない。スミスはそれを「人類の悪意」と呼んでいる。

より一般的に言えば、私たちは、悲嘆にくれている人に共感したいとは思わない。自分でも十分に問題を抱えているのに、余計に悲しくなりたくはないからだ。スミスはそれについて、次のように雄弁に語っている。「どうやら自然は、私たちにたっぷりと悲しみを与えたことを見て取って、それで十分だと思ったらしい。だから、他人の分まで悲しみを分かち合わせようとはせず、悲しんでいる人を慰めさせようとしたのだ」。[*36]スミスの提言によれば、悲嘆にくれている人は、誰も自分に共感したがっていないことに気づき、他者と悲しみを共有しようとする気持ちを抑えるべきである。

ところで、(『スミス先生の道徳の授業——アダム・スミスが経済学よりも伝えたかったこと』〔原題は『*How Adam Smith Can Change Your Life*』〕というタイトルのすぐれた本があるにはあるが)アダム・スミスから人生の教訓を引き出そうとするのは奇妙であることは、私も認めざるを得ない。彼には何人かの親友がおり、母親にとってすばらしい息子ではあったが、男性とにせよ、女性とにせよ、親密な関係や性的関係を結んだことがあるという証拠は何も残っていない。(かつて道徳をテーマとする会議が終わったあと、アダム・スミスの専門家に取り巻かれて食事をしたことがあるが、そこで激論になったのは、彼が童貞のまま死んだか否かについてであった)。だがそれでも、共感の過剰な共有に対する彼の警告と、その気持ちを抑えるべきとする戒めは、本章の議論とも、冷徹で抑制されたカナダ人の私の心ともうまくかみ合う。

アダム・スミスに子どもはいなかった。友人、恋人、配偶者は親密な人間関係を形成するが、両親と子どもの結びつきは特別なものである。進化の観点からすれば、それ以上に重要なものはない。子どもは自分の遺伝子を子孫に受け渡すための第一の手段であり、私たちの感情は、この関係を育むために進化を遂げてきた。のみならず共感は、とりわけ母親と子どもが協調関係を確立して互いの経験を感じ合い、母親が子どもの面倒をうまく見られるよう導くために、育児を目的として進化したと主張する学者も多い。[*37]

では、適正な養育において共感はいかなる役割を果たしているのか？　ここでは、善き親は子どもをよく理解し、愛情を持って子どもに接するということが出発点になる（これは本書でもっとも月並みな文章である）。ドラマ『マッドメン』の登場人物ベティ・ドレイパーのような親には、誰もなりたくないはずだ。

子ども　つまんない。
ベティ　壁に頭をぶつければ？
子ども　え？

ベティ　つまらない人だけがつまらなく感じるの。

しかし、子どもの成長という長期的な目標が、必ずしも短期的な欲求と調和するわけではないことを正しく理解しなければ、適正な養育を行なうことはできない。私の場合、父親としての最悪の瞬間は、子どもを気づかっていないときではなく、子どもを過剰に気づかい、子どものフラストレーションや苦痛から自分を引き剥がせないときにやって来る。

公正を期しておくと、子どもは、理解や思いやり、あるいは愛情だけを望んでいるわけではない。子どもは、共感がもたらしてくれる親密な関係を望むこともある。私の同僚スティーヴン・ダーウォルは、他者に対して「説明責任がある（accountable）」とはどのようなことかをめぐる議論のなかでその点を巧みに論じている。「私たちは他者の手に身を委ね、私たちを回答者としての立場に置く特別な地位を彼らに与え、共感の投影を通して彼らの感情や態度に自己をさらす。その際、自己を単なる他者の対象とするのではなく、彼らの感情を自分の内部に取り込んで共有することができるものにするのだ[*38]」

ダーウォルはこの考えを詳しく説明するために、倫理学者マイケル・スロートがあげる例について論じている。切手収集が好きな娘がいたとしよう。父親としてこの娘に、切手収集の趣味を承認し尊重すると伝えるのはまことに結構なことである。だが、彼女の高揚した気分を共有できればなおよいのではなかろうか？「切手収集に対する娘の興味と熱狂に〈感染〉した父親は、一種の（非自己意識的な）敬意を娘に示しているのだ[*39]」

おとなの問題に戻ると、誰かに自分と同じように感じてほしい、つまり自分に対して共感を覚えてほしいケースはままある。アダム・スミスの冷静な友人は、動転した仲間が自分の冷静さを受けとめてほしいと思っていることだろう。他にも宗教（「神に愛されるとはどのようなことか、私と同じように知ってくれたら」）から、性生活（「とてもよかった。きみもそう感じていてくれたら」）や日常生活（「このタコスを食べてみて。うまいぜ！」）に至るまでさまざまな例をあげることができる。

しかし、それらすべてがポジティブな感情であるわけではない。私たちには、誰かに自分の痛みを感じてほしいと思うことがある。つまるところ私たちは、誰かに共感を覚えれば、その人をより強く助けたくなるということを知っている。前章で取り上げた研究は、この点を決定的に示している。したがって、私が苦難に陥ってあなたの助けがほしいときには、あなたに共感を覚えさせようとするだろう。だが、それにはリスクがともなう。うまくスイートスポットに当てる必要がある。これまで見てきたように、過剰な共感は人を麻痺させるからだ。私を助けてくれるはずの人が、私の痛みを感じて耐えがたく思い、歩み去ってしまったなどということにもなりかねない。

誰かに自分の痛みを感じてほしいと考える別の理由がある。被害者は加害者に対する自分の感情を吐露するとき、彼らも苦しめばよいと言うことがよくあるが、もっと正確に、自分が受けたものと同じ痛みを味わえばよいと表現する場合がある。

謝罪について考えてみよう。謝罪を妥当なものにする要素の一つとして、加害者の側の共感の発露がよくあげられる。哲学者のハイディ・ホーキンス・ロックウッドが提起する妥当な謝罪の基準の一覧には次の項目が含まれる。

それは共感と（あるいは）感情の、誠実でへつらいのない表現たるべきである。

謝罪が「リアルなもの」であり有効であるためには感情的な要素が含まれていなければならないと指摘する被害者もいる。（……）おそらく感情よりさらに重要なのは共感である。哲学関係の知り合いで性的暴行を受けたある犠牲者が、昨秋私に「彼（加害者）に苦しんでほしいわけではありません。誰かが苦しむのはもう十分です。ただ私がどんな経験をしたのかを知ってほしいだけです」と言った。犠牲者がいかなる経験をしたのかを感じたり、理解したりするには、行為そのものと、その行為がなされた文脈を、共感を通じて犠牲者の視点からさまざまと想像し直す必要がある。[*40]

精神医学者のアーロン・ラザルは『謝罪について（*On Apology*）』で、次のように述べている。「謝罪は、加害者と被害者のあいだで不名誉と権力が交換されることによって有効なものとなる。謝罪することで、あなたの行為によってもたらされた不名誉をあなた自身に向け変えるのである」[*41]

なぜ「まざまざと想像し直す」のか？　なぜ不名誉を「交換する」のか？　ロックウッドによれば、彼女が言及している犠牲者は加害者が苦しむことを望んでいないとのことだが、私の考えでは、より正直な見立ては、「彼女は、単に彼が苦しむだけなのを望まない」といったところではないだろうか。あなたに危害を加えた人物が何も痛みを感じないのは不満であるというだけでなく、自分が受けた被害とはまったく無関係な痛みを加害者が感じたとしても、それでは不十分なのである。理想を言えば、レイプの加害者はレイプの被害者であるとはどのようなことかを感じなければならないのだ。加害者の子どもが病気になったり、一家が焼け出されたりして、加害者が苦難を被ったとしても、満足は覚えても、自分が受けた痛みとは異なり不十分なのである。

なぜこの対称性がそれほど重要なのだろうか？　一つの解釈は本書でここまで論じてきた理解と経験の結びつきに関連する。犠牲者は、加害者が誠実な謝罪を行なうには、自分がいかなる悪事を行なったのかを理解していなければならないと、そしてそのためには加害者自身が同じ経験をする必要があると思っているはずだ。

次にバランスを回復させようとする欲求が生じる。哲学者のパメラ・ヒエロニミは次のように述べる。「自分に対してかつて加えられた危害は、謝罪、償い、報復、処罰、復権、有罪判決など、その行為が間違っていることを認める何かがなされなくては、自分の人生のなかで際立ち、自己主張を始める。自分はそのように扱われてもおかしくないと、そしてそのような扱いが容認可能なものであると言い張るのだ[*42]」。彼女が列挙する謝罪から始まる行為は、犠牲者の地位を修復するのに役立つ。よく知られた法の表現を借りれば、それらの行為は犠牲者を再び全的人間にする（make the victim whole again）のに役立つのだ。

この観点からすると、謝罪は、正当な理由なくして人を傷つけることは受け入れられないという原理を認めることでもある。謝罪が機能するためには、そこに何らかのコストがともなわなければならない。加害者が本気で謝罪していることがわからなければならず、それゆえ何らかの苦痛が必要とされるのである。共感は、被害者が受けたものと同じ苦難を加害者が経験する、「目には目を」の完全な一致を求める。

ここまで、セラピストがクライアントと、また医師が患者と結ぶ関係、友人関係、育児を検討することで、日常生活における個人間の関係において共感が果たしている役割について考えてきた。そしてこの問題を、公共政策や慈善団体への寄付における見知らぬ人々に対する対応について論じた本書前半部で取り上げた問いとは切り離して考察した。

これらを切り離してとらえられるのなら、言い換えれば内輪向けと外向けという二つの道徳性が存在するのなら、確かにものごとはより単純になろう。しかし、そのような明快な区別はすぐに崩壊するだろう。なぜなら、利用可能な資源には限りがあるからだ。たとえば、参考書代として息子の一人に一〇〇ドルを与えれば、その一〇〇ドルを盲目になりかかっているアフリカの子どもたちを救うために使うことはできない。あるいは、誰を実験助手として雇うかを決定しなければならなくなったときに、私の友人が彼の娘を雇うよう頼み込んできたら、この友人に対する私の人情は、候補者を選択するための公正で中立的なプロセスと対立し合う。

誰もがそこに緊張した関係を見出すわけではない。ある知識人は、さまざまな社会的大義を論じたノーム・チョムスキーの業績、彼の知的勇敢さ、倦《う》むところを知らない弱者の擁護、そして彼が他者を助けるためにいかに自分の人生を捧げてきたかについて、大きな賞賛の念を抱きつつ論じている。しかしそのあとで、この著者は次のようにつけ加える。「彼は、決して誰も裏切らないまったく誠実な人物である。生来、人を裏切ることができないのだ。自分が間違っていると考える友人さえ弁護するほどまで、徹底して誰も裏切らないだろう」[*43]

だが、知的に誠実でありながら、いかなる犠牲を払ってでも無条件に友人を弁護するなどということはあり得ない。身近な人々に対する郷党的な愛情、すなわち共感感情に駆り立てられた愛情は、あらゆる道徳システムの核心に存在する公正さとかみ合わない。

それに対して、「公正な道徳性などどうでもいい」と主張して、この緊張関係を解決しようとする人がいる。哲学者のスティーヴン・アスマは最近の著書で、血族関係や忠誠の重要性、つまり身内をひいきする重要性について述べている。彼は、この見方が正義や公正さの概念とかみ合わないことに十分に気づいている。何しろ彼の著書のタイトルは『反公正論（*Against Fairness*）』である（アスマを槍玉にあげるつもりはないが、これ以上不快なタイトルを読者は思いつけるだろうか？）。

アスマは、倫理に関するパネルディスカッションに、一人の牧師と一人の共産主義者とともに参加したときのエピソードを紹介することから始める。[*44] それによれば、彼はディスカッションの最中に、「私の息子の命を引き延ばすことができるのなら、この部屋にいる全員の首を絞めてもよい」と発言して他の参加者を驚かせたのだそうだ。アスマによれば、そのときは冗談のつもりで言ったのだが、車を運転して帰宅するあいだに、自分の発言を実際に信じていることに気づいたとのこと。つまり彼は、他人を犠牲にして自分の息子を救っても、その行為を恥には思わないと言うのである。

彼は次のように書く。「つねに最大多数の最大幸福を求めるべきだとする功利主義者の考えは、二十代の頃には道理にかなっていると思ったものだが、息子が生まれたあとでは笑いを禁じえない」アスマは、まれな例外ではない。「血は水よりも濃い」ことを知らない人に滑稽さ、あるいはそれ以上にネガティブな性格を見出す人は多い。ジョージ・オーウェルはガンジーの自伝に関する議論のなかで、彼の勇敢さこそ賞賛しているが、友人や家族との関係、あるいは性愛や恋愛関係などの特別な関係を否定する彼の考えには反発を示している。オーウェルはそれを「非人間的」だと述べ、次のように続ける。「人間性の本質は、完全性を求めないこと、忠誠を貫徹するためにときには罪を犯すこと、交友を不可能ならしめるほどまで苦行を徹底しないこと、他の人々に自分の愛情を結びつけることの必然的な代償として、最終的に人生に挫折しても構わないよう覚悟を決めることにある[*45]」

本章前半の議論に戻ると、ディケンズは計り知れないほどの社会的良心を持っていたが、身内に対する特別な感情を欠く人々を嘲笑していた。そのような人々の例として、極端な功利主義者トーマス・グラッドグラインド〔『ハード・タイムズ』の登場人物〕や、『荒涼館』の「望遠鏡的博愛」と題する章の登場人物で、異国に住む人々を気づかう一方で家族を無視するジェリビー夫人などがあげられる。たとえば夫人は、息子の頭が手すりにはまって抜けないでいるときに、ボリオブーラ・ガーの原住民についておしゃべりしているのだ。

だが、特別な関係などどうでもいいと言う人もいるだろう。肌の色、性別、性的嗜好によって差別をすることは間違いだと多くの人が考えている。ピーター・シンガーらは、それをさらに進めて、人間という動物種の一員を選好するのは間違いであり、また身体的な特徴が似ているという理由で人を選ぶのも間違いだと主張する。直感への依存は道徳性や公正さを減退させるというシンガーの主張は、本書で私が提起する議論にも沿う。[*46]

知性的な功利主義者のシンガーは、郷党的な〔同郷のよしみに類する〕行動や態度のなかにも、包括的な幸福度の最大化に資するものがあることを理解している。あなたにも私にも幼い子どもがいたとすると、あなたはあなたの、私は私の子どもを世話したほうが、子どもが無事に成長する可能性は高い。しかし、アスマとは正反対の立場をとるシンガーのような功利主義者は、このバイアスには本質的な価値がないと主張する。懲罰に対する嗜好と同じように、赤の他人より身内を気づかう私たちの性向は必要悪だと言えよう。

親密な人間関係の本質的な価値を否定するのは、シンガーやガンジーだけではない。ラリッサ・マクファークワーが指摘するように、アブラハムは最愛の息子を犠牲にしようとし、ブッダは家族を捨てた。またイエスは、彼の弟子になるためには「自分の父母、妻、子ども、兄弟姉妹、さらには自分の命さえも憎む」ことを執拗に求めた。[*47]

したがって、大きく分けて二つの観点がある。一つは、共感のような感情に由来する郷党的な能力を賞賛されるべきもの、人間を人間にするものと見なす観点であり、もう一つはそれを道徳的に誤っていると見なす観点である。

本書の冒頭で述べたように、共感に反対する私の議論は、私が抱く善悪の概念ではなく、通念に反する。共感に関する私の議論には、ほぼ誰もが間違っていると見なすような側面が含まれる。問答無用の公正性を支持する立場をとるのなら、私は自分の言葉を裏切る結果になるだろう。多くの人は、私たちには異国の人々より身内を気づかう権利があり、共感がその方向に私たちを導くのなら、もっと共感に頼るべきだと考えているのではないか。つまり、たいていの人は、ガンジーやシンガーよりオーウェルやアスマの言うことに耳を傾けるだろう。

ある程度なら、私もそのうちの一人だ。私はディケンズのあざけりに共鳴する。飛行機に乗れば気候変動に寄与するという理由で、遠くに住む家族に会いに行こうとしない人を真に受けたりはしないだろう。あるいは、プライベートスクールに子どもを通わせる余裕があるのに、より一般的な公共善に寄与するからという理由で、ひどいとわかっているパブリックスクールに通わせる人々を信用したりはしない。慈善に関しても、私は自分を善き功利主義者だとは考えていない。寄付額は非常に少なく、私が寄付している慈善団体には、慎重かつ公正な熟慮を経て選んだのではなく、スペシャルオリンピックス〔知的発達障害のある人に、スポーツをする機会を与える国際的な非営利組織〕のようにそのときの気分で選んだものもある。私は肉を食べる。また、人は腎臓を一つしか必要とせず、私の腎臓の片方をほんとうに必要としている人が世の中にはいるということを承知していても、私の腎臓はまだ両方とも残っている。まあ、そんなところである。アスマと同じく、そして私の知るほとんどの人々と同じく、私は赤の他人より、自分や身内をはるかに強く気づかう。

だが私の身内びいきには限度があるし、誰でもそうだろう。家族と夕食をともにするために急いで帰宅している途中で迷子に出会ったら、私は、夕食の時間に遅れて家族を多少困らせたとしても、その子どもが両親を見つけられるよう手助けするだろう。このように、赤の他人にもいくらかの重みはある。

誰もが直面するもっとも困難な道徳的問題は、適正なバランスを保つことにある。どれくらいの金銭と時間（と注意力と情動的なエネルギー）を自分自身、身内、赤の他人のために使うべきなのか？　マクファークワーによれば、この問いはタブーとされているようなところがある。「家族のためにはどれだけの時間を使い、赤の他人のためにはいかばかりの時間を使うべきかと自問し、それら二つのケースを同じはかりにかけること自体がすでに、行き過ぎであると思われやすい」のだ。[*48] しかし日常生活では、自己対家族対赤の他人のバランスをとらねばならない状況に迫られることがある。この状況は次のような数式で表現できる。

自己　＋　身内　＋　赤の他人　＝　１００％

この等式に数値を代入してみよう。「自己」に１００を設定する人は純然たるエゴイストであり、間違いなくモンスターであろう。「自己」に0を設定する人は途方もない聖人であろう。人類の歴史を通じて、多くの人々は「赤の他人」に0を設定してきた。私の前著『ジャスト・ベイビー』では、それが人間の本性のデフォルトモードであると論じた。とはいえ、現在では多くの人がそう考えているとは思えない。赤の他人であっても少なくとも目の前でおぼれていれば、救助するコストが大きくさえなければ、ただ死なせる人はまずいないはずだ。だから、それらの数値がいくらであってはならないかはわかる。だがいくらならよいのか、あるいはその数値をどうやって見つければよいのか、さらに言えばそのような問題のとらえ方が最適なのか否かさえわからない。

私は、ある程度の身内びいき、すなわち家族や友人にいくらかの重みを加えることが重要である点に同意した。ということは、私は共感に至るドアを少しばかり開いたことになるのだろうか？　だが、ほんとうに開いたわけではない。何度も述べてきたように、共感は偏向しており郷党的だ。しかもばかげたあり方で。特定の誰かが特別な扱いを受けるに値したとしても、それでも共感は私たちに問題を引き起こす。なぜなら、共感はその場その場での思慮に駆り立てられており、私たちを過剰に甘い親や、やたらにベタベタする友人に仕立てあげるからだ。共感は、公正で公平な道徳的判断のツールとしてふさわしくないだけでなく、親密な人間関係においてもうまく機能しないことが多々ある。私たちはたいてい、それよりはるかにまともなことができるのである。

幕間II　道徳基盤としての共感

　共感はミルクのようなものではないだろうか。おとなにミルクは必要ない。それなしでもやっていける。だが乳児の成長にはミルクが必要だ。

　同僚の心理学者（や哲学者や父親母親たち）の多くは、道徳性の発達の核心をなすものとして共感を見ている。そして乳児を、他者の感情に自然に共鳴するというアダム・スミスの言う意味において、高度に共感的な生き物と見なしている。乳児が成長するにつれ、共感に基づく道徳性はやがて拡張されてより抽象的なものとなり、最終的には相手の立場に身を置かずに相手を気づかったり、客観的な道徳的推論ができるようになったりする。

　この見方の利点の一つは、単純さである。道徳性を説明するうえで、乳児に帰属せしめるべき特性はたった一つ、すなわち共感の閃光、すなわち他者の感情を感じ取る能力のみで済ませられるのだから。他のあらゆる事象は、この共感の閃光から生じる。この見方は、爽快に感じられるほど最小限主義《ミニマリスト》的ソリューションであり、かくも小さな脳に過剰な心的能力を帰属させることを嫌う人々には受けるだろう。

この共感を第一とする説明は、いくぶん異なる形態によってではあれ、二人の偉大なスコットランド啓蒙主義哲学者によって擁護されている。その二人とは、アダム・スミスとデヴィッド・ヒュームのことだ。また、現代の多くの発達心理学者によっても支持されている。たとえばマーティン・ホフマンは、「自分より他者の状況に適合した感情の反応」として共感を定義し、共感が道徳性の基盤であると論じながらその発達に関する詳細な理論を展開する。[*1] 彼にとって共感とは、「他者に対する人間的な関心の閃光」「社会生活を可能にする接着剤」なのである。

この見方は、それがまったく正しいと判明したとしても、これまで私が提起してきた議論と真っ向から対立するわけではない。共感が子どもの成長の基盤であったとしても、おとなにとっては無用であったり、有害であったりしてもおかしくはない。とどのつまり、乳児にはミルクが必須であることを認めつつ、『反ミルク論』というタイトルの本を書くこともできよう。

私は共感に反対する。とはいえ、人間には思いやりを感じる能力が備わると考えている。私たちは他者を助け、善き目標を達成するために心を用いたいと望んでいる。それすらも疑い、いかなる種類の親切心も思いやりも動機として認めない人々がいる。彼らの考えでは、人間は本質的に利己的で私利私欲にまみれているのだ。

もちろんかくのごとく主張する皮肉屋も、私たちには赤の他人を含めた他者を助けることがあることを認めざるを得ないだろう。私たちは慈善団体に寄付し、献血をし、インターネットで有用なレビューを書く。だが、その裏にはつねに隠された動機が存在するのだと主張する人がいる。自分の評判を上げたり、今自分が助けた人が将来自分を助けてくれることを期待したり、異性の関心を引いたりするのが真の動機だというわけだ。あるいは自己満足を求めているのかもしれないし、死後天国に行けると期待しているのかもしれない。私たちの動機はつねに不純であり、そうではないと考えているのなら、それは自分を欺いていることになる。生物学者で哲学者のマイケル・ギースリンが述べるように、「利他主義者を引っ掻けば、偽善者の血が流れる」と考えているのだ。*2

これまで多くの聡明な人たちが、この結論に達してきた。次のようなエピソードがある。友人と一緒にロンドンの街中を歩いていたときに、トーマス・ホッブズは、物乞いに施しをするために立ち止まった。それを見た友人が驚いて、人間の利己的な本性についてこれまで長く論じてきたのではなかったのかとホッブズに尋ねた。それに対しホッブズは、そこに何ら矛盾はないと答えた。自己満足が得られるから施しをしたのであり、自分は純粋な利己心に駆り立てられたのだというわけだ。彼にとっても、物乞いが苦しむのを見るのは痛ましかったのである。

また次のようなエイブラハム・リンカーンにまつわる、当時の新聞に掲載されたエピソードがある。

リンカーン氏はかつて、古びた泥だらけの馬車に乗っていたときに同乗者に、「人が善い行ないをするのは、利己心に駆り立てられているからだ」と言ったことがある。この同乗者がリンカーン氏に反論していたところ、馬車は沼地にかかる丸太の橋にさしかかった。そして馬車が橋を渡っているとき、沼地にはまっておぼれかけていた子ブタを前にして、一匹の年老いた野ブタが土手の上でおぞましい鳴き声を立てている様子が二人の目に入った。古びた馬車が丘を登り始めたところで、リンカーン氏は御者に向かって「少しのあいだくらい立ち止まることはできないのかね？」と尋ねた。それから彼は馬車を降りて来た道を走って戻り、泥水のなかから子ブタを救い上げて土手に下ろした。彼が馬車に戻ったとき、同乗者は彼に「エイブ。あなたの今の行為のどこに、利己心が関係しているのかね？」と尋ねた。それに対するリンカーン氏の回答は次のようなものだった。「どうして、エド？ あれこそがまさに利己心のなせるわざというものだよ。あのまま放っておいて、子ブタを救わずに年老いた野ブタを苦しませるにまかせておいたら、一日中心の休まるときがなくなるからね。自分の心の平安を保つためにあの子ブタを助けたのさ。それがわからないのかい？」[*3]

同様にして、共感の擁護者のなかには、共感の利他的な働きを利己心の発露と見なす皮肉屋がいることを第2章で見た。私があなたの痛みを感じれば、私は純粋に利己的な動機に駆り立てられて、あなたの痛みを追い払おうとするというわけだ。

また、それがとてもあり得ない説明であることも論じた。あなたの痛みを感じているがゆえに私が痛みを感じているのなら、自分の痛みを取り除くには、あなたを助けるよりもっと簡単な方法がある。あなたのことを考えるのをやめて共感の結びつきを絶てば、私は申し分のない状態に戻れるだろう。さらに言えば、助けないことの口実を容易に見つけられる状況でも、人は他者を助けようとすることを示したバトソンの実験がある。この結果は、共感の力が利己心に基づくと主張する理論にとっては都合が悪い。それよりも、共感は既存のポジティブな感情を動員することで、善き行ないを動機づけるとする見方とうまくかみ合う。

ホッブズとリンカーンに敬意を表しつつも、自分の行動に対する二人の説明は、論点をはぐらかせているだけだと言わざるを得ない。自分の行動が利己的な関心に動機づけられていたとする彼らの言明が正しかったとする。この仮定は問題を一歩後退させるだけである。なぜホッブズは、他者を助けた際に自己満足するような性格を持っているのだろうか？　なぜリンカーンは、誰かを助けられたにもかかわらず助けなければ、心が休まらなくなるのか？　二人の説明を受け入れたとしても、彼らの利己的な欲求の基盤には、非利己的な心理が働いていることを前提にしなければならないだろう。

皮肉な見方をする人々のなかには、自分の考えが現実的で科学的だと考えている者もいる。人間の本性に関する非現実的な見方や宗教的な見方を捨て、進化を真剣に考慮に入れれば、その種の「心理的なエゴイズム」が、いやでも要請されると考えているのである。彼らの議論に従えば、私たちの心は自然選択の没道徳的な力によって形作られたのであり、純粋に利他的な動機など神話にすぎず、私たちが真に求めているのは、生存と生殖だけなのだ。

この議論はきわめて頻繁に耳にするので、無視するわけにはいかない。だがそれは、自然選択に関しても、人間の心理に関しても支離滅裂である。

自然選択は、（比喩的な意味において）利己的なのかもしれない。しかし、そうであったとしても、それは遺伝子に関して言えるのであって、個体に関してではない。聞くところでは、生物学者のJ・B・S・ホールデンは、弟を救うためなら自分の命を犠牲にするかと尋ねられて、兄弟二人かいとこ八人のためならそうすると答えたのだそうだ。そんなことを言うのは生物学者くらいだろうが、彼のこの返答は進化がいかに機能するのかを巧みに言い表している。彼は遺伝学の観点から、彼らの身体の総体が、平均して自分の身体と等量の独自の遺伝的素材を含むようになるので、二人の兄弟と八人のいとこを自分と同程度に気づかうべきだと述べているのである。ならば、三人の兄弟や九人のいとこを救うために自分の命を投げ出させる遺伝子は、何としてでも自分の命を救うよう導く遺伝子より有利であることになる。自然選択の「目的」は、私たちの身体を超越する。したがって、いかに奇妙に思えても、利己的な遺伝子は利他的な動物を生み出し、他者に親切にするよう動機づけるのである。

遺伝子の導きに従っていると言うことで、利己性を正当化することはできない。自分だけを気づかうのは、おそろしく非生物学的なのである。

また、人間の心理に関しても混乱している。私たちは生存と生殖にしか配慮していないという主張は、（比喩的な意味での）自然選択の目的を、自然選択によって進化した人間を含めた生物の目的と混同している。これら二つのあいだの相違は、他の領域を考えてみればよりはっきりする。自然選択の視点からすると、食べることの「目的」は、身体を維持し、私たちの運ぶ遺伝子が自己を複製できるようにすることだ。だが、イヌやアリやトラや人間は、それによって食物を食べるよう動機づけられているわけではない。私たちが食べるのは、空腹だから、退屈だから、あるいは礼儀正しい招待客たろうとするからである。ポテトチップを食べているあいだに、私たちの頭のなかで遺伝子の生存をめぐって目的論的思考がかけ巡っているわけではない。ウィリアム・ジェイムズが指摘するように、そこらの人にあなたはなぜ食べるのかと尋ねれば、「その人はあなたを哲学者として尊敬したりはせず、愚か者として笑い飛ばすだろう」[*4]。

同様に、性交には明白な進化的動機が存在する（それによって子どもが生まれる）。しかしそれは、セックスに対する心理的動機とは大きく異なる。たいていそれには、子どもを生む欲求は含まれていない。そのことは、間違いなく他の動物種にも当てはまる。ネズミが交尾するとき、もっとネズミを増やそうなどと意識的に意図しているわけではない。

同じ考察は親切心にも当てはまる。他者を親切に扱った私たちの祖先の個体が、そうしなかった個体より長く生き、より多くの繁殖機会を得ることができたので、私たちは自然に他者に親切にする。しかしだからと言って、私たちは、他者を手助けするときに生存や生殖について考えているわけではない。それは、私たちが食べたりセックスしたりしているときに生存や生殖について考えているわけではないのと同じである。進化は、思いやりや気づかいを備え、特定の他者の運命に対する純粋な関心が呼び起こされるようにすることで、私たちを利他的な存在にしたのだ。

それは人間に限らない。もちろん、すべての哺乳類を含めた多くの動物も、子孫の面倒を見るが、それらの動物の援助や親切はそこに留まらない。フランス・ドゥ・ヴァールは、それに関して古典的な研究を行ない、人間以外の霊長類を対象に数々の証拠を集めている[*5]。彼の発見によれば、チンパンジーは困難な状況に置かれたときに互いに助け合い、他個体の快を増大させたり、痛みを緩和したりするよう振舞うことがある。たとえば一頭のチンパンジーが他個体との争いに敗れ、身体的なダメージ（や、多少誇張になるかもしれないが、屈辱などの情動的な痛み）を被ったときには、別のチンパンジーが敗者のそばにやって来て、なでたり、落ち着かせたり、なだめたりする。

これらの能力がチンパンジーに備わっているのなら、人間の幼児に備わっていてもおかしくはない。事実、よちよち歩きの幼児でさえ、他者を気づかっているらしい。[*6] それを検証するために、おとなに痛がっているふりをさせて（子どもの母親が膝を何かにぶつけるふりをする、実験者がクリップボードに指をはさまれたふりをするなど）、子どもがそれにどう反応するかを確かめる実験が行なわれている。その結果、子どもは痛がっているふりをしているおとなをなだめ、痛みを解消させようと試みる場合が多いことがわかった。また他の研究では、よちよち歩きの幼児は、何かを拾い上げようとして手が届かずに困っているおとなや、ドアを開けようとしているおとなを助けようとすることが見出されている。[*7] 幼児はおとなに促されてそうするのではない。それどころか、アイコンタクトさえとることなく、また、おもちゃ箱のそばから離れるなど、自分にコストがかかっても助けようとするのである。どうやらほんとうに助けたいと思っているらしい。

だが共感についてはどうか？　他者が感じていることを感じることの発達上の起源はどこにあるのか？

共感の起源に関する問いに対しては、その神経学的基盤を論じた第2章ですでに答えられていると思う読者もいるかもしれない。だが共感は脳の特定の部位によって司られているという事実から、それが先天的なものだとする結論を導くなら、それは大きな飛躍である。そもそも私たちの持ついかなる能力も、脳に宿る（それ以外のどこに宿り得るのか？）。読書、チェスプレイ、フェイスブックへの書き込みはいずれも脳の特定の部位を活性化させるが、生得的な活動ではない。おそらく共感も同じなのではないか。共感を司る脳領域は、初めから存在するのではなく、外界との相互作用の産物であると主張する研究者もいる。[*8]

その一方、共感が先天的な能力であることを示す証拠が存在すると主張する研究者もいる。よく知られた例の一つは心理学者のアンドリュー・メルツォフがあげるもので、彼は、乳児に向かって舌を突き出すと、乳児も舌を突き出して応じるケースが多いことを発見した。[*9] この乳児の反応は、乳児とおとなの共感による結びつきの反映として、すなわち乳児が他者の立場に身を置いていることの反映と見なすことができるかもしれない。

舌の突き出しが実際に何を示しているのかに関して疑義を呈する研究者がいることからもわかるように、この解釈は問題なしとはしない。[*10] それは模倣などではないのかもしれないし、おとなが舌を突き出したのを見て、乳児はびっくりして自分の舌を突き出したのかもしれない。しかしメルツォフらは、自己と他者の収斂《しゅうれん》の証拠を発見した最近の研究で、たとえば顔をなでられた乳児と、別の乳児が顔をなでられているところが映されたビデオを見ている乳児のあいだに、類似の脳活動のパターンが見られたと答えている。[*11] そして〇歳の後半になると、模倣の証拠はより確実なものとなり、乳児は周囲のおとなが見せるあらゆる表情を模倣するようになる。

では共感による苦痛はどうだろうか？　乳児は周囲の人々が感じている痛みを感じるのか？　チャールズ・ダーウィンは感じていると考え、息子のウィリアムの例をあげている。[*12]「同感による結びつきの感情は（一九世紀に用いられていた〈同感（sympathy）〉という用語は現代の〈共感〉を意味することを思い出されたい）、生後六か月と一一日の乳児が、乳母の泣きまねを見て示す、口元がくぼんだ憂うつな表情に明らかに認められる」

最近の研究による発見は、ダーウィンによるこの観察と符合する。生後数日の乳児でさえ、他の乳児の泣き声を聞いて動転する。[*13]また、録音した自分の泣き声を聞かせると、さらに激しく動転する。さらには、一歳児や二歳児が、他者が痛みを感じている様子を見て悩まされることを示す証拠は多数ある。

前著『ジャスト・ベイビー』で私は、これらの例を乳児が共感を持つ証拠としてあげた。[*14]だが今では、それほど確信はない。これらのエピソードや実験結果は、いかなる種類の共感感情をも持ち出さずに、他者への気づかいという用語で簡単に説明できる。たとえばウィリアムの悲しみは、悲しむ様子を見せる乳母を目にして自分も悲しくなったという事実を反映しているのだとしても、そのことは共感の持ついかなる意味においても、彼女の悲しみを彼自身が感じていることの証拠になりはしない。

より決定的な証拠として、年長のよちよち歩きの幼児が他者の痛みに反応して動転し、自分をなだめようとするという報告をあげることができる。この報告はまさに、幼児が共感によってある種の苦痛を感じていることを示唆する。興味深いことに、その種の反応は人間に限らず、他の霊長類にも見られる。ある実験では、他の個体が痛みをもたらす電撃を受けずに済ませられるようにする棒を押すべくラットを訓練した。ラットのなかには棒を押さない個体もいた。だが行動を起こさなかった理由は、自分と同じ動物種の他の個体に無関心であったからではなく、その状況に圧倒されたからである。この研究の著者によると、これらのラットは「苦痛を感じて鳴き声をあげはね回っている個体からもっとも遠ざかる箱の隅に引きこもり、うずくまってじっとしていた」のだ。[*15]

だがこれらの事例における共感反応は、道徳的な行動を生むのか？　そもそも人は、それと知らずに他者の苦しみに反応することがある。私にも、暗い気分に満たされたあとで、その原因が抑うつを抱える人に対応していたからであることに思い当たったことが、一度ならずある（心理学者は、ときにこの現象を「情動伝染」と呼ぶ）。苦痛の源泉を知ることなしには、感情の共有は道徳的な力にならない。共感の力は、自分が感じているものが、他者が感じているものである点を正しく評価することで付与される。たとえば、あなたの痛みを感じていながら、それがあなたの痛みであると知らなければ、つまり自分の痛みだと思っていれば、私はあなたを助けたりしないだろう。よちよち歩きの幼児にもそれが当てはまるのなら、彼らの親切な行動が、共感によって駆り立てられているはずはない。

どうやら問題の核心に近づいてきたようだ。子どもが示す、なだめる行為や他者を助ける行為には、発達の初期段階において働いている親切心や思いやりを見出すことができる。また、どれくらい早くからなのかについては議論があるとしても、子どもは他者が苦しんでいるところを見て自分も苦しむということがわかる。したがって核心的な問いは、「これら二つは互いに結びついているのか？」、すなわち「子どもが他者を助けるのは、他者の痛みを自分でも感じているからなのか？」である。

ポール・ハリスは、この問いに関わる研究を調査し、そのような関係の存在を示す証拠はないと結論している。[*16] しかも、幼い子どもは、苦痛を感じているそぶりをまったく見せずに他者を助ける能力を持つことを示すいくつかの報告がある。たとえば次のような報告がある。「生後一五か月のレンは、おなかの丸いずんぐりした男の子だった。当時の彼は、必ず彼を笑わせることになるゲームを両親としていた。そのゲームとは、奇妙な歩き方で両親のほうに向かって行き、Tシャツをたくしあげて大きなおなかを見せることだった。ある日、彼の兄が庭のジャングルジムから落ちて激しく泣いていた。レンはその様子を黙って見ていた。それから兄のそばまで近づき、Tシャツをたくしあげておなかを見せ、何か音声を発して兄のほうを見た」[*17]

兄への共感によって、レンが密かに苦痛を感じていたという可能性は、確かに除外できない。しかし、彼自身も苦痛を感じているようには振舞っていなかったのは確かであり、一歳児が自分の感情をうまく隠せるとも思えない。このストーリーを額面どおりに受け取れば、レンは兄を心配して元気づけたかったのであり、自分自身が苦痛を感じていたわけではない。つまり、それは共感を欠いた気づかいだったのである。

それと同じ現象は、おとなに子どもの前で苦痛を感じているふりをさせる前述の実験でも見出されている。子どもは、最初はなでる、抱きしめるなどの単純な行為によって、それから「だいじょうぶだよ」などと声をかけたり、おもちゃや他の役に立ちそうなものを持ってきたりするなど、より高度な反応によって苦境にある人を助けようとすることがよくある。しかし一般に、子どもは自分自身も苦痛を感じているようなそぶりを見せない。子どもが動転していると確実に言える唯一のケースは、彼ら自身が他者に苦痛を引き起こした場合だが、その場合でもネガティブな反応は、共感ではなく罪悪感や、おそらくは恐れに起因する可能性が非常に高い。

母親が見ている前で、遊び場で生後六か月の二人の乳児がやりとりするところを観察した古典的な研究がある。[18] ときに一方の乳児がむずかると、他方の乳児が触ったり、何らかのジェスチャーをしたりすることで反応することがあった。しかしこの例でも、一方の乳児の苦痛が、他方の乳児を悩ませたとする証拠は得られていない。

ここまでは乳児やよちよち歩きの幼児を検討してきたが、最後にチンパンジーの例をあげることで本章を締めくくろう。[19] 動物に関してはすでに、人間以外の霊長類に見られる親切な行為について論じ、チンパンジーの慰め行動に関するフランス・ドゥ・ヴァールのすぐれた業績を取り上げ、動物が争いに負けたばかりの個体を相手にキスする、抱擁する、やさしく触るなどの行動を示すことを見てきた。そのような行動は攻撃者ではなく犠牲者に向けられたものであり、したがって争いの調停の試みではない。これらの動物は、犠牲者の気分を改善しようとする欲求に動機づけられているように思われる。人間が同じ行動を示せば、誰もが躊躇なく、「親切心」や「思いやり」などの言葉を用いて、その行動を表現することだろう。

しかしポール・ハリスはこの件でも興味深い指摘をしている。[20] チンパンジーのやりとりをとらえた写真をよく見ると、犠牲者の顔が苦痛で歪んでいるのがわかる。しかしそれを慰めている個体の顔に見られるのは、苦痛ではなく関心のみである。人間の心を読むことがむずかしいとすれば、他の動物の心を読むことはとてつもなくむずかしいが、チンパンジーは自らが手助けしている個体を実際に気づかっているように見える。しかしそれは、感情のミラーリングなどではない。

この結論に確信を持てるほど、私たちは人間の子どもやチンパンジーの発達について十分に理解しているわけではない。道徳性が花開くためには共感が必要であることを示す、新たな発見が今後なされる可能性はある。しかし現時点での最善の知識をもとに言えば、共感はミルクのようなものではない。

第5章　暴力と残虐性

一九四五年四月、ダッハウの強制収容所で数人の捕虜が壁に向かって整列させられて、拷問されたあと銃殺された。[*1] そのような野蛮な行為は、ダッハウでは日常茶飯事であった。数万人の収容者が、飢餓、銃殺、ガス室、さらにはグロテスクな人体実験によって殺された。しかし次のできごとは、強制収容所が解放されたあとで起こったものである。犠牲者は捕虜にされたドイツ軍兵士であり、殺人を行なったのは解放者のアメリカ軍兵士であった。

デイヴィッド・ウィルシー大尉は、妻に宛てた手紙のなかでその事件について次のように書いている。「私は、捕らえられたSS隊員が壁に向かって立たされ拷問されたあと、アメリカ人なら〈冷血な〉と呼ぶようなやり方で銃殺されるところを見た。だがエミリー！　私はその光景を平然と見ていた。どうか神よ許したまえ。私が一秒一秒まざまざと目撃してきたSSの野郎どもの残虐行為のあとでは、それは当然の報いに思えたのだ」

そのあとで次のようにも書いている。「半裸のSS隊員を冷酷に銃殺するまで何時間も立たせ、両腕を突き出すハイルヒトラーの敬礼をさせているあいだに、彼らの背中に氷のように冷たい川の水を流すために、私の水筒のカップが平然と使われたことを〈告白〉しただろうか？　カリフォルニア出身のまさしく血に飢えた戦闘工兵が（あれほど血に飢えた人間を見たのは初めてだ）、三人のSS隊員の顔面に向けて四五口径自動小銃を発射するにあたって〈前座〉を演じるために、私のカップを借りにきたのだ。SSの手で自分のきょうだいを殺され、血に飢えていたあの少年兵を〈満足〉させる手立ては他にはなかっただろう」

本章では、殺人、レイプ、拷問など、暴力や意図的に他者に苦痛を与えることについて検討する。ダッハウで起こった事件を冒頭で取り上げたのは、それがこの問題の複雑性を示す格好の例を提供してくれるからだ。ドイツ兵を殺害した男たちは、サディストでもなければサイコパスでもない。彼らは、強い道徳的感情に駆り立てられていたのである。数か月後、アメリカ陸軍はダッハウで起こったできごとの調書を公開し、数人の兵士を軍法会議にかけるよう勧告した。しかしこの告発はパットン将軍によって却下され、歴史家が論じる以外、事件はほぼ完全に忘れ去られた。読者のなかには、パットン将軍の判断は正しく、アメリカ兵の行動は許容できる、あるいは正しいとさえ考える人もいるだろう。

暴力や残虐性をたった一つの要因で説明しようとする理論はあまたある。つまり、世界中で生じているあらゆる悪行を説明できる、決定的な要因がただ一つ存在すると考えるのである。本書のこれまでの記述からわかるように、これに関して私がもっとも関心を寄せている側面は、共感の欠如に関係するものだ。ドストエフスキーの小説『カラマーゾフの兄弟』でイヴァン・カラマーゾフは、神がいなければすべてが許されると言う。「神」を「共感」に置き換えて、この言葉を復唱する心理学者もいる。彼らが正しければ、本書の主張は論駁されるだろう。

この理論のあるバージョンでは、悪は非人間化やモノ化によって、すなわち他者を人間未満のものとして、場合によっては動物や物体として見ることによって生じるとされる。ひとたび人々をそのようなあり方で見るようになると、人を殺したり、奴隷にしたり、貶めたりすることが簡単にできるようになる、というわけである。一部の人々が信じているように、共感が非人間化のプロセスを阻止するという考えが正しければ、それは共感を擁護する強力な証拠になるだろう。共感は最悪の自己から私たちを救ってくれるのだから。

共感を直接持ち出さずに暴力を論じる理論は他にもある。[*2] 特定の暴力行為をコントロールの喪失の反映ととらえる人もいる。この見方は、あまたの悪質な行為にはアルコールや薬物が関与しているという発見によって支持される。[*3] ある見積もりによれば、アルコールは暴力犯罪の半分以上に関与している。衝動のコントロールの失敗というこの説明は、犯罪者の多くには、日常生活でも自己をコントロールする能力の欠如が見られるという事実にも合致する。たとえば彼らは、喫煙したり、自動車事故に遭遇したり、望まぬ妊娠をしたりする可能性が高い。

この観点からすると、暴力はシステムの欠陥であり、何かが機能不全を起こしていることを示す。神経犯罪学者のエイドリアン・レインは、暴力犯罪をある種のがんにたとえている。[*4] どちらも遺伝と環境が結びついてできた産物であり、治療を要する疾病と見なされ得るのだ。

だが、経済学者や進化生物学者のあいだで好まれる、それとは反対の見方がある。それによれば、暴力は生命の本質的な構成要素をなし、特定の問題に対する合理的なソリューションになる。[*5] がんは異常であり、疾病であり、この世からきれいさっぱりと取り除くことのできる何ものかである。明日がんが根絶されれば、人間の生活は、より幸福なものになって続いていくことだろう。それに対して暴力は、人類が他の動物と共有する本性の一部であり、懲罰、防御、捕食のために進化してきた。それゆえ私たちが天使にでもならない限り、暴力とそれによる威嚇は、人間の最悪の本能を抑制するために必要とされる。つまりがんの存在しない世界はあり得ても、暴力のない世界は決して存在し得ないのだ。暴力を受けて喜ぶ人はほとんどいないので、たいていの人の目からすれば、悪のない世界は未来永劫存在しないことになる。

悪を理解する最善の方法とは何か？　ロイ・バウマイスターは非常に有益な著書『悪――人間の暴力と残酷性の内幕（*Evil: Inside Human Violence and Cruelty*）』を、そこで取り上げている例がすべて事実であるという言葉とともに開始している。イアーゴー、ハンニバル・レクター、フレディ・クルーガー、サタン、カイザー・ソゼ〔映画『ユージュアル・サスペクツ』（米・一九九五年）に登場する架空の人物〕について論じるのではないということだ。

バウマイスターにとって、フィクションに登場する悪漢の描写は、無用であるばかりでなく有害でさえある。というのも、そこには彼の言う「純粋な悪という神話」が、すなわち「悪とは謎めいた恐ろしい力であり、私たちのほとんどにとっては縁遠いものである」とする考えが前提とされているからだ。[*6]純粋な悪の力にとらわれた者は悪意に駆り立てられ、単に他者が苦しむところを見たいがために意図的に残虐な行為に走ると考えるのである。映画『ダークナイト』(米・二〇〇八年)で、アルフレッドはバットマンに、悪漢ジョーカーについて次のように説明する。「金のためなどといった論理的な理由なしに悪事に走るやつがいる。そういうやつらは金で買うことも、脅すことも、説得することも、取り引きすることもできない。やつらは(……)、やつらはただ世界が炎上するのを見たいだけだ」

精神分析家にして連続殺人犯のハンニバル・レクターは、最初にトマス・ハリスの小説に、それからさまざまなテレビ番組や(アンソニー・ホプキンスがハンニバル・レクターを演じた『羊たちの沈黙』(米・一九九一年)を含め)映画に繰り返し登場してきた。ハンニバルは「モンスター」だと、私たちは何度も何度も聞かされてきた。彼は、ときに凄惨な手段によって大勢の人々を殺す(私はシーズン2のあるエピソードで、ハンニバルが別の連続殺人犯を捕まえ、片足を切断して本人に食べさせるシーンを見てから、しばらくこのテレビシリーズを見るのをやめた)。しかしハンニバルは、奇妙なあり方で観る者を魅了する。彼は教養があり洗練されている。ときに彼の暴力は、いかにもそれを受けるに値するかのように見える人物に向けられる。また性的暴行など、彼が絶対にしないことがある(私たちはなぜ、その手の登場人物に関心を引かれるのか、あるいは、人はいかなる種類の純粋な悪に引かれたり引かれなかったりするのかについては、いずれ論じてみたいところだ)。

ハンニバルは、他の誰とも異なる人物として描かれている。そのような人物には、モンスター、アニマル、スーパープレデターなど、多くの呼び名がつけられている。スーパープレデターという用語は、特定のタイプの暴力的なティーンエイジャーを指す言葉として一九九〇年代に広く使われるようになった。また彼らはソシオパス、あるいはサイコパスと呼ばれる。これらの用語は専門的な意味を持つが、真におぞましい輩、他の人々がするようには他者を気づかわない輩を指す言葉として一般に用いられている。

私たちは、特定の人々を人間未満である、すなわち基本的な人間性を欠くと見なすことがあると、またそれが残虐性の源泉の大きな部分をなしているとする、哲学者デイヴィッド・リヴィングストン・スミスの主張について次章で検討する。しかし同時に彼は、私たちが非人間化しやすい個人のタイプの一つが、悪事を行なう人物であるとも記している。[*7] ナチスはユダヤ人を非人間化したが、今や私たちはナチスを非人間化しているのである。

純粋な悪という神話には、多くの起源がある。その一つは、スティーブン・ピンカーが「道徳的正当化のギャップ（moralization gap）」と呼ぶもので、これは他者の行動に比べて自分の行動によってもたらされる結果の重大性を過小評価する傾向を指し、なぜ人々が自分のした犯罪を騒ぎ立てるのかが理解できずに当惑する暴力犯罪者の報告に見て取ることができる。[*8] その極端な例として、三人組の連続殺人魔のうちの一人フレデリック・トリーシュをあげることができる。[*9] 彼は警官の尋問に対し、「おれたちは二人を殺り、二人を痛めつけ、女を一人ピストルで殴り、何人かの口に電球を突っ込んだ以外は、誰も傷つけてないぜ」と答えたと言われている。

ある研究でバウマイスターらは、自分が誰かを怒らせたときのことか、誰かの行為に自分が怒ったときのことを思い出すよう被験者に促した[*10]。すると、自分が誰かを怒らせたケースでは、被験者は自分のした有害な行為を過小評価し、それには正当な理由があると答えることが多かった。それに対し自分が犠牲者である場合には、自分が受けた行為が長引く影響を与える重大なものであり、理不尽さとサディズムが入り混じった動機に駆り立てられていると見なすことが多かった。他者を怒らせた自分の行為は、罪のないものであるか、強制されたものであり、自分を怒らせた他者の行為は、理不尽なものであるか、邪悪なものなのだ。

暴力行為をはじめとする有害な行為は、加害者より犠牲者に大きな影響が及ぶことに鑑みれば、この発見は何ら意外ではない。ジョンがビルを殴ったとすると、このできごとは通常、ジョンにとってよりビルにとって大きな意味を持つ。身体的にも心理的にも、殴打は受ける側により大きな衝撃を与える。レイプされたり襲われたりすることは、被害者の人生に強い影響を及ぼすが、レイプする側や襲う側はそれほど強い影響を受けない。もっとありきたりの例をあげれば、嫌味な批判やぶっきらぼうな否定などのある種の言動は、言った本人はすぐに忘れても、相手をひどく傷つける場合が多い。ただしいくつか例外がある。私たちには、相手が気づいてさえいないのに、自分の行為が何らかの不快感を与えたのではないかと気に病むことがある。あるいは犠牲者がとうに忘れたあとでも、自分が犯した悪事に対する罪悪感に苛まれ続ける犯罪者がいる。とはいえ重大な行為ということになると、その影響は加害者より被害者により大きくのしかかるのが普通である。

道徳的正当化のギャップは、日常生活（友人、兄弟姉妹、配偶者間でのいさかい）でも、国際紛争でも、必然的に報復の応酬を招く。あなたが私にあくどいことをすれば、その行為は私にとって、あなたの立場から見た場合よりはるかに不快（重大、理不尽、卑劣）であるように思える。そして自分が妥当でふさわしいと見なす方法で私が報復すると、あなたにはそれが不相応であるように思われ、それに見合った反応をする。かくして報復の応酬が続くのだ。そのため夫婦喧嘩では相手に対する中傷が次第にエスカレートし、国際紛争では自国の「厳然かつ公正な行動」が交戦国の「悪辣な残虐行為」を誘発したときに、自国民はショックを受け怒りに駆られるのである。これでは、殺し合いにならないほうがむしろ不思議だと言えよう。

　道徳的正当化のギャップは、私たちがめったに自己を邪悪であるとは見なさない理由の一つにすぎない。バウマイスターが述べるように、「私たち社会科学者が、犯罪者を含めたすべての人々が邪悪であると認める行為に焦点を絞らなければならないとすれば、研究の対象はほとんどなくなってしまうだろう」[*11]。刑務所で行なわれたレイプ犯のインタビューなどを参照すると、世にはびこる極悪人の多くが、真の犠牲者は自分であると考えていることに驚かされる。もちろん彼らが自分を無実だと見なしているのは誤りだが、私たちが彼らを自分たちとは異なる存在と見なすなら、それも誤りである。

　真の悪について考察したいのなら、次のように考えるほうがよいだろう。他者があなたに何をしたかを考えるのではなく、他者を傷つけた自分の行動、言い換えると謝ってもらいたい、償いをしてもらいたいと誰かに思わせた自分の行動を考えてみるのである。あるいは、自国や同盟国に対する他国の残虐行為を考えるのではなく、他国民を激怒させた自国の行動を考えてみるのである。

　それに対し人は、「考えてはみたが、それらはいずれも邪悪な行為だったとは思わない。確かにあとで後悔するようなこともしたし、他人に責められるようなこともした。また、わが国は他国にひどいことをしたのだろう。だがそれらはむずかしい選択だった。あるいは、よかれと思ってしたことが裏目に出たのかもしれない。いずれにせよ、純粋な悪意から出た行為ではなかった」と反論するかもしれない。まさにそのとおり。この姿勢こそが、自分がした悪事について人が考える典型的なあり方なのだ。

その点を誇張するつもりはない。ほんとうに私たちとは異なる人々が犯す悪事もある。他者の苦痛を見て喜びを覚えるサディストもいる（ただし大冊『ＤＳＭ精神障害の診断と統計マニュアル』にも該当する項目が存在しないほど、そのような人はまれにしかいないが）。あるいはアルフレッドが指摘するように、世界が炎上するところを見たいと思うほど魂が堕落した輩もいる。そして正真正銘のサイコパスもいる。彼らは、その数に不釣合いなほど多数の犯罪や悪事に関与している。だがこれらの輩の多くに関しても、その行動を説明するとなると、純粋な悪などという概念は最初から考慮の対象にはならない。

それどころか、純粋な悪という神話はものごとを逆にとらえていると言う人もいる。この見方によれば、残虐な行為には、それをした人が意識して悪事を行なおうとしてしたわけではなく、自分では善きことをしていると思ってした、つまり強い道徳感覚に駆り立てられてしたものもある。ピンカーは次のように述べる。「世界は過剰な道徳性で満ちている。自家製の正義を貫徹するためになされたすべての殺人の犠牲者、宗教戦争や革命による死者、犠牲者のいない犯罪や悪事のために処刑された人々、思想的な大虐殺《ジェノサイド》の犠牲者を足し合わせると、その数は間違いなく、道徳とは無縁な略奪や征服による犠牲者の数を上回るだろう」[*12]

歴史家のヘンリー・アダムズは、ロバート・E・リー〔南北戦争時の南軍の司令官〕に言及しつつ、さらに強い言葉で「もっとも大きな害をもたらすのはつねに善き人である」と述べている。[*13]

この見方は倒錯しているように思われるかもしれない。どうして善が悪につながるのか？　一つ留意する必要があるのは、ここでは客観的な意味において何が善きことなのかではなく、信念や動機が問題である点だ。だからここで問題なのは、善悪そのものについてではなく、善きことをしていると自分では考えている人の手で悪がなされることについてである。

倫理学者のテイジ・ライは人類学者のアラン・フィスクとの共同研究の要約のなかで、この見方を極端に押し進め、道徳的正当化が暴力や残虐性の主要な原因であると主張する。[*14] 彼は人々が行なう悪事を次のように列挙する。「戦争、拷問、ジェノサイド、名誉殺人〔家や親族の名誉を守るという名目で、夫・父・兄弟などの男性が、家族である妻・娘・姉妹などの女性を殺すこと〕、動物や人間の供犠、殺人、自殺、家庭内暴力、レイプ、体罰、処刑、警官の蛮行、いじめ、去勢、決闘（……）」

これらの共通点は何か？　ライの主張によれば、それらの行為は嗜虐的な衝動、利己心、自制心の喪失の結果なのではなく、最善の説明はそれらを道徳性、すなわち「認知された道徳的な正義や義務の遂行」に結びつけるものだ。

道徳性が暴力を引き起こすという主張は特に驚くべきものではない。道徳性は行動を導き、他人のしていることにちょっかいを出させる。私は干しブドウを好まない。だがこれは、道徳的信念の表明ではなく、「私は干しブドウを食べない」ということを意味するにすぎない。そのせいで干しブドウが好きな人にいやがらせをしたりはしない。それに対し、「私は殺人を好まない」という言明は道徳的信念の表明であり、それを実行せんとしている人を止めるよう、あるいは殺人者の懲罰を公的機関に要請するよう私を動機づける。このように道徳的信念は、暴力行為を含めて行動を動機づけるのである。

道徳性は動機づけをもたらす。今朝私は、妻と子どもとドバイの海岸に出かけた一人の男に関する数年前のできごとについて読んだ。[*15] 次のような話だ。そのとき、二〇歳になる彼の年長の娘が泳いでいる最中におぼれかけ助けを求めた。この父親は、彼女を救うおうとしている二人の救助員を制止できるほどたくましかった。警官の話によれば、「彼は、娘が見知らぬ男に触られるくらいなら、死んだほうがましだと語った」のだそうだ。事実、彼女は溺死した。

父親のこの行為をサディズム、無関心、精神病質の産物と見なすなら、その考えは的《まと》がはずれている。彼の行為は道徳的なコミットメントの産物であり、彼の心中では、娘がレイプされるのを防ごうとしているのと同じことなのである。

このようなケースでは、いかなる視点をとるかが重要になる。二〇〇一年九月一一日にツインタワーが攻撃を受けたあと、パレスチナ人のなかには通りに出て歓喜の声をあげる者がいた。多くの欧米人は、それを道徳的な退廃に基づく反応と見なした。しかし二〇一一年にウサーマ・ビン・ラーディンが殺害されたあとアメリカ人が歓喜の声をあげたとき、あるいは二〇一四年にガザ地区に爆弾が落とされ、イスラエル人がはやし立てたり歓喜したりしたとき、彼らは恥ずべきことをしているとは考えていなかった。

特定の暴力行為の道徳的な本性をめぐる視点の多様性は、事態をいっそう複雑にする。ライはこの問題を論じた興味深い論文を、「いかなる場所でも誰もが暴力は間違っていると真に認識するようになれば、暴力はなくなるだろう」と述べることで締めくくっている。私はその見解にくみさない。暴力は決してなくならないだろう。というのも、私は暴力がつねに間違っているとは思っていないし、まして、そのように真に認識したりなどしていないからだ。私の道徳的直感は、「この場合、暴力は正しい行為だ」とささやくことがある。

たとえば私は、人間には自分や他者を攻撃から守るために暴力を行使する権利があると、あるいはそれどころか道徳的に暴力に訴えることが要請されることがあるとさえ考えている。また場合によっては、盗人に対しても暴力を行使する権利があると考えている（誰かが私のパンを奪ったら、私は格闘してでも奪い返すだろう）。私は、法を犯した者を罰する権限を国家が持たないような世界には住みたくない。交換などの重要な社会的関係には、強制（enforcement）に関わる概念が含まれる。一個一ドルのリンゴを買うために、私があなたに一ドルを払ったにもかかわらず、あなたがリンゴを渡そうとしなかったときに、仲介者を呼んであなたにリンゴを手渡させるか、一ドルを返させることができるような世界であれば、私たち皆が恩恵を受けられる。そのような仲介行為は、最終的に力によって裏打ちされていなければ効力がない。したがって暴力や暴力による威嚇が存在しなければ、世界は混乱するだろう。

この例は、議論のネタを提起するためにあげたのではない。他者の攻撃から自分を守ることが許されないと考えている人はほとんどいないはずだ。もちろん、暴力をめぐる他の道徳的主張には議論の余地があるものも存在する。だが私自身の道徳観からすると、戦争を含め国家の他国に対する暴力は、特定の状況下では正当化し得るし、場合によっては要請されることもある。しかもそれは自国の防衛に限った話ではない（他に理由がなかったとしても、ダッハウのような強制収容所を解放するだけでも、アメリカはドイツに侵攻する権利を持っていたと私は考えている）。ボクシング、フットボール、マーシャルアーツは、その暴力的な性格にもかかわらず、容認可能なレクリエーションであり娯楽だと思う。また特定の状況下では、国家は強引に自殺を止める権利をもってしかるべきである。

ここでの私の目的は、これらの特定の事例を読者に納得してもらうことではなく、暴力が関わる道徳的問題には複雑な側面が存在するという論点をはっきりと示すことにある。世の中にはたいていの人が犯す間違いが存在すると言いたいのでもなければ、暴力が答えにはならないということをあらゆる人々に納得させることができさえすれば、世界ははるかによい場所になるはずだと言いたいのでもない。暴力のない世界は存在し得ない。私たちは、いかなる暴力をどの程度許容するべきかという困難な問題の解決に取り組まなければならないのである。

ここまで私たちは、暴力や残虐性が道徳観によって動機づけられていることを明確に示す事例を見てきた。しかしそうではないケースも多々ある。レイピスト、強盗、泥棒の多くは、自分自身を悪の権化であるとは見なしていないというのは真実であろう。むしろ彼らは、「自分こそ状況の犠牲者だ」「他の人々のせいだ」「自分は他の人々より必要に迫られている」などと言うのが関の山であろう。だが、自分の暴力行為が道徳的な要請を満たすと見なすほど強い妄想を抱いている人はほとんどいない。金銭、セックス、地位に対する単純な欲望など、人が他者を傷つける理由は他にもある。

ここで共感の問題に立ち返る必要がある。誰もが、自分の欲望を満たすために進んで他者を苦しめようとするわけではない。おそらく共感がそれにブレーキをかけるのではないか。過剰な欲望は、その人をして誰かを殴って金銭を奪いたいと思わせる。共感はそれを制止する。怒りは、当人をして侮辱にはパンチで応酬したいと思わせる。共感はそれを制止する。そう思える。

強制収容所のすぐそばで暮らし、拷問を受けている人々に共感を寄せていた一人の女性にまつわる、ジョナサン・グローバーの語るストーリーを第2章で紹介した。彼女の反応は、自分がわずらわされずに済む、どこかよその場所で拷問を行なうよう要請することであった。このストーリーは、共感が必ずしも私たちを善き人にするわけではないことを示す多くの事例のうちの一つにすぎない。とはいえ、私たちが持つ最悪の衝動を遮断することで、共感が私たちを善き人にするように思えるケースもある。グローバーは、ジョージ・オーウェルが語る次のようなストーリーを紹介している。オーウェルは、スペイン内戦に参加していたとき、ずり落ちないよう両手でズボンを押さえている兵士に出くわした。「その様子を見たこともあって、私は彼を狙撃しなかった。私は〈ファシスト〉を撃つためにここにきたのだが、両手でズボンを押さえているような男は〈ファシスト〉ではない。どう見ても彼は、あなたに似た仲間の人間であり、あなたも彼を撃つ気にはならなかったはずだ」[*16]

私も、特定の状況下では共感がブレーキとして作用することを認めざるを得ない。だが、共感はそれと同程度に燃料として作用することがある。つまり、そもそも共感によって争いが動機づけられる場合があるのだ。「共感」という言葉によって親切心を連想する人もいるだろうが、私は戦争を思い浮かべる。

これが尋常ならざる主張であることは、自分でもわかっている。以下に共感の役割に関する、より一般的な見方を取り上げよう。これは私が書いた記事に応えてサイモン・バロン＝コーエンが書いたものである。

「イスラエル国防軍は、パレスチナ人の無実の子どもたちを殺す結果になっても、ハマスが国連の学校内に設置したロケットランチャーを爆撃すべきか？」という問いをめぐって、イスラエル首相ベンヤミン・ネタニヤフが下した決定について考えてみよう。

非共感的で合理的な費用対効果分析に基づいて、（……）彼はハマスのロケットランチャーを爆撃する決定を下した。

さてネタニヤフが共感を用いて決定を下した場合を考えてみよう。「自分が、イスラエルの爆弾によって殺されたパレスチナ人の子どもの父親だったらどのように感じられるだろうか？」「雨のように降り注ぐ爆弾におびえるパレスチナ人の子どもが、自分の子どもだったらどのように感じられるだろうか？」と自問したとするのだ。共感を働かせれば、地域の安全を確保するにはどうすればよいのかという問いに対して、別の方法を見つけるべきだという答えが出ていたはずである。

同じことは、イスラエルがアイアンドーム防御システムを新たに導入したにもかかわらず、イスラエルに向けてロケットを発射する決定を下したハマスのリーダーにも言える。非共感的な費用対効果分析に基づけば、（……）ハマスはイスラエルに向けてロケットを発射するよう導かれるだろう。

だがハマスのリーダーが、「自分が、夜寝ようとしていたときに警報が鳴り出すのを耳にしたイスラエルの子どもだったとしたら、どのように感じられるだろうか？」「防空壕に逃げ込もうとしているイスラエルの高齢の女性が、自分の母親だったらどのように感じられるだろうか？」と自問したらどうだろう？　その場合、不正義や不平等に抗議する別の方法を見つけるべきだという答えが得られたはずだ。[*17]

この見解はおおむね理解できる。敵に対して共感を抱くべきであるなら、私たちは敵を傷つけようとはしなくなるだろう。

だが残念ながら、共感はそうは作用しない。国家が戦争に突入しようとしているときに何が起こるかを考えてみよう。国家のリーダーは、統計的な費用対効果分析を用いた合理的な議論を唱えることで国民の支持をとりつけようとするだろうか？　開戦の決定は、バロン＝コーエンが批判するたぐいの「非共感的な費用対効果分析」をもとに下されるのか？　その冷徹な計算によって、ガザ地区をめぐる争いにおける両陣営の決定を支持する人々や、イラクに侵攻することを支持したアメリカ人の心理が説明できるのだろうか？

多くは説明できないはずだ。より典型的な経緯は、家族や同胞や同盟国に対してかつてなされた犯罪に対して国民が深い感情を抱くときに戦争に突入するというものだ。イスラエルの三人のティーンエイジャーが殺害されたというニュースに対する反応がガザ地区の攻撃を促したことを、また、ハマスを始めとする組織が、殺害されたパレスチナ人を宣伝に用いてイスラエルに対する攻撃の支持をとりつけたことを考えてみればよい。相手陣営の子どもたちを殺している理由を両陣営の支持者に尋ねれば、どちらもバロン＝コーエンが危惧しているような官僚的な数値分析をまくしたてたりはしないだろう。それよりも身内が受けた危害について話すはずだ。

事態の解決にはもっと共感が必要だと主張する人もいるだろう。イスラエル陣営に関して言えば、カフェに座っていた隣近所の人々のみならず、彼らを傷つけた自爆テロリストにも、またパレスチナ陣営に関して言えば、戦車で家をつぶされた兄弟姉妹ばかりでなく戦車を運転していた兵士にも共感を寄せるべきだ、というわけである。

これは聞こえのよい考えかもしれないが、私たちはこれまで、共感がそのようには働かないことを示す証拠を多数見てきた。自分の子どもと同程度に敵の子どもに共感を寄せるよう人々に求めることは、リンゴと同程度にイヌの糞に食欲を感じるよう求めるのと変わらない。それは論理的には可能だが、人間の心の正常な機能を反映するものではない。家族と同様に敵を愛することのできる特別な人はいるかもしれない。しかし、ベンヤミン・ネタニヤフやハマスのトップなどの国際政治を動かしているリーダーたちは、かくのごとく人間の本性を超克することのできる超然とした人々なのだろうか？　私はそうは思わない。

またこのケースや他のさまざまなケースにおいて、共感は道徳的な行動の指針としては不十分なものでしかない。そもそも、善きことをしたいと思っている人は、少なくともある程度までは、バロン＝コーエンがあざ笑う費用対効果分析を用いる帰結主義者でなければならない。軍事行動によって、ナチスの強制収容所に収容されている数百万人の捕虜の殺害を防ぐことができたとしよう。それによって間違いなく無実の人々の死が引き起されたとしても、そのような軍事行動を起こすことは道徳的に正しいと、私は思う。この考えにバロン＝コーエンが同意するのであれば、彼も共感の限界と費用対効果分析の効用を認めるはずだ。

のみならず、なすべき正しいことに自国民の死の許容が含まれるケースもある。第二次世界大戦中、イギリス軍はエニグマ暗号を解読し、コヴェントリーへのドイツ軍の爆撃が迫っているという情報を得た。[*18] しかしそれに対する防御を固めれば、暗号が解読された事実をドイツ軍に知らせる結果になる。だからチャーチル政権は、軍事的優位性を保って戦争に勝つ確率をあげ、より多くの命を救うために、自国民を死なせるという困難な選択をした。


共感は暴力を煽る場合があるという考えは古くからあり、アダム・スミスもそれについて深く考察している。彼は次のように述べる。「ある人が別の誰かに抑圧されたり傷つけられたりするところを見ると、被害者が感じている苦痛を自分でも感じる同感は、加害者に向けられた被害者の怒りに対する仲間意識を活性化することのみに資するように思われる。そして被害者が反撃に転じるのを見ると喜びを感じて、彼を支援しようとするのである」[*19]

私は、あなたが誰かに傷つけられるところを目撃する。私はあなたの怒りを感じる。それによって、私はあなたの大義に加わるよう駆り立てられる。このようなものごとのとらえ方は、私が加害者を傷つけたいと思う理由を説明する理論として完全に正しいものではあり得ない。たとえば、子ネコを虐待する輩は罰せられるべきだと私が考えていたとしても、それは、子ネコ自身が虐待者を罰することを望んでいると私が考えているからではない。立てるべき妥当な問いは、「犠牲者が何を望んでいるのか？」ではなく、「私や自分の気づかう誰かが犠牲者の位置に置かれていたら、私は何を望むのか？」である。アダム・スミスものちに、犠牲者に関して「私たちは彼〔犠牲者〕の位置に自分自身を置く。（……）いわば私たちは彼の身体に入るのだ。（……）このように私たちは、彼の問題を自らの胸中に収めるのである」と述べてこの点を明確にしている。

学者は一般に、アメリカ南部における黒人のリンチやヨーロッパでのホロコーストなどの残虐行為について考えるとき、憎悪、人種差別主義、非人間化を念頭に置く。それはそれで正しい。しかし共感もそれに一役買っている。もちろんそれは、リンチの犠牲者やガス室に送られた人々への共感のことではなく、これらの憎悪を向けられた集団の手で犠牲にされた無実の人々、たとえば黒人によってレイプされた白人女性や、ユダヤ人の小児虐待者の餌食にされたドイツ人の子どもたちをめぐって語られたストーリーによって喚起された共感のことである。

あるいは現代における反移民レトリックについて考えてみよう。二〇一五年の選挙キャンペーンで、ドナルド・トランプはケイトについて語ることを好んだ。フルネームのケイト・スタインレではなく、ただケイトである。彼女はサンフランシスコで不法滞在移民の手で殺害されている。トランプは、聴衆にとって彼女をよりリアルに感じられる存在にして、メキシコ人の犯人に関する自分の話をより鮮明なものにしたかったのである。同様にアン・コールターの近著『アメリカよ、さらば（*Adios, America*）』は、移民による、とりわけレイプや子どもの性的虐待などの犯罪の記述で満ちている。[*20] 各章の見出しには、「なぜスペイン系の卒業生総代はニュースになって、子どもの性的虐待はならないのか？」「麻薬で友人を失ったって？　メキシコ人のおかげだ」などと言った文言が並んでいる。トランプやコールターは、これらのストーリーを用いて無実の犠牲者に対する私たちの感情を駆り立て、無実の人々を餌食にしたとされる移民に反対する政策の支持をとりつけようとしているのである。

暴力行為にはさまざまな原因があり、私は犠牲者の苦難に対する共感が、それ以外の原因より重要であると言い張るつもりはない。しかし共感は暴力と無関係ではない。ヒトラーがポーランドに侵攻したとき、彼を支持したドイツ人は、ポーランド人による同胞のドイツ人の殺害や虐待のストーリーに激怒していた。アメリカがイラクに侵攻しようとしていたとき、新聞やインターネットサイトには、サダム・フセインと彼の息子が行なった虐待行為に関するおぞましい話が掲載されていた。もっと最近の例をあげれば、アメリカ政府は、アサドと政府軍によって実行された、化学兵器の使用を含む残虐行為を強調することで、シリア空爆の支持をとりつけた。ＩＳＩＳと全面戦争に突入すれば、私たちはますます頻繁に、斬首のシーンを目にし、彼らの残虐行為に関するストーリーを聞かされることになるだろう。

私は平和主義者ではない。無実の人々の苦難は、アメリカが第二次世界大戦に参戦したときのように、場合によっては軍事介入を正当化すると、私は考えている。それでもやはり、共感は暴力行為を選好する方向へと、あまりにも強く人々を傾かせると言わざるを得ない。共感は私たちが戦争の恩恵を考慮するよう仕向ける。それを通じて被害者のために復讐し、危機に直面している人々を救い出させようとするのだ。それに対して戦争のコストは抽象的かつ統計的であり、しかもコストの大きな部分は、自分たちが気づかうことがなく、したがって共感の及ばない人々にのしかかる。もちろんひとたび戦争になれば、そのコストが具体的に見え始め、戦争による被害を受けた人々、とりわけ自陣営に属する被害者に対して共感を喚起しようと努めるようになるだろう。しかし、通常そうなってからでは遅すぎる。

共感がいかに暴力を喚起するのかを調査する実験研究はあまりないが、このテーマに直接関係する二つの実験が、心理学者のアネカ・ビュフォンとマイケル・プーランの手で行なわれている。[*21]

二人はまず、自分に近しい人が身体的もしくは心理的に虐待を受けたときのことについて記述するよう被験者に求めた。そして被害者にどれだけ親愛の情を寄せていたか、さらには自分が加害者に対して攻撃的に立ち向かったかどうかを尋ねた。その結果、予測されていたとおり、被害者に対してより深い親愛の情を寄せていればいるほど、被験者はより攻撃的に振舞ったと答えた。この結果は、共感と暴力のあいだに結びつきがあるとする考えに一致する。

ただし著者たちが認めているように、この発見はさまざまな解釈を許す。被験者の攻撃性を動機づけたのは思いやりや親切心、まして共感などではなく、単に被害者との関係の近さが原因だったのかもしれない。そこで二人は、その点に着目しつつ二つ目の実験を行なった。

被験者は、研究所の別の部屋で、見知らぬ二人の学生が二〇ドルを賭けて数学コンテストを行なっていると聞かされた。次に被験者は、一方の女子学生が書いたという触れ込みの、家計の問題に関する文章を読まされた。それによると彼女は、車を買い替え、授業料を支払う必要があった。それから被験者は、その部屋では成績に対する苦痛の影響を調査する実験が行なわれており、すべての条件をランダムにするために、家計のやりくりに困っている女子学生の競技相手に苦痛を与えるために用いるチリソースの量を被験者が決めなければならないと言われた。

この実験の肝は、女子学生によって書かれたとされる文章が、どう締めくくられているかに関係していた。すでに紹介したバトソンの研究のように、一部の被験者は、共感が喚起されるような文章(「これまでこんなにお金に困ったことはありませんでした。ほんとうに不安を感じます」)を読まされたのに対し、残りの被験者は特に共感を喚起することのない文章(「これまでこんなにお金に困ったことはありませんでした。でもそれはたいしたことではありません」)を読まされた。

予測どおり、生活に苦しんでいると記述された文章を読んだ被験者は、より多量のチリソースを指定した。この競技相手は何も悪いことをしていない点に留意されたい。女子学生の経済的困窮には何ら関係がない。

興味深いことに、ビュフォンとプーランの研究は、思いやり、援助、共感に関与するホルモン、バソプレッシンやオキシトシンに対する感受性を増大させる遺伝子を持つ被験者には、共感と攻撃性のあいだに、より強いつながりがあることを報告している。つまりある種のシナリオによって共感が喚起され、攻撃性があらわになったというだけでなく、とりわけその種の影響を受けやすい人がいることがわかったのである。

私は、イェール大学の大学院生ニック・スタグナロと行なった一連の研究で、類似の結果を得ることができた。われわれは被験者に、中東におけるジャーナリストの誘拐、アメリカにおける児童虐待などのおぞましい事件を描写するストーリーを語って聞かせた。次にそれらの事件の犯人にどう対処すべきかを尋ねた。[*22] 中東のケースでは、われわれは被験者に「何もしない」「公的に批判する」から「地上軍を投入する」に至るまで、さまざまな政治的な選択肢を提示した。児童虐待のケースでは、虐待者に対する刑罰に関して「保釈金を上げる」から「死刑の可能性を考慮に入れる」に至る選択肢を与えた。それからバロン＝コーエンの共感尺度を用いて被験者の共感度を測定した。前述のとおりこの尺度には問題があるが、大ざっぱな共感力はそれでわかる。その結果、ビュフォンとプーランの遺伝に関する研究と同様、共感力の高い被験者のほうが、より厳格な処罰を与えようとすることがわかった。

ここで悪事から悪人へと焦点を移そう。道徳的正当化の理論によれば、おぞましい行為には、正しいことをしようとする欲求、言い換えると道徳的であろうとする欲求に駆り立てられてなされるものもある。しかし明らかに、他者の痛みに無感覚で道徳的正当化には大した関心を払わず、むやみに自己の利益を追求する輩によってなされるおぞましい行為もある。彼らは他者の尊厳を不当に無視し、それどころか他人を苦しませる行為を楽しんでいるようにさえ思える。おそらく彼らには、共感力が欠けているのだろう。

だがこれまで見てきたように、必ずしもそうは言えない。おぞましい行為に走る人の多くは共感力が高く、自分の生活の他の側面では細かく気を配っている。それがよくわかる例の一つとして、菜食主義者をあざける人がよく指摘することだが、多くのナチス党員が動物を気づかっていたことがあげられる。[*23] ヒトラーはイヌを愛玩し、狩猟を嫌っていたことで知られるが、ヘルマン・ゲーリングはヒトラーの比ではなかった。ゲーリングは、狩猟、ウマに蹄鉄を打つこと、ロブスターやカニをゆでることを規制する規則を課し、この規則を侵犯する者を強制収容所に送るよう指示した(エサに使うカエルを切り刻んだある漁師は、この処罰を受けた)。あるいはヨーゼフ・ゲッベルスは、「結局のところ、真の友はイヌしかいない。(……)人間という生物種を知れば知るほど、私は余計にわがベンノを愛するようになる」と言った。

だが、残虐な行為に酔っていたナチスもいる。ユダヤ人大虐殺《ホロコースト》が荒れ狂う時代になされた残虐行為のなかには、熱狂や嗜虐趣味に基づくものもある。サディストはめったにいないと私は言ったが、たとえば強制収容所の看守のなかには多数いたのではないか。思想、宗教、政治への献身によるのではなく、拷問やレイプや殺人を楽しむために暴力行為に引きつけられる輩もいるはずだ。

このように考えると、ある特殊なグループに属する人々、つまり共感の長所と短所について語る際にしばしば頭に浮かんでくる人々を、とりわけ考慮に入れる必要があることがわかる。たいていの人にとって、このグループに属するメンバーは、本書のあらゆる主張を完全に否定する証拠になるように思われるだろう。

そのグループとはサイコパスのことだ。通俗的には、「サイコパス」、および類義語でそれほど頻繁には使われない「ソシオパス」という用語は、ある種の危険でおぞましい人物を指す。これらの用語にはあいまいさがある。サイコパスを衝動的で暴力的な人物と見なす人もいれば、冷酷で抑制された人物と見なす人もいる。またサイコパスは社会の周縁で生きる犯罪者であると考えられる場合もあれば、CEOや世界の政治的リーダーの多くはサイコパスだと言う人もいる。心理学者のジェニファー・スキームらが述べるように、その点に関しては科学者のあいだでもコンセンサスが取れていない。[*24] サイコパスは攻撃的で怒りっぽいとされることもあれば、情動が鈍化し、うわべだけの感情しか示さないとされることもある。むこうみずで衝動的と見なされることもあれば、狡猾な悪事の首謀者と見なされることもある。また、彼らのなかには高いレベルの成功を収める者も多いと言われるが、研究の対象になるサイコパスの多くは、刑務所や精神科施設に収容されている。

ならば、サイコパスとは何を意味するのか？　カナダの心理学者ロバート・ヘアによって開発されたサイコパシー（精神病質）・チェックリストと呼ばれる尺度がある。この尺度は一般に、判決、仮出所などの重要事項の決定に用いられている。私の同僚は、自己報告をベースとし、用いるのに専門的な訓練を必要としない、ヘア・サイコパシー・チェックリストのバリエーションを用いて、大学生を対象に彼らのチェックリストのスコアが、性的暴力に対する態度や道徳的推論のスタイルなどとどう関係するのかを調査している。

サイコパシー・チェックリスト改訂版（PCL-R）の要因、側面、項目

要因1 人間関係－感情尺度		要因2 反社会性尺度	
様相1 人間関係	様相2 感情	様相3 生活様式	様相4 反社会性
饒舌／表面的な魅力	良心の呵責／罪悪感の欠如	刺激の希求／飽きっぽさ	貧弱な行動コントロール
自己の価値に対する誇大された感覚	浅薄な感情	寄生的な生活様式	幼少期における問題行動
虚言癖	無感覚／共感の欠如	現実的な長期的目標の欠如	非行
詐欺／人心操作	自己の行動に対する責任感のなさ	衝動性	仮出所取り消し
		無責任	多様な犯罪歴

From R.D. Hare, *Manual for the Revised Psychopathy Checklist, 2nd ed.* (Toronto: Multi-Health Systems, 2003).
注：「性的放縦」と「短期間の婚姻関係の多さ」の二つの項目は除去した。

サイコパシー・チェックリストの各項目は次の四つのカテゴリーに分類される。[*25]

① 他者にどう対応するか。尊大さ、うわべだけの魅力、他者を利用する傾向などの特徴の評価。

② 共感反応やその欠如をはじめとする情動的気質。

③ 生活態度。寄生的な態度、衝動的な行動、無責任な行動に焦点を置く。

④ 逮捕歴など、過去における悪事への走りやすさ。

また、それらに加えて、性行動と恋愛行動に関する二つの基準がある。

このチェックリストが評価するほぼすべての特徴は、ネガティブなものである（「ほぼ」とぼかしを入れたのは、性的放縦が悪いとは思わないと抗議する人がいるかもしれないからである）。このテストで最高点を得た人は、表面的で尊大かつ病的なうそつきで、他人を利用したがり、罪悪感や自責の念を欠き、情動的に薄弱であることを意味する。よって、このチェックリストが、悪事に走りそうな人々の割り出しにある程度成功してきたことはうなずける。長距離バスに乗る際、サイコパシー・チェックリストで最高点を取った人の隣に座るのを避けるためなら、私はかなりの割増し料金を払うだろう。

とはいえ、サイコパスという特定のタイプの人物が存在するかどうかははっきりしない。サイコパシー・チェックリストで高得点を取った人は、チェックリストの項目が特定の症状や疾病を検出するがゆえに常人より悪しき人であるとされるのではない。単純に悪しき特徴を検出するがゆえに悪しき人とされるのである。また、サイコパスと非サイコパスを識別するための客観的な病態識別値は存在しないことに留意しなければならない。研究者によって、実験に応じてさまざまなカット《カットオフ》オフ値が用いられており、したがって何点で「サイコパス」のラベルを貼るかは恣意的に決められているのだ。

その一方、これらの特徴は、単なる悪しき属性の寄せ集めなのではない。そこには系統的なパターンが存在する。精神病質《サイコパシー》には、脱抑制（disinhibition）、大胆さ（boldness）、卑劣さ（meanness）という三つの主要な構成要素があると論じる者もいる。[*26] 卑劣さという言葉は、心理状態を表わす用語としては妙に通俗的な響きがあるが、「共感の欠如、他者に対する愛着の欠如や蔑視、反抗的な性格、刺激の追及、他者利用、残虐性に基づく自信」などの一連の性格特徴がうまくとらえられている。[*27] 人々が犯罪者のサイコパシーについて語る際に念頭に置いているのは、まさにこれらの特徴である。

ここで共感の欠如の話に戻ろう。というのも、ヘア・サイコパシー・チェックリストにあげられている特徴の一つに「無感覚/共感の欠如(callous/lack of empathy)」とあり、共感の欠如は卑劣さの一部と見なされているからである。一般に通俗的な理解では、サイコパシーの中心的な欠陥は共感の欠如であると見られている。ここで重要になるのは、認知的共感と情動的共感の区別である。サイコパスの多くは、すぐれた認知的共感力を備えており、他者の心を読むことに長けている。だから彼らは、他者につけ込むことが非常にうまく、巧妙な詐欺師や誘惑者になれるのだ。したがってサイコパスには共感力が欠けると言う場合、そこで言われている共感力はもっぱら情動的共感力を指す。つまり、彼らは他者の苦難に苦痛を感じることがないという意味になる。

それでは、共感の欠如は、サイコパシーの基盤をなす欠陥、すなわちサイコパスをサイコパスにしている欠陥なのだろうか? それを疑うべき理由がいくつかある。

まず、ジェシー・プリンツが指摘するように、サイコパスは特定の情動の欠陥ではなく、あらゆる情動の鈍麻という欠陥を抱えている。[*28] これは、サイコパシー・チェックリストによって評価される特徴の一つであり(「浅薄な感情(shallow affect)」)、精神科医のハーヴェイ・クレックリーが、サイコパシーに関する最初の臨床的な記述を含む一九四一年の著書で言及している特徴でもある。そこには次のようにある。「いら立ち、悪意、急に生じてはすぐに消えていく感情もどき、いらいらした憤り、自己憐憫《れんびん》に満たされた浅薄な気分、虚栄心に由来する子どもっぽい態度、愚かでこれ見よがしの怒りの吐露はすべて、彼らの情動のスケールに含まれており、生活状況に駆り立てられると勝手に噴出し始める。しかしこのスケールのなかには、成熟した心からの怒り、真の一貫した憤慨、誠実さ、深い悲しみ、自己を支えるプライド、深い喜び、純粋な絶望などの情動反応は見出せそうにない」[29]

プリンツにとってこの見方は、サイコパスの悪意が、情動全般が限定された心的生活から生じる、もしくはそれに結びついているととらえるのではなく、それには共感と何か特別な関係があると考えるべき理由があるのかという問いを導く。

それとは異なる懸念が、ジェニファー・スキームらによって出されている。[30] 彼女らによれば、「無感覚／共感の欠如」「浅薄な感情」は、その人の将来の暴力や犯罪を予測する指標としては弱い。サイコパシー・チェックリストが将来の悪しき行動を予測できるのは、それが共感やそれに関連する感情を評価するからではなく、第一にそれには犯罪歴や現在の反社会的行動（非行、多様な犯罪歴、寄生的な生活スタイル）を評価する項目が、第二に心理的抑制の欠如、衝動を抑える能力の不足を評価する項目が含まれているからである。

この結論は、非サイコパスの攻撃的な行動について私たちが知っていることとも符合する。すでに述べたように、共感と攻撃性（言語による攻撃性、身体的な攻撃性、性的な攻撃性など）の関係を調査するあらゆる研究のデータを要約したメタ分析がある。[31] それによれば、それらのあいだの関係は驚くほど弱い。

したがってサイコパスは一般に共感力が低いとは言えるが、共感の欠如が彼らの悪しき行為の原因であることを示す証拠は得られていない。

共感力の低さが悪人を生むという理論が正しいか否かを検証する決定的なテストの一つは、共感力は低いが、サイコパシーにともなう問題を他に抱えていない人々を研究することだ。それに該当する人々は存在する。アスペルガー症候群や自閉症を抱える人々は、一般に認知的共感力が低いため他者の心を理解するのに苦労を強いられ、また情動的共感力も低いとされている。[*32] ただし、彼らは共感力を欠いているのか、それともあるのにそれを行使しようとしないのかに関して若干の議論がある。

アスペルガー症候群や自閉症を抱える人々はモンスターなのか？　モンスターではない。バロン＝コーエンの指摘によれば、彼らは搾取や暴力への傾向性を示さない。[*33] それどころか、強い道徳的規範を持っていることすらある。彼らは残虐な行為による加害者であるより被害者であることのほうが多い。

非人間化に触れずして、残虐性や暴力をめぐる議論を締めくくることはできない。非人間化とは、十全な人間ではないものとして他者を見なしたり扱ったりすることをいう。世界の至るところでなされている残虐行為の大半は、それがもとで生じている。

このテーマに関する非常に興味深い論考のいくつかは、心理的本質主義の観点から非人間化を考察するデイヴィッド・リヴィングストン・スミスによって提起されている。[*34] 彼は、「人々は自分や身内には特別な人間的本質が備わると、通常は考えている」と論じる研究に依拠している。だが、誰にも特別な人間的本質が備わっているとは見なされない。私たちには、特定のグループに属するメンバーを、人間的本質を十分に開花させていない原始的で子どものような存在と見なすことがある。それどころか、人間的本質を備えていることすら否定して、非人間、あるいは事物や物体と見なすこともある。最悪のケースでは、人間的本質を否定したうえで、人間未満という本質を付与し、かくしてイヌやネズミの仲間として考えるのだ。

多くのナチス党員がユダヤ人を見ていたあり方、ヨーロッパからの移民がアメリカ原住民について考えていたあり方、あるいはアメリカ南部の奴隷所有者の態度に、非人間化を見出すことができる。一例をあげると、宣教師モーガン・ゴッドウィンは、奴隷所有者が、奴隷には人間性が欠けると信じていると記した。[*35] 彼は次のように言われたのだそうだ。「黒人は、外観こそ人間にいく分似ているが、実際には人間ではない。むしろ彼らは、野獣と同等の、魂を欠いた生物であり、そのようなものとして扱わねばならない」

これは言葉だけの話なのではない。そのような非人間化は、実際に黒人の処遇に反映されていた。二〇世紀を含めヨーロッパの歴史のおおかたの期間を通じて、人間動物園が存在し、アフリカ人が檻に閉じ込められてヨーロッパ人の見世物にされていたことを考えてみればよい。また、非人間化はヨーロッパ特有の悪徳ではない。人類学者のクロード・レヴィ＝ストロースが指摘するように、人類の多くの集団にとって「人間はその種族だけ、その言語集団だけ、ときには村の境界までとされる」[*36]。そしてそれが高じて、自集団のメンバーを人間と呼び、他集団のメンバーを「野卑なサルども」「シラミの卵」のような生き物と見なすのである。

人種差別主義者のウェブサイトを検索すれば、現代における同様な事例を簡単に見つけることができる。そこでは黒人、ユダヤ人、イスラム教徒など、蔑視されている集団のメンバーが、深い感情や高度な知的能力を欠く動物であるかのごとく記述されている。実験室で行なわれた研究では、人は見知らぬ集団や敵対する集団のメンバーを、嫉妬や後悔などの人間固有のものとされている感情を欠くと見なしがちであることが報告されている。[*37] 私たちは、そのような人々を野蛮人や、せいぜい子ども程度に考えることがあるのだ。

ここまでは民族や人種に焦点を絞ったが、性の領域でも非人間化に類することは起こる。アンドレア・ドウォーキン、キャサリン・マッキノン、マーサ・ヌスバウムらのフェミニスト学者は、「モノ化（objectification）」の概念を探究している。[*38] モノ化とは、モノ化する人（一般に男性）が、自分の欲望の対象（一般に女性）を人間未満であると見なすことを指す。倫理学者のマーサ・ヌスバウムは明敏な議論を通じて、モノ化が「自律性の否定、（……）自律性や自己決定の欠如、無力、（……）主体性の欠如、おそらくは活動性の欠如、主観性の否定、（……）（存在したとしても）経験や感情を考慮に入れる必要のない何か」として一人の人間を見なすことを意味すると論じる。[*39]

私の分析は、それとは微妙に異なる。私の考えでは、女性に対する態度のなかには、スミスが人種の領域に関して語っているものと同じ姿勢が反映されているものもある。私たちがよく目にするのは、モノ化ではなく非人間化である。[*40]

モノ化に関する多くの議論の中心を占める、ポルノにおける女性の描写について考えてみよう。これらの女性が、主体性と主観的経験を欠いた生命のない交換可能な物体として描かれているという主張は、文字どおりには正しくない。ポルノでは、女性は性的に興奮した従順な存在として描かれている。少なくともいくつかのケースでは、通常私たちが人間に結びつけて考えている知性や情動に関わる特質を欠く、純粋に性的な存在として描写されている。ポルノにおける女性の描写に関して私たちに懸念を抱かせる（抱かせてしかるべき）真の道徳的な問題は、女性が物体と見なされている点ではなく、愚かで従順な奴隷に似た、劣った個人として描かれている点にある。これはスミスが論じている事例にも類似する。

非人間化には弁護の余地がない。黒人やユダヤ人や女性が、主体性、自己決定、豊かな情動を欠いているとする考えは、明らかに間違いである。そしてこの間違いは、無関心や残虐な行為を動機づけ許容することで、おぞましい結果をもたらし得る。だから人によっては、共感が非常に重要に思われるのだ。共感は非人間化を遮断し、他者をありのままに見ることを可能にする。この考えが正しければ、それは共感を擁護すべき強力な理由になるだろう。

読者の予想どおり、私はこの見方を否定する。私の考えでは、人間を人間として扱うのに共感は不要である。それは非人間化の回避に必要な本質的な側面ではない。

まず指摘しておくべきことは、非人間化とは関係なく人は残酷であり得るという点だ。それどころか、最悪の残虐性は非人間化に依拠するわけではないという見解がある。この点を理解するために、スミスの著書『人間未満（*Less Than Human*）』の第1章の最初の言葉「出てこいイヌども。ハーン・ユーニスのイヌどもはどこに行った。畜生どもめ」について考えてみよう。[*41]

この言葉は実のところ、イスラエル人の運転するジープに据えられた拡声器から、ハーン・ユーニスの避難キャンプで暮らしているパレスチナ人に向けて発せられたあざけりの言葉である。スミスはそれを、紛争時には敵陣営に属する人々が、いかに人間以外の動物として描かれるかを示す好例としてあげている。しかし奇妙な例ではある。確かにパレスチナ人は、文字どおりイヌとして表現されている。しかしこのあざけりは、イスラエル人がほんとうに彼らをイヌと考えているのなら、奇妙な言動であると言わざるを得ないだろう。いったいそこにどんな意味があるのか？　ジープに乗っていた兵士同士が、互いの会話のなかで敵をイヌと表現したのならまだ意味はわかる（それこそ非人間化である）。しかしあざけりの言葉にそのような表現を用いるのは、逆のことを、すなわち相手が人間であることを認め、その人間である彼らを貶めたいと考えていることを意味する。

哲学者のケイト・マンは、ミズーリ州ファーガソンで起こった、警察による射撃事件の影響を論じるなかで、それに類似する議論を展開している。[*42] そのとき警官隊は、抗議者に向かって「かかってこい、いまいましい畜生ども。かかってこんか！」と叫んでいる。マンの見るところ、この叫びは、抗議者の人間性の無視というより、「鬨《とき》の声」あるいは「悪罵を向けられた人々の持つ、人間として認められたいという実に人間的な欲求を利用して相手を貶める侮辱の言葉」としてとらえられる。

マンは、哲学者クワメ・アンソニー・アッピアを引用しつつ、他者の非人間化の罪を問われた人々は、しばしば「侮辱する、烙印を押す、ののしる、拷問することで、まさにそれらの行為を通じて犠牲者の人間性を認めているのだ」と記している。[*43] このことは、ホロコーストに至るまでのユダヤ人の扱いにも見て取ることができる。大量殺人が行なわれているあいだに起こったできごとの大半は、ユダヤ人を人間未満と見なしていることの反映だが、それに先立つ行為のなかには、苦痛を与えられた人々の人間性を認めていることの現われと見なせるものもある（たとえば、ウクライナでユダヤ人が受けたさまざまな侮辱や卑しめ、およびそれらに対して人々が覚えた喜び）。ユダヤ人は尊厳を欠くと端《はな》から考えていたのなら、彼らを貶めることで喜びを感じたりしないのではないか？

同じことは性の領域でも起こる。この領域にも真の非人間化を見て取ることができる。性差別の大半においては、「女性は十分に成長を遂げた人間ではない」と本気で考えられており、男性が性的欲望を抱くときや、単純に女性の身体だけを見て顔を見ていないときには、主体性が乏しく、自律性や意志を欠く不完全な人間として女性を考えているきらいがあることを示す実験結果が多数得られている（それには私が同僚と行なった実験も含まれる）[*44]。しかしそれがすべてではない。レイプ、セクハラ、ありふれた性差別などの行為には、相手の人間性を十全に意識しつつ、それを貶めよう、屈辱を与えようとしてなされるものもある。

サイモン・バロン＝コーエンは共感の重要性を論じるにあたり、「他者を物体であるかのごとく扱うことは、自分以外の人間に対してなすことのできる最悪の行為の一つである」と述べている[*45]。私もそう思う。しかし先の例などを考慮すると、それが最悪中の最悪であるとは思わない。

私は、スミスによる非人間化の分析の代わりとしてこの見方を提起した。しかし彼はそれに対して、その種の他者を貶める行為が、非人間化を反映するものではないとしても、非人間化に対する願望、すなわち人間未満と見なされる位置、あるいは彼ら自身がそう見なす位置に人々を引き下げようとする欲望を反映しているのではないかと指摘する[*46]。ならば、人を「イヌ」や「畜生」と呼ぶことは単なる侮辱ではない。それは人を「醜い」「愚かだ」などと呼ぶのとは異なり、そう呼ばれる人々がどう見なされるかを変えようとする試みなのである。

スミスの分析を補強するために、ナチスはユダヤ人を列車で強制収容所に輸送するにあたって、彼らにトイレの利用を禁じたことについて考えてみよう。それを単に残酷な仕打ちと見なすこともできようが、作家のプリーモ・レーヴィは、それがいかに非人間化を促進するものであるかについて次のように述べている。「SS警備隊は、プラットホームの上や線路の真ん中で、男や女がところかまわずしゃがんでいる光景を見て好奇心を抑え切れずにいた。またドイツ人の乗客は嫌悪をあからさまに示していた。〈あのザマを見よ、ああなるのが当然だ。あれは誰がどう見ても人間ではなく畜生だ〉というわけである」[*47]

共感の欠如は、非人間化を強化する別の力なのだろうか？　私はそうは思わない。誰かの人間としての特徴を積極的に否定することである（非人間化）と、それらの人間的な特徴について考慮せずに別の人間的側面に焦点を絞ることのあいだには大きな相違がある。前者はおぞましいが、後者はそうではない。

論点を明確にするために、いくつか例をあげよう。男女のカップルがベッドに横たわり、女性が男性の腹を枕の代わりにしていたとする。[*48]あるいは、群衆のなかの一人の男が、太陽光線を遮断するために誰かの背後に回り込んだとする。もう一つ例をあげると、ある人が夕食に数人を招待して、どれくらいの量の料理を注文すればよいかを、そして小さなテーブルのまわりにどのように椅子を並べればよいかを思案していたとする。これらはすべて、文字どおり物体について考えるのと同じあり方で人間について考えることで、人々の思考や感情を考慮に入れずになされたものだが、いずれも不道徳な行為ではない。

同様に、公正で道徳的かつ最終的に有益な政策は共感に訴えずに実施するのが最善であると、私は本書全体を通じて主張してきた。私たちは、犠牲者の痛みに共感することを通してではなく、何をすべきかをめぐる合理的かつ公正な分析に基づいて懲罰を決定すべきである。また、施しが余計に苦難を生むと考えるのなら、インドで子どもの物乞いに施しをすることは控えるべきだ。このように述べたからといって、この世に痛みや苦難など存在しないと主張したいわけではないし、私たちが憂慮すべきたぐいの非人間化を行なっているのでもない。善き目標を達成するためには、焦点を置くべき側面と、置くべきではない側面があると言いたいだけである。目標が重要なのであって、それを達成するための提言は決して残酷なものではなく、親切なものなのだ。

暴力や残虐性と共感の関係は複雑なものであることを見てきた。必ずしも、悪事をなす者の共感力は低く、その衝動を抑えられる人の共感力は高いというわけではない。単に劣悪な政策を導き、人間関係をこわすからというだけではなく、実際に残虐行為を動機づける場合があるというより強い意味において、共感は私たちを悪人にすることがあるのだ。

共感について考えるにあたり、怒りとの比較は有益である。両者に共通する側面は多い。どちらも子どもの頃から起こる普遍的な反応であり、事物やそれに関する経験によって引き起こされる場合の多い恐れや嫌悪などの情動とは区別される、他者に向けられた社会的な反応である。そして何よりも、何が正しく何が間違っているかの判断に結びついているという意味で道徳的である。共感は他者に対する親切な行動を動機づけることが多いのに対し（「この人を助けるべきだ」）、怒りは懲罰などの他の行動を喚起することが多い（「この人を傷つけるべきだ」）。共感と怒りは互いに関係している場合がある。共感が怒りを引き起こし得ることはすでに見た。他者に対して覚える共感は、その人を残酷に扱った人々に対する怒りに火をそそぐことがあるのだ。

怒りが存在しなければ世界はもっとよい場所になるはずだと考えている人がいる。仏教徒の多くは、個人を蝕み社会的に有害なものとして怒りを見ている。「不健全な（unwholesome）」という言葉が使われることもある。哲学者のオーウェン・フラナガンは、ダライ・ラマと会談したときのことについて次のように語っている。[*49] そのとき彼はチベットの仏教徒のリーダーに、「ホロコーストを止めるためなら、あなたはヒトラーを殺しますか？」という意味深い質問をした。「ダライ・ラマは、つねにライオンの群れのように背後に控えている高位のラマと相談した。数分間チベット語でささやくように彼らと話し合ったあと、ダライ・ラマは私たちのグループのほうに向き直って、（日本の侍がするような独自の文化的所作を交えてなにやら大仰に）殺すべき理由を説明した。それによって邪悪な、非常に邪悪なカルマの連鎖を断ち切るのだということだった。〈そう、彼を殺すべきである。だが怒りを込めてではない〉」

理性を備え他者を気づかう人は、殺人を含めてある種の暴力行為をなさねばならない、あるいは少なくとも支持しなければならない場合があることを、ダライ・ラマは認めたのである。しかし彼はそれを必要悪としての最後の手段であると見なしている。暴力を行使せずに非常に邪悪なカルマの連鎖を断ち切る方法があるのなら、それに越したことはない。これは怒りに満ちた人がとる視点ではない。怒りは他者の苦難から栄養を吸収する。だから怒りに満ちた人は、悪人が苦しむのを望むのだ。

しかし、怒りは私たちを無分別にする。悪事を働く人を罰しようとする程度が怒りの大きさに比例することを示す研究が多数存在する。ある実験では、ある種の映画を見せて被験者を怒らせ、映画の内容とはまったく関係がない行為に対して、いかなる懲罰を与えるかを判断させた。この実験でも、怒りを感じていた被験者は、その行為が理解できないと懲罰的に振舞ったのである。[*50]

これは、とても都合の悪いことのように思える。たいていの進化生物学者は、怒りが価値のある適応であり、社会的、協調的な生物種としての人類にとって必要不可欠の情動だと考えている。システムを悪用して他人につけ込もうとする行為が高くつくようにできなければ、寛容で親切な行動は進化し得ない。だから私たちは、悪事を行なった者を打ちのめすよう駆り立てる、怒りをはじめとする情動を進化させ、それによって親切や相互協力がうまく機能するようになったのだ。したがって、怒りを機械の騒音のようなもの、無用で恣意的なものとしてとらえることは間違いであり、それどころか怒りは親切心の基盤の一つですらある。

しかしこの進化論的分析が正しかったとしても、私たちはたった今怒りのために常軌を逸した行動に走るかもしれず、よって怒りなど存在しないほうが、世の中がよくなるようにも思える。

では、怒りを擁護すべきいかなる理由があるのか？　他の人たちが怒っていると、自分も怒る必要があるのではないか。残念ながらフラナガンはこの見方に屈して、「怒りによる表現が認められているところでは、論争や意見の不一致を解決するということになると、怒りを示さない人は不利な立場に置かれ得る」と述べている。[*51]

さまざまなものごとが、そのように展開する。いかに不合理な決定であろうが、ひとたびコンセンサスが得られれば、そこから身を引くのはむずかしい。誰かに招待されたおりにはワインを持っていかなければならないという習慣がばかばかしいと思っていたとしても、他の人たちがそうする限り、あなたもそうせざるを得ない。凶悪犯罪者が収監されている刑務所にぶち込まれ、他の受刑者のひどい暴力を目にしてため息をついたとしても、自分の意志でその状況から逃れることはできない。よく言われるように、銃にナイフでは太刀打ちできない。

ジェシー・プリンツは、私が書いた論文に対する抜け目のない論評のなかで、怒りを擁護する論陣を張っている。私はその論文で、怒りと共感の類似性を指摘し、それらには同様な限界があると論じた。しかしプリンツの目には、私があまりにも性急に怒りの持つ道徳的重要性を捨て去っているように映ったのだ。

正義を求めての怒りは、女性解放運動、公民権運動、専制政治との戦いにおいて礎石となる。またそれは、決定的なあり方で共感にまさる。怒りは人を強く動機づけ、巧妙に操作することがむずかしく、不正義が見出されるところにはどこにでも適用でき、容易にバイアスから分離することができる。虐待された人々のために私たちが戦うのは、彼らが私たちに似ているからではなく、私たちが規律に対して熱意を抱いているからである。怒りは、合理的判断から切り離されると私たちを誤らせるが、それと合わせられれば有効な力になる。理性ははしごであり、怒りは背中を押してそのはしごを登らせる。ブルームは思いやりを推奨するが、健全な怒りは、正義を求める戦いに燃料を供給する。[*52]

この指摘はまっとうだ。生まれたばかりの私の子どもの脳を遺伝子操作できたとしても、怒る能力を完全に取り除いたりはしないだろう。フラナガンの見解に沿えば、怒りの情動的力は、とりわけ他の誰もが怒りを抱いているような世界では、子どもやその近親者を守るのに役立つ。またプリンツの主張に従えば、怒りは私たちを道徳的な行動へと導くことができる。道徳的なヒーローの多くは、他の誰もが無関心でいるような状況にあって自分自身を怒らせ、その怒りを自分や他者を行動へと動機づける力として用いた。

だが私は、社会を変える力としての怒りの利点に関して、プリンツほど楽観的には考えていない。私たちをもっとも怒らせるものが何かを考えると、そこにバイアスがまったくかかっていないとは思えない。私たちは自分や身内に対してなされた不正義に激怒するが、自分には影響が及ばない不正義に対して大きな怒りを感じるにはかなりの努力を要する。同時多発テロが起こった直後に大勢のアメリカ人が感じた怒りは、今でもまざまざと思い出すことができる。それに対し、自分が巻き込まれていない、あるいは自分自身が関与した残虐行為は、それと同じくらい強い感情を引き起こしたりはしない。

脳の遺伝的操作のたとえに戻ると、私なら自分の子どもにある程度の怒りを付与するが、過剰にではない。そして十分な知性、思いやり、自制心を与える。怒りを完全に取り去らないよう配慮する必要はあるが、理性的熟慮による修正、加工、方向づけ、制御が可能なように設定するだろう。このように怒りは、せいぜい信頼できる有用な召使になることはできても、決して主人になることはできない。

共感に関しても同様に考えるべきである。

第6章　理性の時代[*1]

アリストテレスは人間を理性的な動物と定義した。だが彼は、サードパウンダーの一件を知らなかった。[*2]

一九八〇年代、レストランチェーンA&Wは、マクドナルドの人気商品クォーターパウンダーと勝負になるハンバーガーを考案したかった。だからクォーターパウンダーより牛肉の量が多く、安く、商品名を伏せた味覚試験でよい成績を得たサードパウンダーを考案したのである。だが、フォーカスグループ〔市場調査のために選ばれた消費者のグループ〕は名称に問題があると指摘した。消費者は、三分の一の三が四分の一の四より小さいので牛肉三分の一ポンドが四分の一ポンドより少ないと思い込んだために値段が不当に高いと感じたのだ。

この算数音痴の話は、ある意味で前章までの本書の議論にもかみ合う。私たちは判断や行動の指針として直感や情動反応に頼りすぎると、私はここまで論じてきた。それは計算ミスのような間違いとは異なるが、間違いであることに変わりはなく、不必要な問題を引き起こす。このように私たちは、ときに非理性的な動物になるのである。

とはいえ、私の反共感論は理性の存在を前提とする。「その種の判断は間違っている」と確信をもって主張し、他の人もそう考えるよう期待することは、同じ間違いに陥らない心理的な能力の存在を前提とする。ここで私が言いたいのは、「私たちは共感をはじめとする直感の影響を受けても、その奴隷ではない」ということである。開戦するか否かを決定する際に費用対効果分析に依存する、あるいは自分の子どもに愛情を注ぎ、赤の他人には特に何も感じなくても、彼らの命も自分の子どもの命と同じく重要であることを認識するなど、私たちはもっとよいことができる。

人間の本性には、「情動」対「理性」、「直感」対「慎重な理性的熟慮」など、二つの相反する側面があるという考えは、心理理論のなかでももっとも古く、復活しては唱えられてきたものである。それはプラトンの思想にも見られ、現在では「熱い」心的プロセスと「冷たい」心的プロセスを、あるいは直感的な「システム1」と熟慮に基づく「システム2」を区分する二分法を前提に認知を説明する教科書の核をなす見方でもある。この対比は、ダニエル・カーネマンの著書のタイトル『ファスト&スロー』にうまく示されている。[*3]

だが、それらのうちの熟慮の部分、すなわち「冷たい認知」「システム2」のほうは、その大部分が無力であると考えている人が多い。理性的熟慮の中心性を論じると、哲学的に無知、心理学的に粗雑、さらには政治的に怪しいとさえ見なされかねない。

私は最近『ニューヨーク・タイムズ』紙に、他者の心のなかで何が起こっているのかを評価することはむずかしく、人間の持ついわゆる「認知的共感」能力がお粗末なものであることを論じた短い記事を寄稿した。[4] 読者はこの見解に同意しないだろうと、私は踏んでいた。確かに同意は得られなかったが、私にとって意外だったのは、「その代わりに私たちは、一歩下がって客観的で公正な道徳を適用する能力を培うよう努力を傾けるべきだ」という最後の文章に対する読者の反応だった。

　私はこの見解を、道理にかなった、むしろきわめて月並みな結論だと考えていたのだが、多くの評者はこの文章をつかまえて、客観的で公正な道徳性とはいったい何のことなのかと、場合によっては軽蔑の色を滲ませて尋ねてきた。そんなものがほんとうに存在するのか？　存在するのなら、それが善きものだと想定すべき理由はいったい何なのか？　同様に、社会学を専攻する一人の教授が、穏やかな調子ではあったが、私が唱える理性の強調が、とりわけ欧米の白人男性の見方を反映するものだという主旨のコメントを書いてきたことがある。そうはっきりと書かれていたわけではないが、彼の丁寧な手紙の要点をかいつまんで言えば、私は自分の特権的立場について考えてみるべきだとのことだった。

　この種の反応には困惑を禁じ得ない。私たちは正確にいかなる種類の道徳性を持つべきかに関しては、数々の真摯な議論がある。道徳哲学はむずかしい。だが、客観的で公正な道徳性を追求すべきであることは、私には自明であるように思われる。主観的で不公正な道徳性を好む人がいるのだろうか？

「共感は真に公正かつ客観的であり得、公正で客観的な道徳性の必要不可欠な要素である」、あるいは「少なくとも共感は、公正で客観的な道徳性と対立はしない」という共感の擁護者の議論は、（私の考えとは異なるが）私にも容易に理解できる。本書の議論を間違っていると見なし、共感は賢明で公正な判断を下したい人には概して善きものだと考える読者もいることだろう。また、個々の文脈においては理解可能な不公正もあると主張する人もいるだろう。たとえば、私の子どもと赤の他人が溺れていて、一人しか救えないとしたら、私は自分の子どもを救うだろう。この判断が間違っているとは思わない。したがって共感や他の心理的プロセスの不公正さは、少なくとも特定のケースでは道徳的に妥当なものであり得る。これは真剣に考慮されるべき論点であり、私は本書を通じてそれに答えようと努めてきた。

しかし、公共政策が主観的で不公正なあり方で決定されるべきだという主張（たとえば、黒人より白人を優先する法を作ることは、白人政治家の権利であるという主張）は、真剣な考慮に値するとはとても思えない。くだんの社会学の教授に関して言えば、理性を欧米の白人男性が追求するものと見なす考えには、極端なポストモダン思想が、回りまわったあげく、バーで息巻く偏屈おやじの時代遅れの偏見と出会ったといった趣がある。実のところ、女性や白人以外の人々が、理性に関して特別な問題を抱えていると信じるべきいかなる理由も存在しない。「欧米の」というくだりに関して言えば、共感が過大評価されている理由を明快に説明する仏教徒の理論（第4章参照）を、この教授に是非とも紹介したいところだ。

とはいえ、それよりはるかに考慮に値する批判がある。それは、「理性の美徳は認めるとしても、とにかく私たちは、それを行使することに長《た》けていない」という批判である。心理学の入門講座をとる学生は、理性的な動物として人間を定義するアリストテレスの考えが誤りであると、初回の講義でさっそく聞かされることだろう。「私たちは直感、情動、内臓感覚の動物である」「システム1

が私たちを支配し、システム2はそれに遠く及ばない」と聞かされるのだ。そしてそれは、情動を司る脳の領域が他の領域を支配するという神経科学の発見に裏づけられ、認知心理学や社会心理学のもっともすぐれた業績によって支持されると教えられる。現代の心理学者の多くはフロイトに困惑を感じているが、無意識の中心性という点になると彼の見解に同意するはずだ。

本書を締めくくるにあたり、多くの学者たちによって主張されているほど私たちは愚かではないことを示して、その種の議論に答えておきたい。そして誰もが意外な結末を読みたがることに鑑みて、最後に少しばかり共感の持つよい面を指摘しておく。

理性に対する第一波の攻撃は神経科学からのものだ。それによれば、心的機能には物質的な基盤が存在するという、言い換えると心的機能がすべからく脳のプロセスに還元されるという事実は、人間の本性に関する理性論者の見方と相容れない。

私たちの心は物質世界の作用とは切り離されており、思考は脳内で遂行されるのではないとするデカルト的二元論を擁護することは、現代では誰にとっても困難である。脳は心的機能の源泉であることをはっきりと示す神経科学（通常の神経科学や、そのホットな下位分野である認知神経科学、感情神経科学、社会神経科学）の証拠は豊富にある。特定の脳領域の損傷によって、道徳的判断、意識的経験などの心的能力が阻害されることは長く知られており、また、ここ数十年間で、思考の物質的な顕現を示す、多色のきれいなｆＭＲＩ画像を生成する技術が高度に発達してきた。のみならず、今や脳画像技術を用いることで、人が何を考えているのか（やどんな夢を見ているのか！）を判別できるようになろうとしている。デカルト二元論にしがみついていたい人は、これらを説明するために、さまざまな小細工をしなければならないだろう。

心を研究するための唯一の、あるいは少なくとも最善の方法は脳のプロセスの観察であると考える者もいる。しかし、その考えは間違っている。たとえば、胃が遂行するすべての働きは、究極的には物質的な相互作用であり、胃の二元論を唱えるものなど誰もいない。だが、素粒子物理学で消化不良を説明しようとするのはばかげている。同様に自動車は原子によって構成されているが、自動車の機能を説明するためには、エンジン、電気系統、ブレーキなどの高次の構造に言及する必要がある。だから物理学者は自動車整備工の代わりにはならないのだ。もっと心理学に近い例をあげると、コンピューターの機能を理解する最善の方法は、その物質的構成要素ではなく、そこにインストールされているプログラムを分析することである。

（つけ加えておくと、〔心の機能に関して〕最善の説明を得るには、もっとも低次の現象を分析しなければならないのだとすると、神経科学の研究はまったく妥当ではないことになる。というのも「ニューロン」や「シナプス」などといったカテゴリーは、分子、原子、クォークなどのカテゴリーより、はるかに高次のものだからである）

これらすべてが意味するところは、「心は脳」であるとしても、心理学を実践するのに脳を研究する必要はないということである。脳は進化の過程を通して構築されたものであるとしても、進化を研究せずとも心理学の探究を行なうことができる。あるいは、私たちは皆、かつて子どもであったことがあるにしても、子どもの発達を研究せずに心理学を実践することができる。もちろん優秀な心理学者であるためには、脳、進化、発達に関する知見を受け入れるべきであろう。しかし心理学の研究は、それらのいずれにも還元されない。ものごとの理解にはさまざまな経路がある。そして、とりわけ心理学者が関心を抱いている事象の多くに関して言えば、「心は脳である」という事実は重要でない。

この見解に同意しない人もいるだろう。心的機能の神経基盤にはとりわけ劇的な意義が含まれると主張する科学者や哲学者はいる。理性的熟慮や自由な選択は幻想にすぎない。神経科学者のサム・ハリスが考案したうまい言い回しを拝借すると、私たちは皆、「生化学反応の操り人形」にすぎない[*5]。そう考えるのである。

神経科学者のデイヴィッド・イーグルマンは、一連の際立った実例を取り上げてその種の議論を展開している[*6]。たとえば次のようなストーリーを語る。二〇〇〇年に、バージニア州に住む普段はまともなある男が、児童ポルノを収集し、思春期に入ったばかりの継娘《ままむすめ》を性的に誘惑するようになった。彼は裁判の結果、更生施設に送られたが、施設のスタッフや他の患者を誘惑しようとしたために強制退去させられる。次は刑務所だったが、彼はひどい頭痛のために病院に収容され、そこで脳に大きな腫瘍が見つかった。手術で腫瘍を除去すると、彼の性的な執着は消えた。しかし数か月が経過すると、彼は再び児童ポルノを収集し始め、脳をスキャンすると腫瘍が再発していることがわかった。再度腫瘍を除去すると、執着も再び消えた。

生物学的な操り人形の例は他にもたくさんある。パーキンソン病の治療に用いられている薬のなかには、病的なギャンブル癖を引き起こすものがある。デートレイプドラッグ〔服用者を無力にして性的虐待を行なうために使われるドラッグ〕はロボットのような従順さを引き起こし得る。睡眠薬を服用すると、眠っているあいだに過食したり車を運転したりすることがある。

これらの例はきわめて例外的であるからこそ、興味深く思えるのかもしれない。私たちはたいてい、自分のコントロールが及ばない要因に影響されてはいない。本書を読んでいるあいだ、あなたのその行為は物理法則によって制限されているのは確かだが、麻薬漬けにされていたり、頭に銃をつきつけられていたりしなければ、あるいは本人の行動を変えてしまう脳腫瘍を抱えていない限り、その行為はあなたが選択したものである。その選択には理由があり、読む気がなくなれば、あなたはただちに本書を閉じることができる。

イーグルマンなら、その区別も幻想だと主張するだろう。くだんの脳腫瘍男は奇怪な例外ではなく、行動が本質的に決定されたものであることを、とりわけ明瞭に示す実例の一つにすぎない、というわけだ。心理学や神経科学の意義に関するより一般的な側面に関して、イーグルマンは「遺伝的なあなた、神経的なあなたに対して、どの程度意識あるあなたが、いかなるものであれ決定に関与しているのかははっきりしない」と述べている。[*7]

私はこの見方にくみしない。妄想型統合失調症患者と金で雇われた殺し屋のあいだ、あるいは脳腫瘍男とよくいるセクハラ男のあいだには決定的な違いがあると、私は考えている。

反射的なケースでは脳によって遂行される活動が関与し、熟慮に基づくケースでは何らかの別の手段が関与している、というわけではないというイーグルマンの指摘は正しい。それらはすべて脳によって実行されているのだから。普段は聡明な学者でも、この点に関して混乱をきたしていることがある。たとえばある学者は、連続殺人犯について論じるなかで、音楽にたとえて、犯人を指揮者、脳をオーケストラとして考えるよう読者を促している。[*8] この観点に従えば、ひどい演奏は指揮者もしくはオーケストラ、あるいはその両方の問題として説明することができる。そして、オーケストラの失敗を指揮者のせいにするのは公正ではないことになる。同様に、「犯罪者の脳が壊れていることが判明したら、彼がした言語道断の行為の責任の少なくとも一部は脳の損傷に求められる」と考える。責めるなら人格ではなく脳を責めよ、というわけだ。これは脳神経科学者のマイケル・ガザニガが〔「悪魔が私にそれをやらせた」をもじって〕言う「脳が私にそれをやらせた」という言い訳につながる。[*9]

このような考え方は間違っているというイーグルマンの指摘は正しい。デカルト二元論を信じるのでなければ（そもそも信じるべきではないが）、心は脳であり、脳を使って自分の意志を遂行する非物質的な指揮者などというものは存在しない。

私ならそれとは別の区別をする。私の見方では、脳腫瘍男のようなケースが特別なのは、意識的な熟慮を司る正常なメカニズムからは切り離された行動が関与しているからである。その点は、そのような状態に置かれていた人が、腫瘍を除去したり、ドラッグの効果が切れたりすることで元の状態に戻ると、かつて抱いていた欲望や、自分がした行為を疎遠なものと感じ、自分の意志の埒外で生じたと考えるようになることによってもわかる。だから、そのような状況に置かれている人は、アメや鞭にあまり反応しない。監獄行きを示唆しても、脳腫瘍男の態度が変わらなかった理由は、彼の性的行動を動機づけている心の部分が、自分の行動によってもたらされる長期的な結果を評価する心の部分から切り離されていたからである。

通常、そのような乖離は生じない。私たちは、「選択」と一般に呼ばれる心的プロセスを通して、自分の行動の結果について考える。そこには何の魔法も存在しない。心的機能の神経基盤は、意識的な熟慮や理性的な思考と完全に整合する。それらは、さまざまな選択肢を分析し、議論を組み立て、例や類推を通して推論し、予測される結果に対処する神経システムと何ら矛盾しないのである。

その点を理解するために、二台のコンピューターを考えてみよう。一台はランダムに動作し、始終エラーを引き起こす。このコンピューターは、その機械の身体のなかに何ら合理性を備えていない。もう一台は、合理的に推論する費用対効果分析器である。明らかにどちらも機械であり、魂など備えていない。しかし二台は互いにまったく異なる。ここで心理学者に問われるべきは、「私たちはいかなる種類のコンピューターなのか？」だ。その答えは明らかに「両方」ということになるので、もう少し言い方を変えると、「私たちはどの程度非合理的な存在で、どの程度合理的な存在なのか？」と問うことができる。

これは、実験や観察によって解明されるべき実証的な問いである。もちろん神経科学の研究も重要だが、私たちが物質から構成されているという単なる事実によって、この問いに対する答えが左右されたりはしない。私たち人間が理性的な動物であるという主張は、神経科学の発見と何ら矛盾しない。

このように私たちは理性的であり得る。しかし、そうではないことがわかったと主張する心理学者は多い。これは理性に対する第二波の攻撃である。

社会心理学から始めよう。私たち人間が意識的なコントロールを超えた要因によって影響を受けることを示す実例は無数にある。私たちの判断や行動が空腹感、室内のにおい、近くに国旗が掲揚されているか否かによって影響されることを実証したと主張する研究は無数にある。[*10] スーパーマンを思い浮かべると、ボランティア活動に参加する可能性が高まる。大学教授のように思考すると、トリビアル・パスート〔ボードゲームの一種〕に強くなる。青い色に囲まれていると、より創造的になる。ぐらぐらする椅子に座ると、人間関係がよりもろく思えてくる。などといった具合だ。

もっと続けよう。ハンドサニタイザーのそばに立って自分の政治的見解を尋ねる質問票に回答した学生は、何の変哲もない壁のそばに立って答えた学生と比べて、少なくともしばらくは保守的になる。悪臭が漂う部屋で質問票に回答した学生は、同性愛の男性をより強く非難する。香ばしいかおりが漂うパン屋のそばを通り過ぎた買い物客は、赤の他人のために両替をする可能性が高まる。重いクリップボードにはさんで履歴書を手渡されると、被験者はその応募者を選好する。自称人種平等主義者の白人は、時間的制約を課されると、黒人の顔が写った写真を見たあとで、単なる道具を銃器と見間違える可能性が高まる。学校で投票が行なわれると、人々は教育の財源になる予定の売上税に賛成する可能性が高まる。

この種の実験によって得られた効果の多くは短期間しか続かないが、半永久的なものもある。たとえば、名前がその人の全生涯に影響を及ぼすことを示唆する証拠がある。ラリー（Larry）という名の人物が法律家（lawyer）になる可能性や、ゲイリー（Gary）という名の人物がジョージア州（Georgia）に住む可能性が高いことを示す統計的な証拠がある（つまり名前の頭文字が、その人の選好に微妙な影響を及ぼす）。

これらの例は、私たちの思考、行動、欲求が、意識の力によってはコントロールできない要因によって影響され、非合理なものになる場合があるということだ。自分が座っている椅子の安定性は、人間関係の堅固さとは何ら現実的な関係はない。私の名前がポール（Paul）であるという事実は、心理学者（psychologist）になるという自己の選択を左右すべきではない。ならば、それらの条件がほんとうに自分の思考や行動を決定するのなら、熟慮する理性的な主体として人間を見なす立場は瓦解せざるを得ない。

実際にそのように考えている人も多い。「自己の決定は自分自身がコントロールしているとする考えを捨てるよう、心理学研究は人々を動機づけるべきだ」というジョナサン・ハイトの主張に、そのような考えがある程度コンセンサスを得ていることが見て取れる。[*11] ハイトは次のように主張する。私たちは、依頼に応じてクライアントの行為を弁護し、すでになされた決定に対してあとづけの正当化を行なう法律家のようなものとして意識的な自己をとらえるべきである。理性はイヌではなく、その尻尾なのだ［ハイトのよく知られた論文に「情動的なイヌとその理性的な尻尾──道徳的判断に対する社会的直感主義アプローチ」がある］。

私は、これらの社会心理学研究に敬意を表する。のみならず、私自身もその種の研究をいくつか行なってきた。しかし現在の私の考えでは、社会心理学は、多くの社会心理学者が明らかにしたと考えている事象を実際には明らかにしていない。

そもそも、これらの発見の多くは脆弱である。過去数年間、社会心理学という分野は、再現性のなさで揺れてきた。つまり同じ実験を別の研究グループが行なうと、予測される結果が得られないのだ。このような「repligate」とも呼ばれる再現性の問題は、基本的に学問的な詐欺ではない。[*12]ただしまれに詐欺が起こる場合もあり、（散らかった環境が人々をより差別主義者にするという）まさにその種の直感に反する発見を報告し、のちにデータを改ざんしていることが発覚した、心理学者のディーデリク・スターペルによる不正事件は、その際立った例の一つだ。しかし真に憂慮されるのは、この分野における通常の科学的実践のあり方に関するもので、繰り返される試験と不適切な統計解析によって発見が不当に強化されているのではないかと懸念されている。

かつて私は、最後に参加者同士が協力し合いながら研究を行なうことを修了条件とした講座を担当したことがある。学生にグループを組ませ、純潔性や道徳性に関するおもしろい効果を調査させたのだ。ちなみに、私は前著でそれについて論じ、あらゆる種類の興味深い質問を受け取っていた。しかし数々の試みにもかかわらず、最初の発見を再現することができず、その事実を発表した。[*13]この話の特筆すべき点は、最初の発見を再現できなかったことではなく、発見できなかったという事実を公表したことである。通常、再現に失敗したプロジェクトは単に放棄される。ただしセミナー、実験室でのミーティング、会議などで、「これこれ、しかじかの発見はヴェーパーウェア（理念のみあって実現されていない製品）だった」「ああ、あの発見は誰にも再現できていない」などといったうわさが飛び交うことはある。昨今の多くの心理学者には、どうにもあり得ないように思える発見を目にすると、しばらく経てば勝手に消え去るだろうと見なす姿勢が見受けられる。

心理学の実験室で得られた結果のすべてが、そうだと言いたいわけではない。容易に再現可能な堅実な発見もある。しかしそれらでさえ、現実世界への適用可能性に関する問題を抱えている。統計的な有意性は、現実的な重要性を意味するわけではない。コントロールされた状況下で、ある効果が見出されたからといって、現実世界でもそれが重要であるとは限らない。手渡された履歴書に対する印象は、重いクリップボードにはさまれていると微妙に変わるかもしれない。[*14] このことは、社会的な評価を行なう際に、いかに私たちが身体的な経験をもとに推論しているのかを教えてくれる。しかしだからと言って、応募者に対する現実的な判断が、その瞬間に手にしている物体の物理的な性質と大いに関係することを意味するのではない。現実的な判断を下すにあたってはるかに重要になるのは、候補者の経歴や資格などに対する、あたりまえと言えばごくあたりまえの考慮なのである。同性愛者に対する評価は部屋の悪臭に影響されるのかもしれない。[*15] このことは、嫌悪と道徳性のあいだには関係があるとする理論を支持するだろう。ちなみに私もかつてこの理論に興味を抱き、同僚と共同研究を行なったことがある。だが、現実世界における人間同士のやりとりを考慮する際に、それがどれほど重要になるのかはまったくもってはっきりしない。

新聞発表するに値する研究もときにはある。たとえ小さくても、実践的な意義を持つ効果も存在する。小さくはない効果もある。強力な発見の一例として、食物が小さな皿に盛られると食べる量が減るというものがあげられる。[*16] ならば食器を変えれば、減量できるかもしれない（これで、本書にはダイエットに関する指南も含まれることと相なった)。

とはいえ、無意識のプロセスや不合理な行動をめぐるもっとも堅固で印象的な研究でも、意識的、合理的なプロセスの存在を、たとえわずかでも除外するものではない。それを否定することは、「食塩は食物に風味を与える。ゆえに、他のいかなる物質も風味を与えない」と結論づけるのに等しい。

この点は、一つには社会学という学問の性質上見逃されやすい。誰もがすばらしい発見を追い求める。だから研究者は、予期せぬ尋常ならざる様態で心が機能するケースを探究したがる。懲罰を決定する際、犯罪者がどれくらい魅力的かなどの、意識のうえでは無関係であると考えられている要因に左右され得るという発見は非常に目立つ。その種の発見は、一流学術雑誌に掲載され、一般向けの本にも書かれる。それに対し、懲罰に対して抱く人々の感情が、罪の重さや犯罪歴に影響されることを見出しても、誰も相手にしてくれないだろう。そもそもそれは常識なのだから。

一例をあげよう。ある実験で心理学者は、暗い色の肌をした手か、明るい色の肌をした手のいずれかによって提示されているところが写った画像とともに、野球カードをイーベイに登録した。[*17] それによって、暗い色の肌をした手に持たれている野球カードは、およそ二〇パーセント低い金額で競り落とされることがわかった。この研究の著者が記すところによれば、この結果は、人種偏見の効果がいかに現実のマーケットプレイスで現われるかをはっきりと示す、興味深く社会的に有意義な発見なのだそうだ。しかし、野球カードの希少性や状態が売れ行きにどれほど影響を及ぼすのかは誰も調査していない。というのも、オークション参加者がこれらの条件を考慮に入れるであろうことは明らかだからだ。人種に対する偏見の発見のために、より合理的なプロセスが非常に重要なものとして作用していることが忘れられてはならない。

人間の不合理性を示す他のよく知られた実験についてはどうだろうか？[*18] その一つとして、私たちは判断を下すにあたりしばしば基準率《ベースレート》を無視するという発見があげられる。例をあげて説明しよう。特定の致死的な病気にかかっていないかどうかを検査するテストを受けたとする。あるテストは、この病気への罹患を確実に発見できる。つまり罹患していれば、必ず陽性の結果が出るのだ。だが五パーセントの確率で擬陽性の結果、すなわち実際には罹患していないのに陽性の結果が得られる。要するに、健常者二〇人につき一人の割合で陽性の結果が出るのである。

あなたがこのテストを受けたところ、陽性の結果が得られたとする。この結果を心配すべきなのか？　この問いに対して、多くの人は「イエス」と答えるだろう。「九五パーセントの正確性は有無を言わさない」というわけだ。だが実際には、リスクはベースレート、このケースでは有病率に依存する。ここで一〇〇〇人に一人がこの病気にかかるとしよう。それでもこの結果を心配すべきか？　あなたが実際にこの病気に罹患している確率はどれくらいなのか？

後者の問いに対し多くの人は、確率はかなり高いはずだと答える。しかし実際にはおよそ二パーセントにすぎない。その点を理解するためには、次のように考えてみればよい。二万人がこのテストを受けたとする。一〇〇〇人に一人が罹患するので、二〇人が実際に罹患しており陽性の結果を告知されるはずだ。だがこのテストは、残った一万九九八〇人の健常者を対象にして二〇分の一の確率で偽陽性の結果を出す。これは、およそ一〇〇〇人に該当する。したがって、このテストで陽性の結果を告知される人は一〇二〇人となるが、そのうちで実際にこの病気にかかっている人は二〇人（およそ二パーセント）にすぎない。これは、よく考えてみれば単純な算数の問題であることがわかるはずだが、一見しただけでは不自然に思えるのだ。

別の例をあげよう。「ｎｇ」で終わる英単語と「-ｉｎｇ」で終わる英単語ではどちらが多いだろうか？　この問いに対して、「-ｉｎｇ」で終わるほうが多いと答える人はかなりいる。というのも、「-ｉｎｇ」で終わる英単語は思い出しやすいからだ。だがそれが間違いであることは、「-ｉｎｇ」で終わる英単語はすべて「ｎｇ」で終わることを考えてみればすぐにわかる。最低でも両者は同数でなければならない。このケースでは、頭にすぐ思い浮かぶことが、出現率を示す証拠として扱われているのである。これは大雑把な見積もりには有用でも、ときに人を誤らせる。

最後にもう一つ例をあげよう、あなたは保護監督権に関する裁定を、以下のような情報に基づいて下さねばならなかったとする。

・親Ａは、収入、健康、労働時間など、あらゆる点で平均的である。子どもとは適度に仲がよく、社会生活は安定している。
・親Ｂは、平均以上の収入を得ており、子どもとも親密である。社会生活においては極端に活動的で、出張が多く、軽い健康問題を抱えている。

どちらの親に子どもの保護監督権を与えるべきだろうか？　保護監督権を与えるべきでない親は

どちらか？　これらの問いに正解はないが、一つ確実に言えることがある。それは、特定の枠組みを重要視すべきでないことだ。つまり二人の個人がいて、一人には保護監督権が与えられ、もう一人にはその権利が拒否されるのだから、これら二つの問いは実際には同じである。したがって、「どちらの親に保護監督権を与えるか？」という問いに対して親A（親B）と答えたなら、「保護監督権を与えるべきでない親はどちらか？」という問いに対しては親B（親A）と答えなければならない。

ところが、人は一般にそのような答え方をしない。与えるケースでも否定するケースでも、親Bに対してバイアスを示すのである。その理由の一つは、質問されると、質問された内容に関連するデータを探そうとするからである。したがって、保護監督権を誰に与えるべきかと尋ねられると、人はそれに関連するデータを探し、有利な側面（収入、子どもとの親密さ）を親Bに見出す。それに対し、保護監督権を与えるべきでない親はどちらかを尋ねられると、同様にそれに関連するデータを探し、不利な側面（社会生活、出張、健康問題）を親Bに見出す。それによって現実的な影響をもたらす不合理が生じるのである。

そのような例は他にも数多くある。「ヒューリスティックとバイアス」と呼ばれる心理学の分野には、よく知られた事例がたくさんあり、社会心理学のいくつかの発見とは異なり、それらは非常に堅実な発見である。また、心理学講座の重要な素材になっており、会話のネタにも使え、心理学版の飲み屋ネタにもなっている。

これらの「マインドバグ」の存在は、意外なものではない。[*19] 私たちの物質的本性を考えれば、ある程度の不合理性は避けられない。私たちは有限の存在であり、間違うケースはあり得る。それは錯視にもたとえられる。視覚も、特定の状況のもとで複雑な機能を果たすべく進化した生物学的システムである。だからずる賢い科学者は、現実世界では決して生じないようなイメージを被験者に見せることで、このシステムを狂わせる方法を考案することができる。同様に私たちは、統計的な確率や抽象的なシナリオの形態で問題が提示されると混乱をきたすことが多々ある。それに対し、できごとの頻度という形態で提示された場合には、すっと理解することができる。というのも私たちは、心が進化してきた状況に応じてそのような形態でものごとが提示されるのを期待しているからである。

しばらく前に、心理学者のジョン・マクナマラは、理性の欠陥に関するこれらの発見が、人間の心について大きく異なる二つのことがらを明らかにすると指摘した。[*20] 当然それは不合理性を表わし、いかにしてものごとが間違った方向に導かれるのか、私たちがいかに限界のある存在であるかを示す。しかしそれはまた、私たちがいかに知的な存在であるかを表わし、どうすれば自分のバイアスを克服できるかをも示す。何しろ私たちは、間違いを間違いであると認識できるのだから。私たちは、熟慮すればベースレートの妥当性を正しく評価することができるし、「ｎｇ」で終わる英単語より「ｉｎｇ」で終わる英単語のほうが多いはずはないと認識することができる。また、保護監督権を与えることと拒否することとは、同じことを追及する二つの異なるあり方であることを理解できる。私たちはサードパウンダーの話を聞くと、その愚かさに首をかしげ、その話はでっちあげではないかと疑い、笑い、そしてツイートする。だが、あらゆる不合理性の顕現は賢さの顕現でもある。

というのも、賢くなければ、そもそも顕現した不合理性が不合理なものであるとすら認識することができないはずだからだ。

ここまで本書のさまざまな箇所で、その種の心理的力学について検討してきた。一つだけ例をあげると、私たちはたいてい、醜い人より可愛らしい人を好む。これは、人間の心に関して知る価値のある事実だ。しかしそれと同時に私たちは、それが道徳的判断として間違っていると認識することができる。そして、あらゆるものごとを可能にしているのは、社会的振舞い、合理的判断、道徳性に関する自らの限界を批判的に吟味する、この能力なのである。

ここまで私は理性の弁護に徹してきた。神経科学、社会心理学、認知心理学の分野で得られた証拠や理論は、日常生活における不合理性の支配を証明するものではないと論じてきた。だが私は、日常生活における合理性や、理性や知性の役割の重要性を強調する積極的な議論はしてこなかった。次に、それをしよう。

もっとも平凡な活動について考えてみよう。あなたは喉が渇けば、無意識の衝動や環境に身を委ねて椅子に座ったまま身もだえしていたりはしないはずだ。あなたは計画を立て実行に移す。立ち上がってコップを探し、流しの前に行って、蛇口をひねるのだ。その種の見かけはありきたりの計画的行動は、コンピューターの能力の及ぶところではない。だから私たちは、まだロボットの召使を使っていないのである。一日を過ごすには、間違いが許されない世界で（ガソリンの切れた車を運転しようとしたり、裸で出勤しようとしたりすれば何が起こるかはすぐにわかるはずだ）、複数の段階から成る複雑な計画を立て実行する必要がある。あるいは人間関係の維持、職業人としての仕事の管理や経歴などを統括する、より包括的な活動には、きわめて高度な認知スキルが求められる。

日常生活における理性の力を疑うのであれば、その能力が低い人のことを考えてみればよい。知的障害や脳障害を抱える人の介護が必要なのは、彼らには自分の面倒を見る能力が備わっていないからである。自分や身内の誰かがアルツハイマー病に罹患しないようにするためならどれくらいの犠牲を払うかを、あるいはアルツハイマー病にかかっている人がどれほど他者を頼りにしているかを考えてみればよい。脳に問題を抱えていなかったとしても、人生には、子どもの頃、酔っ払ったときなど、理性が低下している時期がある。そのような時期には、当然のことながら自分で重要な判断を下すことができない。

のみならず、理性を行使する能力にはもっと微妙な段階がある。アメリカでは、他の多くの国と同様、分別などの主要な能力には成熟するのに時間がかかるものがあるという前提のもと、運転免許の取得、入隊、投票、飲酒には年齢制限があり、大統領になろうとすれば、さらに高い年齢制限が課される。

それには閾値効果があると主張する人もいるだろう。ひとたび平均レベルを超えれば、問題はないというわけだ。その種の議論が、ピンカーの指摘によれば「知性に執着し、学生の受け入れ、教授の任命、スタッフの雇用をめぐって際限もなく議論を繰り返し、とりわけ互いのゴシップを流布することに余念のない」アカデミックによってときになされるのは一種の皮肉である。[*21] 天才の概念に深く肩入れしている学問分野もあり、そこではアルベルト・アインシュタインや数学者のポール・エルデシュのような、偉大な知性を持ち、あらゆる問題を簡単に解決してしまう特別な才能を持つ人物があがめられている。

しかし知性には、収穫逓減の法則が当てはまる。IQ120とIQ100（平均）の差は、IQ140とIQ120の差より重要な意味を持つ。また、ある特定の値を超えると、知性より他の能力のほうが重要になる。コラムニストのデイヴィッド・ブルックスが述べるように、社会心理学は「純粋な理性に対する情動の、また個人的な選択に対する社会的な結びつきの、さらにはIQに対する個人の性格の相対的な重要性を教えてくれる」。[*22] 作家のマルコム・グラッドウェルは、IQに関する誤解について論じている。[*23] 彼は言う。「私に魔法の力があったとして、IQを30ポイント高めてあげようとあなたに申し出れば、あなたは〈イエス〉と返事するはずだ。違うかな？」。しかしそれに続けて彼は、「そんなことにこだわる必要はない。なぜならIQは、特定の限界値を超えれば大した違いをもたらさないからだ」とつけ加える。

ブルックスやグラッドウェルは成功するための決定因子に関心を抱いており、彼らの目的は、知性を貶めることではなく、それ以外の能力を称揚することにある。ブルックスは情動的なスキルや社会的なスキルに、グラッドウェルは家族の構成や生まれなどの偶然の要因の役割に焦点を絞っている。これらの知性以外の要因が重要であるとする彼らの前提は正しい。人生を渡っていくうえで、合理的思考の能力が中心的な役割を果たすという主張は、それがすべてだと主張することではない。

それでも、IQはあらゆるレベルできわめて重要な役割を果たす[*24]。将来を予測する目的で自分の子どもに定量的な心理テストを受けさせるのなら、IQテストは間違いがない。IQテストのスコアは、仕事での安定した業績、良好なメンタルヘルス、安定し充実した人間関係、さらには長寿など、あらゆる種類のポジティブな事象と相関する。かつては、「IQテストは、いかにIQテストに長けているかを測定するだけだ」などと言われていた。だが今では、まじめにそう考えている人はいない。

皮肉屋なら、IQテストに意義があるのは、私たちの社会がそれに執着しているからにすぎないと言うだろう。何しろアメリカでは、一流大学への入学は、基本的にIQテストと見なすことのできる大学進学適性試験（SAT）の成績に大きく依存する（SATのスコアと標準IQテストのスコアの相関性は非常に高い）。皮肉屋はさらに、一流大学で赤毛をした入学希望者のための枠を設ければ、赤毛と高収入、高い地位などのポジティブな事象の相関性が高く、心理学者が赤毛であることの重要性を説くような世界に私たちは住むことになるだろうと指摘するに違いない。

だが、IQと社会での成功の関係は恣意的なものではなく、大学がかくもIQテストを重視するのには、それなりの理由がある。IQテストは頭の回転の速さ、抽象的思考力などの能力を明らかにする。これらの能力が知的な営みを促進し、その人の人生に広く影響を及ぼすことは、たやすく見て取れるはずだ。

それどころか、高い知性は社会における成功ばかりでなく、品行方正さにも関係する。知性の高い人は、（収入などの他の条件をコントロールしたうえで）犯罪に走ることが少なく、塀の内と外にいる人々のあいだのＩＱの差は些細なものではない。また、高い知性を持つ人は、より協力的であることを示す証拠がある。おそらく高い知性によって、長期的な協力の恩恵を正しく評価し、他者の視点を考慮に入れることができるようになるからだろう。

これらが「平均して」の話であることは強調しておくべきだろう。知性の高さが品行方正さを保証するものでないことは確かである。哲学者のエリック・シュヴィッツゲーベルとジョシュア・ラストは一連の印象深い（そしておもしろい）実験を行なって、誰よりも善悪について熟考しているはずの道徳哲学の専門家が、少なくとも日常生活においては他の分野の研究者より道徳的にすぐれているわけではないことを見出した。[*25] 自分の母親により頻繁に電話をかけるわけでもなければ、慈善事業により多額を寄付するわけでもなく、図書館で借りた本をきちんと返す人の割合が高いわけでもない。

そしてまさしく悪の天才がいる。邪悪な心を持つ者には、知性は強力かつ危険な道具になり得る。これは、社会的知性、言い換えると認知的共感力に関してすでに私が指摘したことだが、知性が強力な道具になるという点は、賢い人々に対して一般に言えることであり、特定の目的を達成するために知性を動員することができる。私たちの多くに関して言えるように、目的が建設的なものでありさえすれば、知性の高さは、その人をより善き人間にする。しかし善きことをなすには動機が求められる。他者を気づかい、他者の置かれた状況を正しく評価しなければならないのだ。

ならば、善良かつ有能であるためには理性や合理性のみでは十分ではない。しかし私が主張したいのは、「理性や合理性は必要なものであり、一般にはそれらは高ければ高いほどよい」ということである。
もちろん知性だけが重要なのではない。自分の子どもがどんな人間に育つのかを知りたければ、知能テストの結果が参考になると、私は論じた。しかし、それよりもさらにすぐれた基準がある。自制心は、衝動的で不合理な情動的欲求を抑制する、（前頭葉に埋め込まれ額《ひたい》の背後に横たわる脳領域から成る）脳システムの働きを反映するという点で、もっとも純粋な理性の現われと見なすことができる。心理学者のウォルター・ミシェルは一連の古典的な研究で、子どもたちが、あとで二個のマシュマロを手にするために、たった今一個食べるのを我慢できるかどうかを調査した。[*26]その結果、二個のマシュマロが手に入るのを待てた子どもは、そうでない子どもに比べて学校の成績がよく、思春期の頃にはＳＡＴでよりすぐれた成績を残し、やがてメンタルヘルス、人間関係、収入の点においてまさるおとなへと成長した。前述のとおり、サイコパスの研究によって、暴力的な犯罪行為は、自制心の低さと相関することが判明している。また、例外的な利他主義者（たとえば赤の他人に自分の腎臓を寄付する人）の研究によって、そのような人は自制心が異常に高いことが判明しているのも、同様に興味深い。[*27]
スティーブン・ピンカーの主張によれば、高い自制心が当人に利益をもたらすように、自制心を称揚する文化的価値観は社会に資する。[*28]ヨーロッパでは中世から現代にかけて殺人発生率は三〇分の一になったが、それには名誉の文化から、抑制を称揚する尊厳の文化への変遷が大いに関係していると、彼は述べる。
この見方は、思いやりや親切心などの特徴の重要性を否定するものではない。私たちは、これらの特徴を身につけられるよう子どもを育て、それらを称揚する文化を構築しようとする。しかしそれだけでは十分ではない。世界をよりよい場所にするためには、人々はもっと賢くなり、強い自制心を持つようにならなければならない。それは、成功した人生、幸福な人生、そして善き人生、道徳的な人生を送るための中心的な要件なのである。

これは何も目新しい洞察ではない。ずいぶん前の章で言及したアダム・スミスの『道徳情操論』にある、人間にとってもっとも有用な性質を論じた箇所を取り上げよう。[*29] 二つの特徴があげられているが、それらは道徳的な意味でもそれ以外の意味でも直接感情には関係しない。それら二つの特徴とは、「卓越した理性と理解力」、そして「自制（self-command）」である。

「卓越した理性と理解力」が重要なのは、それによって自分の行動の結果を正しく評価できるからだ。どのような行動をとることで目的を達成できるのかがわかるくらい賢くなければ、世界をよりよい場所にすることなどできない。自制が重要なのは、長期的な結果に焦点を置くことで当面の欲望を抑えられるからである。

私たち人間が、いかにも愚かな存在であるかのように見える領域がある。政治を例にとろう。社会心理学者はよく、政治的な不合理性を、私たちが抱えている、より一般的な心理的限界の格好の例として取り上げる。

政治的な不合理性を示す事例は、きわめて強力であるように思われる。何しろ政治は、「バラク・オバマはケニアで生まれた」「ジョージ・ブッシュは同時多発テロに直接的に関与している」などといった奇怪な信念に結びつけられることがある。私の妻は最近、彼女の高校時代の友人が投稿した、大統領がすべての紙幣から「In God We Trust」という表記を削除しようとしているという主旨の書き込みを見たのだそうだ。この主張は、最初に風刺オンラインマガジンに投稿されたものであり、妻の友人の多くが無批判に受け入れていたのだ。このできごとは、例外的なものではない。

政治の領域では、合理性が欠けているのではないかと思われることが多々ある。その顕著な例として、心理学者のジョフリー・コーエンによって行なわれた一連の研究があげられる。[*30]彼の研究では、被験者は、共和党もしくは民主党のいずれかによって支援されているという触れ込みの福祉プログラムについて聞かされ、その提案を承認するか否かを尋ねられた。その際、被験者の一部は極端に寛大なプログラムについて、また残りの被験者は極端に厳格なプログラムについて聞かされた。この実験によって、提示されたプログラムをどの政党が支持しているのかが重要であることがわかった。民主党を支持する被験者は民主党の、共和党を支持する被験者は共和党のプログラムを承認したのである。被験者は自分のバイアスに気づいておらず、判断の理由を求められると、政党に関する考慮は無関係で、プログラムの客観的な利点をもとに判断したと思っていると返答した。

別の研究では、自分の政治的姿勢を尋ねられた被験者の多くは、たとえ強い信念を抱いている人でも、答えに窮した。[*31]たとえば排出取引や一律課税を強く支持している被験者は、それらの政策が現実的に何をもたらすのかについてはほとんど何もわかっていなかった。

これはとても愚かなことであるように思える。しかしこれらの発見を解釈する別の方法がある。政治的な態度や信念には注意深い合理的判断の産物ではないものもあるのは確かだが、おそらくそれらは、合理的判断の産物たるべきだとは最初から想定されていないのかもしれない。スポーツファンを思い起こしてみればよい。私たちは、理性的熟慮を行使した結果、レッドソックスやヤンキースを応援するわけでもなければ、そうすべきでもない。応援することでチームに対する忠誠を表現しているのである。ヘルスケア、地球温暖化などに関する人々の姿勢も、おそらくは同様に自分の見解の明快な表現ではなく、自分が応援しているチームへの歓声や、相手チームに対するブーイングのようなものと見なすべきなのかもしれない。ならば、地球温暖化に対する誰かの見解に、事実に基づいていないとしてクレームをつけることは的はずれになろう。それはあたかも、「レッドソックスファンのチームに対する愛情は、レッドソックスのここ数シーズンの成績の現実的な評価を反映していない」として、クレームをつけるようなものだ。

政治的見解と、スポーツチームに関する見解には、興味深い共通点が一つある。それは、それらの見解が、実際には現実と関係し*ない*というものである。炒り卵の作り方に関して間違った理論を信じていれば、焦げた炒り卵ができあがるだろう。日常の道徳がなっていなければ、身内を傷つける結果になるだろう。だがたとえば、自分の支持する政党に敵対する政党のリーダーがブタと交わったと、あるいはイランとの武器取引でヘマをしたと考えていたならどうだろう？　一握りのエリートから成る強力なコミュニティーに属していない限り、自分の信念は世界に何ら影響を与えない。このことは、一律課税、地球温暖化、進化などに関する信念にも当てはまる。それらの信念は必ずしも真実に基づいているわけではない。なぜなら、それが真であるか否かは、自分の生活にいかなる影響も及ぼさないからである。

このような議論は、ほんとうは避けたい。というのも、私の道徳的価値観からして、自分自身が現実的な影響を受けないような問題に関してでも、正しくあるべきだという考えに、私は傾いているからだ。わが息子が、人類の祖先が恐竜の背中に乗っていたと考えていたら、いくら日常生活にはまったく関係がないことだとはいえ、私は大きなショックを受けるだろう。あるいは、息子が自分の政治思想に適合するというだけの理由で、ばかげた主張を真実だと考えているのなら、同様にショックを受けるだろう。私たちは、真実を信じるよう努めるべきなのだ。

いずれにせよ、それは私の見方にすぎない。別の見方をとる人もいる。ここで私が言いたいのは、政治の領域において人々が客観的なデータに注意を払わないことが、彼らの理性の欠如を示しているわけではないということである。それは、たいていの人々が政治をどうとらえているのかを示している。人々が真実を顧慮しない理由は、実のところ人々が抱いている政治的見解が真実に関するものなどではないからだ。

賭けられているものが大きくなり、理性の行使がほんとうに重要になるような場合には、私たちはもっとうまく事態に対処する。政治の領域における思考プロセスが、心の一般的な機能を反映するのなら、私たちは無事に一日を過ごすことすらできなくなるだろう。人々が持つ合理的に思考する能力に関心があるのなら、正しくあることが重要ではなく、特定の政党への帰属ばかりが問題であるようなケースに目を向けるべきではない。そうではなく、いかに人々が日常生活に対処しているかに着目すべきである。家を購入すべきか否か、どんな職に就くか、子どもをどの学校に入れるか、年老いた両親の面倒をどうすべきかなどといった家族生活に関わる議論、あるいはどこに夕食を食べに行くか、ハイキングの計画をどうするか、子どもが生まれたばかりの友人をどうやって手助けすべきかなどの友人間でのやりとり、さらには政党政治などではなく、区画規制や安全標識の設置場所などについて議論する対話集会のように、個々人が実際に何らかの貢献を行なえるたぐいの政治活動について考えてみるのだ。

私個人の経験で言えば、それらの状況における理性的議論のレベルは高い。その種の議論や活動に参加している人々は、現実世界における意思決定に自分が関与していることを心得ており、したがって自分の持つ理性的な能力を行使しようとする。彼らは、議論し、独自の意見を表明し、他者の考えを受け入れる心構えもできており、ときに自分の考えを変えることすらある。

もう一度、第3章で検討した効果的利他主義について考えてみよう。ピーター・シンガーは、効果的利他主義者が自分のした行動について尋ねられると、強い感情や情動的な衝動より理性的思考に言及することが多いと指摘している。たとえばツェル・クラヴィンスキーは、腎臓を寄付しようとする自分の欲求を他の人々が理解できない理由が、「数学を理解していないからだ」と述べた。[*32]また、別の効果的利他主義者は次のように述べている。「数が私を利他主義者にしたのさ。額を口にすることさえはばかられるようなべらぼうなジムの会費を失明した人々の治療に使えると知ったとき、ただただ〈なぜ今までそうしなかったんだろう〉と思ったんだ」[*33]

効果的利他主義者は例外的な人々ではあるが、そのような推論を行なう能力は誰にでも備わっている。道徳的な直感には説明不可能なものもあるとする社会心理学者の見解は正しい。しかし前著『ジャスト・ベイビー』で論じたように、それらは例外である。人は一般に、「酒酔い運転はなぜ悪いのか?」「なぜ会社は、同じ仕事をしている女性に男性より低い賃金を支払うべきではないのか?」「松葉杖をついている人のために、なぜドアを開けたままおさえておくべきなのか?」などと尋ねられて途方にくれたりはしない。[*34] 私たちは、危害、男女平等、親切などに関する基本的な配慮に言及することで、これらの見方を容易に正当化することができる。

さらに言えば、私たちはより困難な問題に直面すると、沈思熟考し、そして議論する。この傾向は日常生活で生じる道徳的な問題について、友人や家族と議論するときにはっきりと現われる。「あのフェンスを越えてもいいのか?」「書店の前にいるホームレスに施しをすべきなのか?」「夫と死別してから間もないのに、彼女はもうデートをしてもいいのか?」「借りた金を返そうとしないあの同僚をどうしたものか?」などといった具合に。

私は別の機会に、このような道徳的理性の能力には大きな意義があると論じたことがある。スティーブン・ピンカー、ロバート・ライト、ピーター・シンガーらの学者が述べるように、道徳の及ぶ範囲は、人類の歴史を通じて次第に拡大してきた。[*35] たとえば、女性、同性愛者、人種的マイノリティに対する私たちの態度はより包括的なものに変わってきた。別の例をあげると、最近になって私のコミュニティーではトランスジェンダーに対する人々の態度が大きく変わってきた。このように、私たちはリアルタイムで道徳の進歩を目撃しているのである。

しかしこれは、歴史を通じて私たちが次第に心を開くようになってきたから生じたのではない。現代に生きる私たちは、曽祖父母の世代と比べて共感力が高いというわけではない。私たちは人類全体を家族と考えたりはしないし、今後も決して考えないだろう。他者に対する私たちの関心は、自分がどう感じているかにかかわらず、見知らぬ人々の命にも身内の命と同じ価値があるとする、より抽象的な評価を反映する。スティーブン・ピンカーはその点を、次のようにみごとに説明する。

> 旧約聖書は隣人を愛せよと、また、新約聖書は敵を愛せよと私たちを諭す。隣人や敵を愛せば、それらの人々を殺したりはしないはずだというのが、そこでの道徳的推論であるように思われる。しかし率直に言えば、私は、敵はおろか隣人すらも愛してはいない。ならば、「たとえ愛していなくても、隣人や敵を殺してはならない」と教えたほうがよい。(……) 拡大されたのは共感の及ぶ範囲というより、もろもろの権利が及ぶ範囲である。命ある存在は、自分とはいかに疎遠であろうが、いかに異なっていようが、危害や搾取から免れてしかるべきだという責務の念が発展したのだ。[*36]

アダム・スミスは、さらに巧みな言い方をする。自分の身の上がかくも大切であるように感じられるのに、なぜ私たちは見知らぬ人々を気づかうのかという問いを立てた彼は、自ら次のように答える。「自然が人間の心にともし、自己愛に由来する非常に強力な衝動を抑えることを可能にしているものとは、人間性というソフトパワーでもなければ、か弱い慈愛の閃光などではない。それは、そのような状況においてより強い力を行使する、強制的な動機、すなわち、理性、原理原則、良心、心の内なる者、偉大な判事、自らの行動の決定者なのである」[*37]

本書も終わりに近づいてきたが、私は、自分が共感に全面的に反対しているという印象を与えたのではないかと心配している。

確かに反対はしているが、それは道徳的な領域に限られる。のみならず道徳的な領域においてさえ、共感はときに建設的な結果を生むという見解を否定するつもりはない。本書の冒頭から認めてきたように、共感は世界をよりよい場所にしようとする親切心を動機づけることができる。共感が暴力や戦争を動機づけても、それは善きことかもしれない。暴力や戦争より邪悪なものごとは存在する。共感によって駆り立てられた報復が、世界をよりよい場所にすることもある。つまり共感に対する懸念は、その結果がつねに状況を悪化させる点にあるのではない。そうではなく、ネガティブな効果がポジティブな効果を上回る点にあり、それよりすぐれた代替手段は存在する。

また、人生には道徳以上のものがある。

共感は喜びの大きな源泉になり得る。明らかに私たちは、他者が喜ぶのを見て喜びを感じる。私は別の機会に、子どもを持つことの喜びはそこにあると論じたことがある。アイスクリームを食べる、ヒッチコックの映画を観る、ジェットコースターに乗るなどといった、自分にはあたりまえになったものごとを、もう一度新たに経験し直すことができるのだ。共感は、友情、コミュニティーへの帰属、スポーツ、ゲーム、セックス、恋愛の喜びを増幅する。さらに言えば、共感が私たちを引きつけるのは、ポジティブな感情のみによってではない。他者の目を通して世界を見ることには魅力がある。たとえその他者が苦しんでいる場合でも。私たちのほとんどは、他者の生活に強い関心を持ち、それを模倣しようとする行為を、魅力的で斬新なものであると感じる。

共感に基づく営為に対する私たちの欲求や、より一般的に言えば物語の魅力に関しては、言うべきことがたくさん残っているが、それらについては別の本で論じることとしよう。

謝辞

私は、私と学生のデイヴィッド・ピザロが、道徳的判断における理性と情動の関係を探究する小論文を書いた二〇〇一年の頃から本書で取り上げた問題と格闘していた。しかしそれから一〇年後にニューヨーク大学で、とある会議に参加するまでは、特に共感を対象に考えていたわけではなかった。そのとき講演が終わったあと討論の機会があり、哲学者のジェシー・プリンツが、共感は道徳的な指針として不適切であり、それなしで済ませたほうがよいと主張した。当時の私は彼が気が触れたのではないかと思い、彼に率直にそう述べた。しかし明らかに、考えを変えたのは私のほうだった。

過去数年間、私は、共感に関する自分の見解を述べた一般読者向けの一連の記事を発表してきた。まず感謝したいのは、私にそのような機会を提供してくれた、ヘンリー・ファインダー（『ザ・ニューヨーカー』誌）、デボラ・チャズマン（『ボストンレビュー』誌）、スコット・ストッセルとロス・アンダーソン（『ザ・アトランティック』誌）、ピーター・カタパノ（『ニューヨーク・タイムズ』紙）らの秀でた編集者たちに対してである。また研究者たちとの議論からも大いに恩恵を受けた。とりわけ、プリンストン大学の哲学科に一週間にわたり滞在できるよう取り計らってくれたサラ＝ジェーン・レスリーと、ハーバード大学の人文セミナーに招待してくださったエレイン・スカリーに感謝する。またサム・ハリスとオンライン上で行なった一連の楽しい議論、さらには私の親友のデイヴィッド・ピザロやタムラー・ソマーズと共感について論じ合った「Very Bad Wizards」ポッドキャストへの数度にわたる訪問からも多くを学んだ。

共感に対する攻撃を本にしようかと考えていたとき、並外れたエージェントであるカティンカ・マットソンが、まさにその機会を提供してくれた。最初に本書の編集を担当してくれたヒラリー・レドモンは私のこのプロジェクトを信頼してくれていたので、彼女がハーパーコリンズ社から別の出版社へ移ることになったとき、私は非常に残念に思った。彼女の代わりにデニス・オスワルドが本書の編集を担当することになった。彼がこれ以上望めないほど熱意にあふれ、協力的で賢明な編集者であることはすぐにわかった。

私は、本書の草稿を学部生、大学院生、わが研究室のポスドク生に見てもらい、彼らの建設的な提案や鋭いコメントからさまざまな恩恵を得ることができた（つけ加えておくと、共感に反対するなどといった本を書いたときには、ジョークやからかいの対象になることを覚悟しておかなければならない。どうやら私の学生も、その誘惑に抗しきれなかったようだ）。アダム・ベア、ジョアンナ・デマレ＝コットン、アシュレイ・ジョーダン、ジュリアン・ジョーダン、マシュー・ジョーダン（奇妙にも三人のジョーダン氏に血縁関係はない）、ケルシー・ケリー、ゴードン・クラフト＝トッド、ジュリア・マーシャル、ニック・スタグナロ、ニーナ・ストローミンガーの諸氏に感謝する。本書全体を読んで詳細にコメントしてくれたマーク・シェスキンとクリスティーナ・スターマンズには、とりわけ大きな声で感謝の言葉を述べたい。

他の大勢の人々にもお礼を述べたい。自分がいかにものごとを知らないか、そしてそんな私をいかに誰もが喜んで手助けしてくれたかを思い起こすとめまいすら感じる。これまで私は、サイコパス、感情神経科学、フェミニスト哲学、仏教、医学教育、政治心理学などに関する問いをかかげながら、友人や同僚や、ときには見知らぬ人にさえ応対してきた。以下の諸氏には大いにお世話になった（もし抜けがあれば、ご容赦されたい）。ドーサ・アミール、アリエル・バスキン＝ソマーズ、ダニエル・バトソン、ダリル・

キャメロン、メアリー・ダリー、ホセ・デュアルテ、ブライアン・アープ、オーウェン・フラナガン、マイケル・フレーザー、デボラ・フリード、アンドリュー・ゲルマン、タマール・ゲンドラー、アダム・グリック、ジョナサン・ハイト、ポール・ハリス、サム・ハリス、グレゴリー・ヒコック、レスリー・ジェイミソン、ジョン・ジョスト、フランク・カイル、レイチェル・クレイマン、サラ・コンラート、マリアンヌ・ラフランス、ジョシュア・ランディ、スコット・リリエンフェルド、ラリッサ・マクファークワー、ミーガン・マンガム、ケイト・マン、アビゲイル・マーシュ、ウィリアム・メドウ、グレゴリー・マーフィー、ローリー・ポール、スティーブン・ピンカー、デイヴィッド・ピザロ、ジェシー・プリンツ、マチウ・リカール、エレイン・スカリー、ピーター・シンガー、ポール・スロビック、デイヴィッド・リビングストン・スミス、エリオット・ソーバー、タムラー・ソマーズ、ジェイソン・スタンレー、ジェイソン・ライト、ロバート・ライト、ジャミール・ザキ。

本書を完成させるにあたり、ブレンダ・ウッドワードの卓越した整理編集作業の恩恵を受けた。

最後に家族に感謝しよう。私は幸運にも、いつのときにも私を支援し、私の行き過ぎを諫めてくれる大勢の親戚や友人のネットワークに支えられてきた。とりわけ私が知るもっとも賢く親切な人間の一人である義母のルーシー・ウィンにお礼の言葉を述べたい。

私の近著三冊はいずれも子どもの発達に関するものだが、それらには私の息子で、当時乳児だったマックスとよちよち歩きの幼児だったザカリーのストーリーが含まれる。二人が発した最初の言葉や、彼らが何に嫌悪を示すか、さらには彼らのアートワーク、道徳的判断、道徳的行動などについて書いた。二人が成長するにつれ、彼らは私の研究にそれまでとは異なる影響を及ぼすようになった。二人は私に研究のアイデアや賢明な理論の素材を与え、知的なスパーリングパートナーとして完璧な役割を果たしてくれた。本書を執筆するあいだ、二人はそれぞれ、ウイスキーとタバコを片手に知的議論をする段階に入った。道徳と政治に対する彼らの強い関心を考えると、会話のネタはたくさんあり、二人との会話は私の見方に深甚な影響を与えてきた。

　妻のカレン・ウィンは複数存在していた本書の草稿を慎重に編集しようなどとはしなかった。また私が書斎でキーボードを叩いているときに、お手伝いを静かにさせようとはしなかったし、しかめ面をしながら巻末注を作成している私をなだめようともしなかった。それらは普段私たちがしていることではない。その代わりに彼女がしてくれたのは、私の生活を滞りのないものにすることであった。そして本書を執筆するあいだ、よき伴侶として冒険心と愛情で私を満たしてくれた。カレンはじっとしていられないたちで、快活で聡明だ。人生のパートナーとして彼女を選択したことは私にとって実に幸運であった。私は本書を彼女に捧げたいところだが、すでに妹に献呈を約束してしまった。

訳者あとがき

『反共感論』は*Against Empathy*（Harper Collins, 2016）の全訳である。著者のポール・ブルームはイェール大学に所属する心理学者で、既存の邦訳には、『赤ちゃんはどこまで人間なのか――心の理解の起源』（ランダムハウス講談社）、『喜びはどれほど深い？――心の根源にあるもの』（インターシフト）、および『ジャスト・ベイビー――赤ちゃんが教えてくれる善悪の起源』（ＮＴＴ出版）がある。発達心理学に関する業績が多いが、本書は共感という心の機能を対象にしており、子どもの心や認知の発達を直接的なテーマにしているわけではない。

まずトリガー警告を発しておこう。タイトルが示すように、また「はじめに」の冒頭で「私は共感に反対する。本書の目的の一つは、読者も共感に反対するよう説得することだ」とさっそく述べられているように、本書は、共感に反対することを目的としている。一般にポジティブな能力としてとらえられている共感に反対する議論が繰り広げられる本書の評価は、真っ二つに割れざるを得ないだろう。事実、米アマゾンのユーザーコメントでは、一つ星から五つ星まで評価がかなり均等に分布している。情緒的な側面が重視される日本では、この分布がさらに評価が低いほうにずれても不思議はないかもしれない。それどころか、常識的な見方に故意に反対するために、奇を衒《てら》った主張を繰り返すトンデモ本だとさえ見なされかねない。しかし、その見方は正しくない。以下にそれについて説明しておく。

「はじめに」で、「なかには、道徳性（morality）、親切（kindness）、思いやり（compassion）などの類義語として、あらゆる善きことに言及して〈共感（empathy）〉という語を用いる人がいる」と述べられているように、「共感」という言葉はさまざまな意味で用いられている。したがって、どのような意味で著者が「共感」という用語を使い、どの共感の側面を問題視しているのかを明確にしておくことは非常に重要である。さもなければ、著者が共感のすべての側面に反対しているように見えてしまうだろう。

著者はまず、「共感」を「情動的共感」と「認知的共感」に分ける。情動的共感とは、端的に言えば「他者が感じていることを自分でも感じること」をいう。これは感情のミラーリングを意味し、たとえば「不安を感じている人をなだめる」などといったケースで行使される、思いやりや配慮のような他者の感情のミラーリングではない能力とはまったく異なる点に留意しておく必要がある。一般的に言えば、情動的共感を覚え、相手の不安をミラーリングした結果、自分自身でも不安を感じてしまえば、相手をなだめるどころではなくなってしまうだろう。医療などでは、医師が患者の不安や怖れに情動的に共感することは一つの問題になり得、それを「情動の底なし沼」と呼ぶ精神科医もいる。対する「認知的共感」は、著者の言葉を借りれば、「他者の心のなかで起こっている事象を、感情を挟まずに評価する能力に結びつけてとらえる」という意味での共感であり、要するに他者の立場に身を置いて、他者の視点でものごとを考えることをいう。したがって大雑把に言えば、情動的共感が情動的、感情的な働きであるのに対し、哲学者や心理学者が「心の理論」とも呼ぶ認知的共感は、認知的、理性的な働きであるとも言えよう。また、それらを処理する脳領域も異なる。

著者が特に問題にしているのは、これらのうちの情動的共感のほうであり、認知的共感に関しては、善き行為にも悪しき行為にも関与し得る中立的なツールと見なしている。さらに言えば情動的共感にしても、それがとりわけ問題になるのは、道徳的な問題や公共政策に適用された場合においてとされている。では、なぜそれらに情動的共感が適用されると不都合が生じるのか？　著者の主張をかいつまんで言えば、次のようなものになる。情動的共感は射程が短く、見知らぬ人々より身内や知り合い、あるいは身元がわからない多数の匿名の被害者より、身元が明確にわかる少数の被害者を優先する郷党的な先入観が、無意識のうちに反映されてしまう。著者はこれを数的感覚のなさ、あるいはスポットライト効果と呼ぶ。だから、井戸にはまった、ただ一人の顔がはっきりした少女には、メディアのスポットライトが当たり全米が注目するのに、アフリカで飢えている大勢の匿名の子どもたちにはほとんど誰も目もくれないといういびつな状況が生まれるのである。道徳的な問題や、公共政策に関して、その種の特殊な利害や関心が絡むのは不適切であることは言うまでもないだろう。

では、なぜ情動的共感は郷党的な偏見を呼び込みやすいのだろうか？　この点に関しては、本書ではあまり明確になっていないように思われるが、一点指摘しておくと、本書の著者ポール・ブルームも推薦文を寄せる、心理学者リサ・フェルドマン・バレットの最新刊『*How Emotion Are Made: The Secret Life of the Brain*』(Houghton Mifflin Harcourt, 2017) をひもとくと、一つのヒントを得ることができる。最新の脳科学、認知心理学の成果を駆使しながら精緻な論理が展開されるこの本の内容を、ここで詳細に説明することはもとより不可能だが、構築主義的な情動理論を提起するバレットの主張によれば、情動は先天的なものというより、文化や環境の影響を受けつつ脳の働きを通してダイナミックに構築されるものである。つまり情動の形成には、自分がたまたま生まれてきた文化や環境の影響が不可避のものとして作用する。ならば情動は、必然的に普遍的ではなく郷党的なものにならざるを得ないだろう。ちなみにこのバレットの著書は、現在訳者が鋭意翻訳中であり、刊行の暁にはぜひ参照されたい。

『反共感論』を読むにあたっては、誤解のないよう以上の点に留意しておく必要があるが、それでも本書には物議を醸してもさほどおかしくはない内容が含まれる点に変わりはない。実のところ訳者自身でさえ、著者の見解を一〇〇パーセント無条件に受け入れているわけではない。では、なぜそのような本を取り上げたかについて次に説明しておこう。最近、日本に限らず世界中で、世の中の風潮が、左右両極端にみごとに分裂していることはよく指摘される。その原因を分析する本もよく見かけ、拙訳のジョナサン・ハイト著『社会はなぜ左と右にわかれるのか――対立を超えるための道徳心理学』（紀伊國屋書店）も、そのうちの一冊だと言えよう。訳者はヘビーユーザーではないがツイッターを利用しており、ツイートにもその傾向がはっきりと見て取れる。というより、むしろツイッターなどのSNSメディアはその傾向を助長しているようにも思える。後述するように、とりわけツイッターは、ブルームが攻撃の対象としている情動的共感が、強力に作用する場所と化しているように思われる。それを示す例はいくつもあげられるが、ここでは典型例を一つだけ取り上げておこう。

かなり前のことなので詳細は失念したが、某右系新聞に投稿された、テロ等準備罪（いわゆる共謀罪）に賛成する一高校生の投書をやり玉にあげるツイートが拡散しているのを見たことがある。そしてこのツイートに対し、おびただしい数の「リツイート」がなされ、「いいね」がクリックされていた（なお、リツイートのすべてがツイートに賛成してのものとは言えないのは確かだが、大量に拡散しているツイートのリツイートは基本的に賛成してのものと見るべきだろう）。無用な誤解を招かないよう予め述べておくと、訳者は、ポピュラーサイエンス書の訳者あとがきで政治的見解を開帳するつもりはまったくなく、テロ等準備罪に関して何らかの発言をするつもりはまったくない。そうではなく、ここで言いたいのは、本来（ポジティブな意味での）共感力が高く、理性的にものごとを考えることを心掛けているとされているはずのリベラルでさえ、ネガティブな情動的共感の影響を非常に強く受けていることがそれによって分かるという点である。つまりこういうことだ。情動的共感ではなく認知的共感を行使していたら、この高校生をやり玉にあげるのではなく、なぜ彼はテロ等準備罪をありがたいものと見なしているのかを、本人の立場に立って考えようとしたはずであろう。そのような態度をとっていれば、現在の高校生なら、生まれ落ちた途端に同時多発テロが起こり、その後アフガン戦争、イラク戦争が発生し、それと同時にロンドンやマドリードなど世界各地でテロ事件が頻発し、さらにはイスラム国が勃興し、最近では日本に近い北朝鮮がミサイル実験で脅威を与えるという暗澹《あんたん》たる世界を横目に、これまで生きてきたのだということが理解できるはずだ。かくも危険に満ちた世界を見て生きてきた高校生の目からすれば、とりわけテロに対する安全保障が重要に見えるのはごく自然なことである。

その点を理解していれば、この高校生をつるし上げるのではなく、彼の意見を若い世代が抱く代表的な見解の一つとしてとらえ、そしてとりわけ彼ら若い世代が今後の社会を担っていくことを考えれば、その彼らにも十分に納得できるような形で、テロ等準備罪が問題なら、テロ対策としてその代わりに何をすればよいのか、あるいはそもそも何もしなくてもよいのかを理性を行使して徹底的に議論すべきことに気づけたはずだ。それにもかかわらず、このツイートをした人とそれに同意した人々の多くは、自分の信条とは明らかに異なる高校生の投書を読んで、認知的共感力を行使するのではなく、仲間内でしか通用しない郷党的な情動的共感力に駆り立てられたのだと、少なくとも訳者には思えた。そのツイートを目にしたとき、高校生の見解に対してより、彼の視点を一切無視して一斉に叩きまくる人々に対して暗い気分になったほどだった。バレットが論じているように、情動は文化や環境の影響を受ける。この高校生が、彼が生きてきた世界の影響を受けているのはもちろんのこと、それをやり玉にあげた人や、そのツイートに同意した人々も、自分たちが生きてきた世界の影響を受けている。そして情動は、私たちの思考や行動に深甚な影響を及ぼす。折に触れそのバイアスが、後述するようにメディアによって増幅されて噴出するのである。いずれにせよ、偏向しているのは自分の信条を共有しない人たちだけだという見方がまったくの誤りであることは、バレットの情動理論を引き合いに出さずとも、脳科学、進化生物学、認知心理学、行動経済学などの最新の知見からも明らかである。それを認識したうえで、ブルームが主張する理性の力を行使して、その陥穽《かんせい》を免れるべきであろう。

その種のバイアスをさらに強化しているのが、ツイッターを始めとするソーシャルメディアなのではないだろうか。メディアが、伝達する内容のみにおいてばかりでなく、メディアの形態そのものが持つ作用によって無意識裏に人の心に影響を及ぼし得ることは、マーシャル・マクルーハンが活躍していた頃から言われていることであり、特に目新しいものではない。しかし、昨今ではその傾向がますます強まっているように思われる。ツイッターは、「一四〇文字の字数制限によって、自分の主張の根拠を述べない格好の言い訳を与えてくれる」「タイムラインに短期間表示されるだけである」「チェリーピッキングした根拠薄弱なツイートをリツイートによって瞬時に発信することができる」などといった刹那的、断片的な特質を持つにもかかわらず、リツイートの連鎖を通じて短期間で驚くほど広範に拡散する浸透力をも合わせ持つ。著者も訳者も利用しているツイッターに全面攻撃を仕掛ける意図は毛頭ないが、こうして見ると、ツイッターはまさに情動の発露を劇的に促す格好のメディアだと言えるだろう。だから、今さらオンライン社会をつぶすことなど不可能である以上、それを利用するユーザーの側が、ソーシャルメディアが持つ特質に十全に気づく必要がある。

これは訳者の勝手な妄想ではない。最近読んだ本から二点ほど引用しよう。認知神経科学者のターリ・シャーロットは、最新刊『*The Influential Mind*』(Henry Holt and Company, 2017)で次のように述べている。

私はつねに、〈ツイッターはインターネットの扁桃体〔情動反応に関与する脳の組織〕〉であると考えてきた。メッセージのスピード、短さ、拡散力など、その役割を果たすには格好の要素を備えているからだ。ツイッターが持つこれら直感的な側面は、必要なフィルターをバイパスして、情動システムを繰り返し呼び出す。

「必要なフィルター」とは、ブルームが本書の最終章で擁護する理性の力であることは言うまでもない。『孤独な群衆』（みすず書房）で知られる社会学者デイヴィッド・リースマンのかつての教え子で、テクノロジーが情動や心理、あるいは人間関係に及ぼす影響を研究しているシェリー・タークルは、最新刊『一緒にいてもスマホ――SNSとFTF』（青土社）で、ツイッターに限定しているわけではないが、オンラインメディアに関して次のようにもの申している。

もっと何かを感じようと、もっと自分を感じようとして、私たちはオンライン接続しようとする。しかしその実態は、性急にオンライン接続しようとすることで、孤独から逃げているのだ。こうして一人で自己に集中する能力が退化していく。一人でいるときに自己のアイデンティティに確信を持てなければ、自己の感覚を維持するために他人の力をあてにせざるを得ない。すると今度は、他者を他者として経験することができなくなる。自分に必要なものを、他者からこま切れに受け取ることしかできなくなるのだ。これは脆弱な自己を支えるために他者を交換可能な部品として扱っているに等しい。（拙訳による）

まさに自己の拠って立つべきアイデンティティまでもが、今や一介のメディアによって強力な影響を受けているのである。そしてそこでは、他者（とりわけ自分と見解を共有しない他者）はくだんの高校生のように、全的人間としてではなく、こま切れに扱われる。ツイッターは、少しでも利用していればわかるように、その種の他者の扱いにあふれている。おそらくこの高校生と面と向かっていたなら、そのツイートをした人や、情動的共感に駆り立てられてそれをリツイートした人々の態度は、変わっていたのではないかと個人的には思う。

このような現状に鑑みると、『反共感論』は、その要因の一つを明らかにし、ならびにそれに対する一つの解決方法（第6章で取り上げられる理性的推論）を提起する書として非常に重要であるという印象を受けた。それゆえ、たとえある程度の物議を醸したとしても、ターリ・シャーロットやシェリー・タークルが指摘する問題を抱えるオンライン時代に突入した今こそ読まれるべきであると考え、本書を取り上げたのである。読者がいかなる印象を受けようと、本書は必ずや、自分の思考様式を見直す格好の機会を与えてくれるだろう。その際、著者の具体的な見解に賛成するにせよ反対するにせよ、情動的に反応するのではなく、それについて理性的に考察し皆で議論することが肝要である。まさにそれが本書で著者が説くところなのだから。

最後に、いくつかの質問に答えていただいた著者のポール・ブルーム氏にお礼の言葉を述べたい。また、論議を呼ぶ可能性があるにもかかわらず本書を取り上げてくれた、白揚社と担当編集者の筧貴行氏にも感謝の言葉を述べる。

二〇一七年一二月

高橋洋

2003), 149. [『人間の本性を考える―心は「空白の石版」か』山下篤子訳，日本放送出版協会，2004年]
22 David Brooks, *The Social Animal: The Hidden Sources of Love, Character, and Achievement* (New York: Random House, 2012), xi. [『人生の科学―「無意識」があなたの一生を決める』夏目大訳，早川書房，2012年]
23 Malcolm Gladwell, *Outliers* (Boston: Little, Brown, 2008), 76. [『天才！―成功する人々の法則』勝間和代訳，講談社，2014年]
24 David Z. Hambrick and Christopher Chabris, "Yes, IQ Really Matters," Slate, April 14, 2014, http://www.slate.com/articles/health_and_science/science/2014/04/what_do_sat_and_iq_tests_measure_general_intelligence_predicts_school_and.html.
25 Eric Schwitzgebel and Joshua Rust, "The Moral Behavior of Ethics Professors: Relationships Among Self-Reported Behavior, Expressed Normative Attitude, and Directly Observed Behavior," *Philosophical Psychology* 27 (2014): 293–327.
26 Walter Mischel, *The Marshmallow Test: Mastering Self-Control* (Boston: Little, Brown, 2014). [『マシュマロ・テスト―成功する子・しない子』柴田裕之訳，早川書房，2015年]
27 Abigail A. Marsh et al., "Neural and Cognitive Characteristics of Extraordinary Altruists," *Proceedings of the National Academy of Sciences* 111 (2014): 15036–41.
28 Steven Pinker, *The Better Angels of Our Nature: Why Violence Has Declined* (New York: Penguin Books, 2011). [『暴力の人類史』既出]
29 Adam Smith, *The Theory of Moral Sentiments* (Lawrence, KS: Digireads.com, 2010), 130. [『道徳感情論』既出]
30 Geoffrey L. Cohen, "Party Over Policy: The Dominating Impact of Group Influence on Political Beliefs," *Journal of Personality and Social Psychology* 85 (2003): 808–22.
31 Philip M. Fernbach et al., "Political Extremism Is Supported by an Illusion of Understanding," *Psychological Science* 24 (2013): 939–46.
32 Peter Singer, *The Most Good You Can Do* (New Haven, CT: Yale University Press, 2016), 87. [『あなたが世界のためにできるたったひとつのこと』既出]
33 同上，88.
34 Paul Bloom, *Just Babies: The Origins of Good and Evil* (New York: Crown Publishers, 2013). [『ジャスト・ベイビー』既出]
35 Pinker, *Better Angels*. [『暴力の人類史』既出]. Peter Singer, *The Expanding Circle* (Oxford: Clarendon Press, 1981). Robert Wright, *Non-zero: The Logic of Human Destiny* (New York: Vintage Books, 2001). 240.
36 Pinker, *Better Angels*, 591. [『暴力の人類史』既出]
37 Smith, *Moral Sentiments*, 95. [『道徳感情論』既出]

第6章　理性の時代

1　本章の内容の一部は次の文献をもとにしている．Paul Bloom, “The War on Reason,” *The Atlantic*, March 2014,http://www.theatlantic.com/magazine/archive/2014/03/the-war-on-reason/357561.

2　Elizabeth Green, “Why DoAmericans Stink at Math,” *New York Times Magazine*, July 23, 2014.

3　Daniel Kahneman, *Thinking, Fast and Slow* (New York: Macmillan, 2011). [『ファスト＆スロー―あなたの意思はどのように決まるか？』村井章子訳，早川書房，2012年]

4　Paul Bloom, “Imagining the Lives of Others,” *NewYork Times*, June 6, 2015.

5　Sam Harris, *Free Will* (New York: Simonand Schuster, 2012), 47.

6　David Eagleman, *Incognito:The Secret Lives of the Brain* (New York: Pantheon, 2011). [『意識は傍観者である―脳の知られざる営み』大田直子訳，早川書房，2012年]

7　同上，46.

8　次の文献で引用されている．Paul Bloom, “My Brain Made MeDo It,” *Journal ofCognition and Culture* 6 (2006): 212. JoshuaGreene and Jonathan Cohen, “For the Law, Neuroscience ChangesNothing and Everything,” *Philosophical Transactions of the Royal Societyof London B* 359 (2004): 1775–85.

9　Michael S. Gazzaniga, *The Ethical Brain:The Science of Our Moral Dilemmas* (New York: Dana Press, 2005). [『脳のなかの倫理―脳倫理学序説』梶山あゆみ訳，紀伊國屋書店，2006年]

10　これらの実験の概観については次の文献を参照されたい．Adam Alter, *Drunk Tank Pink: And Other Unexpected ForcesThat Shape How We Think, Feel, and Behave* (New York: Penguin Books,2013). [『心理学が教える人生のヒント』林田陽子訳，日経ＢＰ社，2013年]

11　Jonathan Haidt, “The Emotional Dog andIts Rational Tail: A Social Intuitionist Approach to Moral Judgment,” *Psychological Review* 108 (2001): 814–34.

12　Paul Bloom, “Psychology’sReplication Crisis Has a Silver Lining,” *The Atlantic*, February 19, 2016, http://www.theatlantic.com/science/archive/2016/02/psychology-studies-replicate/468537.

13　Brian D. Earp et al., “Out, DamnedSpot: Can the ‘Macbeth Effect’ Be Replicated?” *Basic and Applied Social Psychology* 36 (2014): 91–98.

14　Joshua M. Ackerman, Christopher C. Nocera, and John A. Bargh, “Incidental Haptic Sensations Influence Social Judgments and Decisions,” *Science* 328 (2010): 1712–15.

15　YoelInbar, David A. Pizarro, and Paul Bloom, “Disgusting Smells Cause Decreased Liking of Gay Men,” *Emotion* 12 (2012): 23–27.

16　Brian Wansink, *Mindless Eating: Why We Eat More Than We Think* (New York: Bantam Books, 2007).

17　Ian Ayres, Mahzarin R. Banaji, and Christine Jolls, “Race Effects on eBay,” *Rand Journal of Economics* 46 (2015): 891–917.

18　概観については次の文献を参照されたい．Kahneman, *Thinking, Fast and Slow*. [『ファスト＆スロー』既出]

19　Mahzarin R. Banaji and Anthony G. Greenwald, *Blind Spot: Hidden Biases of Good People* (New York: Delacorte Press, 2013).

20　John Theodore Macnamara, *A Border Dispute: The Place of Logic in Psychology* (Cambridge, MA: MIT Press, 1986).

21　Steven Pinker, *The Blank Slate: The Modern Denial of Human Nature* (Penguin Books,

Empathy and Aggression: Surprising Results from a Meta-Analysis," *Psychological Bulletin* 140 (2014): 751–73.

32 Ruth C. M. Philip et al., "A Systematic Review and Meta-Analysis of the fMRI Investigation of Autism Spectrum Disorders," *Neuroscience and Biobehavioral Reviews* 36 (2012): 901–42. Simon Baron-Cohen, *The Science of Evil: On Empathy and the Origins of Cruelty* (New York: Basic Books, 2012).

33 Baron-Cohen, *Science of Evil.*

34 Smith, *Less Than Human.*

35 同上，115.

36 Jacques-Philippe Leyens et al., "The Emotional Side of Prejudice: The Attribution of Secondary Emotions to Ingroups and Outgroups," Personality and Social Psychology Review 4 (2000): 186–97.

37 Leyens et al., "Emotional Side of Prejudice.". Nick Haslam, "Dehumanization: An Integrative Review," *Personality and Social Psychology Review* 10 (2006): 252–64.

38 Andrea Dworkin, *Pornography: Men Possessing Women* (New York: Putnam Press, 1981).［『ポルノグラフィ―女を所有する男たち』寺沢みづほ訳，青土社，1991年］. Catharine A MacKinnon, *Only Words* (Cambridge, MA: Harvard University Press, 1993).［『ポルノグラフィ―「平等権」と「表現の自由」の間で』柿木和代訳，明石書店，1995年］. Martha C. Nussbaum, "Objectification," *Philosophy and Public Affairs* 24 (1995): 249–91. 概観については次の文献を参照されたい．EvangeliaPapadaki, "Sexual Objectification: From Kant to Contemporary Feminism," *Contemporary Political Theory* 6 (2007): 330–48.

39 Nussbaum, "Objectification," 257.

40 この考えに関する簡潔な説明は次の文献を参照されたい（今後もっと詳細に説明したいと考えている）．Paul Bloom, "The Ways of Lust," *New York Times*, December 1, 2013.

41 Smith, *Less Than Human*, 11.

42 Kate Manne, "In Ferguson and Beyond, Punishing Humanity," *New York Times*, October 12, 2014.

43 Kwame Anthony Appiah, *Experiments in Ethics* (Cambridge, MA: Harvard University Press, 2008), 144.

44 Kurt Gray et al., "More Than a Body: Mind Perception and the Nature of Objectification," *Journal of Personality and Social Psychology* 101 (2011): 1207–20.

45 Baron-Cohen, *Science of Evil*, 8.

46 David Livingstone Smith, "Paradoxes of Dehumanization," *Social Theory and Practice* 42 (2016): 416–43.

47 Primo Levi, *The Drowned and the Saved* (London: Abacus, 1988), 70–71.

48 Nussbaum, "Objectification.".

49 Owen Flanagan, *The Geography of Morals: Varieties of Possibility* (New York: Oxford University Press, 2017), 158.

50 Jennifer S. Lerner, Julie H. Goldberg, and Philip E. Tetlock, "Sober Second Thought: The Effects of Accountability, Anger, and Authoritarianism on Attributions of Responsibility," *Personality and Social Psychology Bulletin* 24 (1998): 563–74.

51 Flanagan, *The Geography of Morals.*

52 Jesse Prinz, "Forum: Against Empathy," *Boston Review*, August 2014, https://bostonreview.net/forum/against-empathy/jesse-prinz-response-against-empathy-prinz.

9 Baumeister, *Evil*, 6.

10 Roy F. Baumeister, Arlene Stillwell, and Sara R. Wotman, "Victim and Perpetrator Accounts of Interpersonal Conflict: Autobiographical Narratives About Anger," *Journal of Personality and Social Psychology* 59 (1990): 994–1005.

11 Roy F. Baumeister, "Human Evil: The Myth of Pure Evil and the True Causes of Violence," in *The Social Psychology of Morality: Exploring the Causes of Good and Evil*, eds. Mario Mikulincer and Philip. R. Shaver (Washington, DC: American Psychological Association, 2012).

12 Pinker, *Better Angels*, 622. [『暴力の人類史』既出]

13 Baumeister, *Evil*, 169.

14 Tage Rai, "How Could They?" *Aeon Magazine*, June 18, 2015, http://aeon.co/magazine/philosophy/people-do-violence-because-their-moral-codes-demand-it.

15 Caroline Mortimer, "Man Let Daughter Drown Rather Than Have Strange Men Touch Her, Dubai Police Claim," *The Independent*, August 10, 2015, http://www.independent.co.uk/news/world/middle-east/man-lets-daughter-drown-rather-than-let-strange-men-touch-her-10448008.html.

16 Cited by Jonathan Glover, *Humanity* (New Haven, CT: Yale University Press, 2012), 115.

17 Simon Baron-Cohen, "Forum: Against Empathy," *Boston Review*, August 2014, https://bostonreview.net/forum/against-empathy/simon-baron-cohen-response-against-empathy-baron-cohen.

18 この事例に関してマックス・ブルームに感謝する.

19 Adam Smith, *The Theory of Moral Sentiments* (Lawrence, KS: Digireads.com, 2010), 98–99. [『道徳感情論』既出]

20 Ann Coulter, *Adios, America: The Left's Plan to Turn Our Country into a Third World Hellhole* (Washington, DC: Regnery Publishing, 2015).

21 Anneke E. K. Buffone and Michael J. Poulin, "Empathy, Target Distress, and Neurohormone Genes Interact to Predict Aggression for Others.Even Without Provocation," *Personality and Social Psychology Bulletin* 40 (2014): 1406–22.

22 Michael N. Stagnaro and Paul Bloom, "The Paradoxical Effects of Empathy on the Willingness to Punish" (unpublished manuscript, Yale University, 2016).

23 Arnold Arluke, *Regarding Animals* (Philadelphia: Temple University Press, 1996), 152.

24 Jennifer L. Skeem et al., "Psychopathic Personality: Bridging the Gap Between Scientific Evidence and Public Policy," *Psychological Science in the Public Interest* 12 (2011): 95–162.

25 同上.

26 同上.

27 同上.

28 Jesse Prinz, "Is Empathy Necessary for Morality," in *Empathy: Philosophical and Psychological Perspectives*, eds. Amy Coplan and Peter Goldie (New York: Oxford University Press, 2011).

29 Hervey M. Cleckley, *The Mask of Sanity: An Attempt to Clarify Some Issues About the So-Called Psychopathic Personality* (Augusta, GA: Emily S. Cleckley, 1988), cited by Prinz, "Is Empathy Necessary.".

30 Skeem et al., "Psychopathic Personality.".

31 David D. Vachon, Donald R. Lynam, and Jarrod A. Johnson, "The (Non) Relation Between

を参照されたい．Michael Tomasello, *Why We Cooperate* (Cambridge, MA: MIT Press, 2009).［『ヒトはなぜ協力するのか』橋彌和秀訳，勁草書房，2013年］
8 Richard Cook et al., "Mirror Neurons: From Origin to Function," *Behavioral and Brain Sciences* 37 (2014): 177–92.
9 Andrew N. Meltzoff and M. Keith Moore, "Imitation of Facial and Manual Gestures by Human Neonates," *Science* 198 (1977): 75–78.
10 Cook et al., "Mirror Neurons.".
11 Maria Laura Filippetti et al., "Body Perception in Newborns," *Current Biology* 23 (2013): 2413–16. Maria Laura Filippetti et al., "Newborn Body Perception: Sensitivity to Spatial Congruency," *Infancy* 20 (2015): 455–65. 概観に関しては次の文献を参照されたい．Peter J. Marshall and Andrew N. Meltzoff, "Body Maps in the Infant Brain," *Trends in Cognitive Sciences* 19 (2015): 499–505.
12 Charles Darwin, "A Biographical Sketch of an Infant," *Mind* 2 (1877): 289.
13 Hoffman, *Empathy and Moral Development.*［『共感と道徳性の発達心理学』既出］
14 Paul Bloom, *Just Babies: The Origins of Good and Evil* (New York: Crown Publishers, 2013).［『ジャスト・ベイビー』既出］
15 G. E. J. Rice, "Aiding Behavior vs. Fear in the Albino Rat," *Psychological Record* 14 (1964): 165–70, cited by Stephanie D. Preston and Frans de Waal, "Empathy: Its Ultimate and Proximate Bases," *Behavioral and Brain Sciences* 25 (2002): 1–71.
16 Paul Harris, "The Early Emergence of Concern for Others" (unpublished manuscript, Harvard University, n.d.).
17 Judy Dunn and Carol Kendrick, *Siblings: Love, Envy, and Understanding* (Cambridge, MA: Harvard University Press, 1982), 115.
18 Dale F. Hay, Alison Nash, and Jan Pedersen, "Responses of Six-Month-Olds to the Distress of Their Peers," *Child Development* (1981): 1071–75.
19 Frans B. M. De Waal and FilippoAureli, "Consolation, Reconciliation, and a Possible Cognitive Difference Between Macaques and Chimpanzees," *Reaching into Thought: The Minds of the Great Apes* (1996): 80–110.
20 Harris, "Early Emergence.".

第５章　暴力と残虐性

1 Steve Friess, "A Liberator but Never Free," *The New Republic*, May 17, 2015, http://www.newrepublic.com/article/121779/liberator-never-free.
2 Michael R. Gottfredson and Travis Hirschi, *A General Theory of Crime* (Stanford, CA: Stanford University Press, 1990).［『犯罪の基礎理論』松本忠久訳，文憲堂，1996年］
3 Roy F. Baumeister, *Evil: Inside Human Violence and Cruelty* (New York: Macmillan, 1999).
4 Adrian Raine, *The Anatomy of Violence: The BiologicalRoots of Crime* (New York: Vintage Books, 2013).［『暴力の解剖学―神経犯罪学への招待』高橋洋訳，紀伊國屋書店，2015年］
5 Paul Bloom, "Natural-Born Killers," *New York Times Sunday Book Review*, June 21, 2013.
6 Baumeister, *Evil*, 17.
7 David Livingstone Smith, *Less Than Human: Why We Demean, Enslave, and Exterminate Others* (New York: Macmillan, 2011).
8 Steven Pinker, *The Better Angels of Our Nature: Why Violence Has Declined* (New York: Penguin Books, 2011).［『暴力の人類史』既出］

34 同上，32.
35 同上，33.
36 同上，37.
37 C. Daniel Batson, *Altruism in Humans* (New York: Oxford University Press, 2011). [『利他性の人間学』既出]
38 Stephen Darwall, *Honor, History, and Relationship: Essays in Second-Personal Ethics II* (New York: Oxford University Press, 2013), 125–26.
39 Michael Slote, "Reply to Noddings, Darwall, Wren, and Fullinwider," *Theory and Research in Education* 8 (2010): 187–97.
40 Heidi Howkins Lockwood, "On Apology Redux," Feminist Philosophers, September 25, 2014, http://feministphilosophers.wordpress.com/2014/09/25/on-apology-redux.
41 Aaron Lazare, *On Apology* (New York: Oxford University Press, 2005), 42.
42 Pamela Hieronymi, "Articulating an Uncompromising Forgiveness," *Philosophy and Phenomenological Research* 62 (2001): 546.
43 Norman Finkelstein, ZNet Interview, February 1, 2014, http://normanfinkelstein.com/2014/02/02/an-alienated-finkelstein-discusses-his-writing-being-unemployable-and-noam-chomsky.
44 Stephen T. Asma, *Against Fairness* (Chicago: University of Chicago Press, 2012), 1.
45 George Orwell, "Reflections on Gandhi," in *A Collection of Essays* (New York: Harvest, 1970), 176.
46 シンガーの最近の見解の要約は次の文献を参照されたい．Peter Singer, *The Most Good You Can Do* (New Haven, CT: Yale University Press, 2016). [『あなたが世界のためにできるたったひとつのこと』既出]
47 Larissa MacFarquhar, *Strangers Drowning: Grappling with Impossible Idealism, Drastic Choices, and the Overpowering Urge to Help* (New York: Penguin, 2015), 8.
48 MacFarquhar, *Strangers Drowning*, 8.

幕間 II　道徳基盤としての共感

1 Martin L. Hoffman, *Empathy and Moral Development: Implications for Caring and Justice* (New York: Cambridge University Press, 2001), 4 and 3. [『共感と道徳性の発達心理学』既出]
2 Michael T. Ghiselin, *The Economy of Nature and the Evolution of Sex* (Berkeley: University of California Press, 1976), 247.
3 C. Daniel Batson et al., "Where Is the Altruism in the Altruistic Personality?" *Journal of Personality and Social Psychology* 50 (1986): 212–20.
4 William James, *Psychology: Briefer Course*, vol. 14 (Cambridge, MA: Harvard University Press, 1984), 386.
5 たとえば次の文献を参照されたい．Frans De Waal, *Primates and Philosophers: How Morality Evolved* (Princeton, NJ; Princeton University Press, 2009).
6 たとえば主要な研究には次のようなものがある．Carolyn Zahn-Waxler, Joanne L. Robinson, and Robert N. Emde, "The Development of Empathy in Twins," *Developmental Psychology* 28 (1992): 1038–47. Carolyn Zahn-Waxler et al., "Development of Concern for Others," *Developmental Psychology* 28 (1992): 126–36.
7 Felix Warneken and Michael Tomasello, "Altruistic Helping in Human Infants and Young Chimpanzees," *Science* 311 (2006): 1301–3. Felix Warneken and Michael Tomasello, "Helping and Cooperation at 14 Months of Age," *Infancy* 11 (2007):271–94. 概観に関しては次の文献

12 同上.

13 Olga M. Klimecki, Matthieu Ricard, and Tania Singer, "Empathy Versus Compassion: Lessons from 1st and 3rd Person Methods," in *Compassion: Bridging Practice and Science*, eds. Tania Singer and Matthias Bolz (Max Planck Society, 2013), e-book at http://www.compassion-training.org/?lang=en&page=home.

14 同上.

15 たとえば次の文献を参照されたい. Olga M. Klimecki et al., "Differential Pattern of Functional Brain Plasticity after Compassion and Empathy Training," *Social Cognitive and Affective Neuroscience* 9 (2014): 873–79.

16 Singer and Klimecki, "Empathy and Compassion.".

17 Paul Condon et al., "Meditation Increases Compassionate Responses to Suffering," *Psychological Science* 24 (2013): 2125–27. Daniel Lim, Paul Condon, and David DeSteno, "Mindfulness and Compassion: An Examination of Mechanism and Scalability," *PLOS ONE* 10 (2015): e0118221.

18 David DeSteno, "The Kindness Cure," *The Atlantic*, July 21, 2015, http://www.theatlantic.com/health/archive/2015/07/mindfulness-meditation-empathy-compassion/398867.

19 Leonardo Christov-Moore and Marco Iacoboni, "Forum: Against Empathy,"*Boston Review*, August 2014, https://bostonreview.net/forum/against-empathy/leonardo-christov-moore-marco-iacoboni-response-against-empathy-iacoboni.

20 Lynn E. O'Connor and Jack W. Berry, "Forum: Against Empathy," *Boston Review*, August 2014,https://bostonreview.net/forum/against-empathy/lynn-e-oconnor-jack-w-berry-response-against-empathy-oconnor

21 Melanie Neumann et al., "Empathy Decline and Its Reasons: A Systematic Review of Studies with Medical Students and Residents," *Academic Medicine* 86 (2011): 996–1009.

22 Christine Montross, "Forum: Against Empathy," *Boston Review*, August 2014, https://bostonreview.net/forum/against-empathy/christine-montross-response-against-empathy-montross.

23 同上.

24 Martin L. Hoffman, *Empathy and Moral Development: Implications for Caring and Justice* (New York: Cambridge University Press, 2001). [『共感と道徳性の発達心理学』既出]

25 AtulGawande, "Final Cut. Medical Arrogance and the Decline of the Autopsy," *The New Yorker* 77 (2001): 94–99.

26 Peter Kramer, *Freud: Inventor of the Modern Mind* (New York: HarperCollins, 2006), 26.

27 Leslie Jamison, *The Empathy Exams: Essays* (New York: Macmillan, 2014), 17.

28 Montross, "Forum: Against Empathy.".

29 Leslie Jamison, "Forum: Against Empathy," *Boston Review*, August 2014, https://bostonreview.net/forum/against-empathy/leslie-jamison-response-against-empathy-leslie-jamison.

30 Laurie Ann Paul, *Transformative Experience* (New York: Oxford University Press, 2014). [『今夜ヴァンパイアになる前に―分析的実存哲学入門』奥田太郎，薄井尚樹訳，名古屋大学出版会，2017年]

31 Frank Jackson, "What Mary Didn't Know," *Journal of Philosophy* 83 (1986): 291–95.

32 この議論は次の文献に基づく. Russ Roberts, *How Adam Smith Can Change Your Life: An Unexpected Guide to Human Nature and Happiness* (New York: Portfolio/Penguin, 2014). [『スミス先生の道徳の授業―アダム・スミスが経済学よりも伝えたかったこと』村井章子訳，日本経済新聞出版社，2016年]

33 Smith, *Moral Sentiments*, 19. [『道徳感情論』既出]

Simon and Schuster: 2009). [『なぜ女は昇進を拒むのか—進化心理学が解く性差のパラドクス』幾島幸子，古賀祥子訳，早川書房，2009年]. Simon Baron-Cohen, *The Essential Difference: Male and Female Brains and the Truth About Autism* (New York: Basic Books, 2004).

14 McCue and Gopoian, *Women and Politics* 21: 1–20.

15 Iver et al., "Understanding Libertarian Morality.".

16 Eliana Johnson, "Obama: If Michelle Lived in Rural Iowa, She'd Want a Gun, Too," *National Review*, April 3, 2013, http://www.nationalreview.com/corner/344619/obama-if-michelle-lived-rural-iowa-shed-want-gun-too-eliana-johnson.

17 Eric Bradner, "Former Bush Officials Defend Interrogation Tactics," CNN Politics, December 15, 2014, http://www.cnn.com/2014/12/15/politics/torture-report-reaction-roundup.

18 Thomas Colby, "In Defense of Judicial Empathy," *Minnesota Law Review* 96 (2012): 1944–2015.

第4章　プライベートな領域

1 David M. Buss, "Sex Differences in Human Mate Preferences: Evolutionary Hypotheses Tested in 37 Cultures," *Behavioral and Brain Sciences* 12.01 (1989): 1–14.

2 Adam Smith, *The Theory of Moral Sentiments* (Lawrence, KS: Digireads.com, 2010), 62. [『道徳感情論』既出]

3 Paul Bloom, "The Baby in the Well: The Case Against Empathy," *The New Yorker* 118 (2013): 118–21.

4 Simon Baron-Cohen, *The Science of Evil: On Empathy and the Origins of Cruelty* (New York: Basic Books, 2012), 26, 27.

5 Vicki S. Helgeson and Heidi L. Fritz, "Unmitigated Agency and Unmitigated Communion: Distinctions from Agency and Communion," *Journal of Research in Personality* 33, (1999): 131–58. Heidi L. Fritz and Vicki S. Helgeson, "Distinctions of Unmitigated Communion from Communion: Self-Neglect and Overinvolvement with Others," *Journal of Personality and Social Psychology* 75 (1998): 121–40. Vicki S. Helgeson and Heidi L. Fritz, "A Theory of Unmitigated Communion," *Personality and Social Psychology Review* 2 (1998): 173–83.

6 Helgeson and Fritz, "A theory," 177.

7 Barbara Oakley, *Cold-Blooded Kindness:Neuroquirks of a Codependent Killer, or Just Give Me a Shot at Loving You, Dear, and Other Reflections on Helping That Hurts* (Amherst, NY: Prometheus Books, 2011), 69.

8 David Bakan, *The Duality of Human Existence: An Essay on Psychology and Religion* (Chicago: Rand McNally, 1966). また次の文献も参照されたい. Janet T. Spence, Robert L. Helmreich, and Carole K. Holahan, "Negative and Positive Components of Psychological Masculinity and Femininity and Their Relationships to Self-Reports of Neurotic and Acting Out Behaviors," *Journal of Personality and Social Psychology* 37 (1979): 1673–82.

9 Elizabeth Dunn and Michael Norton, *Happy Money: The Science of Smarter Spending* (New York: Simon and Schuster, 2013). [『「幸せをお金で買う」５つの授業』古川奈々子訳，ＫＡＤＯＫＡＷＡ，2014年]

10 Charles Goodman, *Consequences of Compassion: An Interpretation and Defense of Buddhist Ethics* (New York: Oxford University Press, 2009).

11 Tania Singer and Olga M. Klimecki, "Empathy and Compassion," *Current Biology* 24 (2014): R875.

the Limits of Patriotism, eds. Martha C. Nussbaum and Joshua Cohen (Boston: Beacon Press, 1996), 102. [『国を愛するということ―愛国主義（パトリオティズム）の限界をめぐる論争』辰巳伸知，能川元一訳，人文書院，2000年]

27 Martha C. Nussbaum, *Upheavals of Thought: The Intelligence of the Emotions* (New York: Cambridge University Press, 2003).

28 Steven Pinker, *The Better Angels of Our Nature: Why Violence Has Declined* (New York: Penguin Books, 2011), 589. [『暴力の人類史』既出]

29 Scarry, "The Difficulty", 106.

30 Louis C.K., cited by Bekka Williams, "Just Want a Shitty Body," in *Louis C.K. and Philosophy*, ed. Mark Ralkowski (Chicago, IL: Open Court).

31 Simon Baron-Cohen, "Forum: Against Empathy," *Boston Review*, August 2014.

32 Tim Harcourt, "No Longer a Dismal Science," *The Spectator*, March 9, 2013, http://www.spectator.co.uk/2013/03/no-longer-a-dismal-science.

33 同上.

幕間 I　共感に基づく公共政策

1 George Lakoff, *The Political Mind: A Cognitive Scientist's Guide to Your Brain and Its Politics* (New York: Penguin Books, 2008), 47.

2 Dan Kahan, "Do Mass Political Opinions Cohere: And Do Psychologists 'Generalize Without Evidence' More Often Than Political Scientists?" (New Haven, CT: Cultural Cognition Project at Yale Law School, December 20, 2012), http://www.culturalcognition.net/blog/2012/12/20/do-mass-political-opinions-cohere-and-do-psychologists-gener.html.

3 次の文献からの引用．John R. Hibbing, Kevin B. Smith, and John R. Alford, "Differences in Negativity Bias Underlie Variations in Political Ideology," *Behavioral and Brain Sciences* 37 (2014): 297–307.

4 同上，305.

5 同上，297–307.

6 Peter Baker and Amy Chozick, "Some Conservatives Say Deadly Force Used to Subdue Garner Didn't Fit the Crime," *New York Times*, December 4, 2014.

7 Clifford P. McCue and J. David Gopoian, "Dispositional Empathy and the Political Gender Gap," *Women and Politics* 21 (2000): 6.

8 Derek Thompson, "The Meaning of Mitt Romney Saying 'I Like Being Able to Fire People,'" *The Atlantic*, January 9, 2012, http://www.theatlantic.com/business/archive/2012/01/the-meaning-of-mitt-romney-saying-i-like-being-able-to-fire-people/251090.

9 George Lakoff, Whose Freedom?: *The Battle Over America's Most Important Idea* (New York: Macmillan, 2006), 193.

10 たとえば次の文献を参照されたい．Thomas Sowell, *A Conflict of Visions: Ideological Origins of Political Struggles* (New York: Basic Books, 2007).

11 Jonathan Haidt, *The Righteous Mind: Why Good People Are Divided by Politics and Religion* (New York: Vintage Books, 2012). [『社会はなぜ左と右にわかれるのか』既出]

12 Ravi Iyer et al., "Understanding Libertarian Morality: The Psychological Dispositions of Self-Identified Libertarians," *PLOS ONE*, August 21, 2012, http://journals.plos.org/plosone/article?id=10.1371/journal.pone.0042366.

13 Susan Pinker, *The Sexual Paradox: Men, Women and the Real Gender Gap* (New York:

9 Paul Bloom, Just Babies: *The Origins of Good and Evil* (New York: Crown Publishers, 2013). [『ジャスト・ベイビー』既出]

10 Walter Isaacson, *Time essay*, December 21, 1992, cited by C. Daniel Batson, Altruism in Humans (New York: Oxford University Press, 2011), 198. [『利他性の人間学』既出]

11 Philip Gourevitch, "Alms Dealers: Can You Provide Humanitarian Aid Without Facilitating Conflicts?" *The New Yorker*, October 11, 2010.

12 たとえば次の文献を参照されたい. Enrico Louis Quarantelli, ed., *What Is a Disaster?: A Dozen Perspectives on the Question* (London: Routledge, 2005).

13 Peter Singer, *The Most Good You Can Do* (New Haven, CT: Yale University Press, 2016), 6. [『あなたが世界のためにできるたったひとつのこと』既出]

14 同上, 5.

15 いくつかの懐疑的な見解がある. 次の文献を参照されたい. Abhijit Banerjee and Esther Duflo, *Poor Economics: A Radical Rethinking of the Way to Fight Global Poverty* (New York: PublicAffairs, 2012). [『貧乏人の経済学―もういちど貧困問題を根っこから考える』山形浩生訳, みすず書房, 2012年]. William Russell Easterly, *The White Man's Burden: Why the West's Efforts to Aid the Rest Have Done So Much Ill and So Little Good* (New York: Penguin Press, 2006). [『傲慢な援助』小浜裕久, 織井啓介, 冨田陽子訳, 東洋経済新報社, 2009年]. Ken Stern, *With Charity for All: Why Charities Are Failing and a Better Way to Give* (New York: Anchor Books, 2013). Linda Polman, *The Crisis Caravan: What's Wrong with Humanitarian Aid?* (New York: Macmillan, 2010). [『クライシス・キャラバン―紛争地における人道援助の真実』大平剛訳, 東洋経済新報社, 2012年]

16 Thomas Fuller, "Cambodian Activist's Fall Exposes Broad Deception," *New York Times*, June 14, 2014.

17 Kathy Graham, "The Life You Can Save," Happy and Well, May 27, 2013, http://www.happyandwell.com.au/life-save.

18 Singer, *The Most Good You Can Do*, 87. [『あなたが世界のためにできるたったひとつのこと』既出]

19 Jennifer Rubenstein, "Forum: Logic of Effective Altruism," *Boston Review*, July 6, 2015, https://bostonre view.net/forum/logic-effective-altruism/jennifer-rubenstein-response-effective-altruism.

20 "Forum: Logic of Effective Altruism," *Boston Review*, July 6, 2015, https://bostonreview.net/forum/peter-singer-logic-effective-altruism. 効果的利他主義に関するさらなる批判的見解については, 次の文献を参照されたい. Amia Srinivasan, "Stop the Robot Apocalypse: The New Utilitarians," *London Review of Books*, September 24, 2015.

21 Scott Alexander, "Beware Systemic Change," Slate Star Codex, September 22, 2015, http://slatestarcodex.com/2015/09/22/beware-systemic-change.

22 Larissa MacFarquhar, "Forum: Logic of Effective Altruism," https://bostonreview.net/forum/logic-effective-altruism/larissa-macfarquhar-response-effective-altruism.

23 Paul Brest, "Forum: Logic of Effective Altruism," https://bostonreview.net/forum/logic-effective-altruism/paul-brest-response-effective-altruism.

24 Catherine Tumber, "Forum: Logicof Effective Altruism," https://bostonreview.net/forum/logic-effective-altruism/catherine-tumber-response-effective-altruism.

25 Peter Singer, "Forum: Logic of Effective Altruism, Reply," https://bostonreview.net/forum/logic-effective-altruism/peter-singer-reply-effective-altruism-responses.

26 Elaine Scarry, "The Difficulty of Imagining Other People," in *For Love of Country: Debating*

ナ・スターマンスに感謝する.

32 C. Daniel Batson, *Altruism in Humans* (New York: Oxford University Press, 2011). [『利他性の人間学』既出]

33 類似の分析として，次の文献を参照されたい. Martin L. Hoffman, *Empathy and Moral Development: Implications for Caring and Justice* (New York: Cambridge University Press, 2001). [『共感と道徳性の発達心理学』既出]

34 Konika Banerjee and Paul Bloom, "Why Did This Happen to Me? Religious Believers' and Non-Believers' Teleological Reasoning About Life Events," *Cognition* 133 (2014): 277–303.

35 Mark H. Davis, "A Multidimensional Approach to Individual Differences in Empathy," *JSAS Catalog of Selected Documents in Psychology* 10 (1980): 85.

36 Simon Baron-Cohen and Sally Wheelwright, "The Empathy Quotient: An Investigation of Adults with Asperger Syndrome or High Functioning Autism, and Normal Sex Differences," *Journal of Autism and Developmental Disorders* 34 (2004): 163–75.

37 それに関しては次の文献を参照されたい. Bill Underwood and Bert Moore, "Perspective-Taking and Altruism," *Psychological Bulletin* 91 (1982): 143–73. Nancy Eisenberg and Paul A. Miller, "The Relation of Empathy to Prosocial and Related Behaviors," *Psychological Bulletin* 101 (1987): 91–119. Steven L. Neuberg et al., "Does Empathy Lead to Anything More Than Superficial Helping? Comment on Batson et al. (1997)," *Journal of Personality and Social Psychology* 73 (1997): 510–16. Jesse Prinz, "Is Empathy Necessary for Morality," in *Empathy: Philosophical and Psychological Perspectives*, eds. Amy Coplan and Peter Goldie (New York: Oxford University Press, 2011).

38 David D. Vachon, Donald R. Lynam, and Jarrod A. Johnson, "The (Non) Relation Between Empathy and Aggression: Surprising Results from a Meta-Analysis," *Psychological Bulletin* 140 (2014): 16.

第3章　善きことをなす

1 C. Daniel Batson et al., "Immorality from Empathy-Induced Altruism: When Compassion and Justice Conflict," *Journal of Personality and Social Psychology* 68 (1995): 1043 and 1048.

2 Deborah A. Small and George Loewenstein,"Helping a Victim or Helping the Victim: Altruism and Identifiability," *Journal of Risk and Uncertainty* 26 (2003): 5–16.

3 同上.

4 TehilaKogut and Ilana Ritov, "The Singularity Effect of Identified Victims in Separate and Joint Evaluations," *Organizational Behavior and Human Decision Processes* 97 (2005): 106–16.

5 Thomas C. Schelling, "The Life You Save May Be Your Own," in *Problems in Public Expenditure Analysis*, ed. Samuel B. Chase Jr. (Washington, DC: Brookings Institution, 1968), 128.

6 Sonia Smith, "Baby Jessica: 25 Years Later," *Texas Monthly*, October 17, 2012, http://www.texasmonthly.com/articles/baby-jessica-25-years-later.

7 Paul Slovic, "If I Look at the Mass I Will Never Act: Numbing and Genocide," *Judgment and Decision Making* 2 (2007): 79–95.

8 Adam Smith,*The Theory of Moral Sentiments* (Lawrence, KS: Digireads.com, 2010), 94. [『道徳感情論』既出]

Behavioral and Brain Sciences 37 (2014): 177–92.

11 Jamil Zaki and Kevin Ochsner, "The Cognitive Neuroscience of Sharing and Understanding Others' Emotions," in *Empathy: From Bench to Bedside*, ed. Jean Decety (Cambridge, MA: MIT Press, 2012).

12 Jean Decety and Jason M. Cowell, "Friends or Foes: Is Empathy Necessary for Moral Behavior?" *Perspectives on Psychological Science* 9 (2014): 525–37. Jamil Zaki and Kevin N. Ochsner, "The Neuroscience of Empathy: Progress, Pitfalls and Promise," *Nature Neuroscience* 155 (2012): 675–80.

13 Matthew Botvinick et al., "Viewing Facial Expressions of Pain Engages Cortical Areas Involved in the Direct Experience of Pain," *Neuroimage* 25 (2005): 312.

14 Jean Decety and Kalina J. Michalska, "Neurodevelopmental Changes in the Circuits Underlying Empathy and Sympathy from Childhood to Adulthood," *Developmental Science* 13 (2010): 886–99.

15 Bruno Wicker et al., "Both of Us Disgusted in My Insula: The Common Neural Basis of Seeing and Feeling Disgust," *Neuron* 40 (2003): 655–64.

16 Michael Agger, "2 Girls 1 Cup 0 Shame," Slate, January 31, 2008, http://www.slate.com/articles/technology/the_browser/2008/01/2_girls_1_cup_0_shame.html.

17 シミュレーション理論については次の文献を参照されたい．Alvin I. Goldman, *Simulating Minds: The Philosophy, Psychology, and Neuroscience of Mindreading* (New York: Oxford University Press, 2006).

18 Hickock, *Myth of Mirror Neurons.*

19 Adam Smith, *The Theory of Moral Sentiments* (Lawrence, KS: Digireads.com, 2010), 18. [『道徳感情論』既出]

20 たとえば次の文献を参照されたい．John T. Lanzetta and Basil G. Englis, "Expectations of Cooperation and Competition and Their Effects on Observers' Vicarious Emotional Responses," *Journal of Personality and Social Psychology* 56 (1989): 543–54.. 概観については次の文献を参照されたい．Pinker, *Better Angels.* [『暴力の人類史』既出]

21 Jean Decety, Stephanie Echols, and Joshua Correll, "The Blame Game: The Effect of Responsibility and Social Stigma on Empathy for Pain," *Journal of Cognitive Neuroscience* 22 (2010): 985–97.

22 Smith, *Moral Sentiments*, 33. [『道徳感情論』既出]

23 Grit Hein et al., "Neural Responses to Ingroup and Outgroup Members' Suffering Predict Individual Differences in Costly Helping," *Neuron* 68 (2010): 149–60.

24 Lasana T. Harris and Susan T. Fiske, "Dehumanizing the Lowest of the Low: Neuroimaging Responses to Extreme Out-Groups," *Psychological Science* 17 (2006): 847–53.

25 エリオット・ソーバーの指摘による．

26 Zaki and Ochsner, "The Neuroscience of Empathy.".

27 Christian Keysers and Valeria Gazzola, "Dissociating the Ability and Propensity for Empathy," *Trends in Cognitive Sciences* 18 (2014): 163.

28 Jean-Jacques Rousseau, *Emile or On Education* (Sioux Falls, SD: NuVision Publications, 2007), 210. [『エミール』今野一雄訳，岩波書店，2007年]

29 Jonathan Glover, *Humanity* (New Haven, CT: Yale University Press, 2012), 379–80.

30 Pinker, *Better Angels*, 575. [『暴力の人類史』既出]

31 Herbert George Wells, *The Island of Doctor Moreau* (New York: Dover Publications, 1996), 26. [『モロー博士の島』中村融訳，東京創元社，1996年]．この例を指摘してくれたクリスティー

of the National Academy of Sciences 111 (2014): 15036–41.
43 Joshua Landy, "Slight Expectations: Literature in (a) Crisis" (unpublished manuscript, Stanford University, n.d.).
44 同上.
45 Michael P. Lynch, *In Praise of Reason: Why Rationality Matters for Democracy* (Cambridge, MA: MIT Press, 2012).
46 James Rachels and Stuart Rachels, *The Elements of Moral Philosophy* (New York: McGraw Hill, 1993), 19.［『現実をみつめる道徳哲学―安楽死・中絶・フェミニズム・ケア』次田憲和訳，晃洋書房，2017年］

第2章　共感を解剖する

1 たとえば次の文献を参照されたい. Kevin J. Haley and Daniel M.T. Fessler, "Nobody's Watching? Subtle Cues Affect Generosity in an Anonymous Economic Game," *Evolution and Human Behavior* 26 (2005): 245–56. Melissa Bateson, Daniel Nettle, and Gilbert Roberts, "Cues of Being Watched Enhance Cooperation in a Real-World Setting," *Biology Letters* 2 (2006): 412–14.
2 Joseph Henrich and Natalie Henrich, *Why Humans Cooperate: A Cultural and Evolutionary Explanation* (New York: Oxford University Press, 2007).
3 C. Daniel Batson, *Altruism in Humans* (New York: Oxford University Press, 2011).［『利他性の人間学』既出］
4 これについては，私が書いた次のオンライン記事で論じた. "Where Does It Happen in the Brain?" EDGE Conversations, "What's the Question About Your Field That You Dread Being Asked?" March 28, 2013, https://edge.org/conversation/whats-the-question-about-your-field-that-you-dread-being-asked.
5 Simon Baron-Cohen, *The Science of Evil: On Empathy and the Origins of Cruelty* (New York: Basic Books, 2012), 40.
6 この研究の最初の報告は次のものである. Giuseppe Di Pellegrino et al., "Understanding Motor Events: A Neurophysiological Study," *Experimental Brain Research* 91 (1992): 176–80.「ミラーニューロン」という用語が最初に使われたのは次の論文においてである. Vittorio Gallese et al., "Action Recognition in the Premotor Cortex," *Brain* 119 (1996): 593–609. 一般的な議論は次の文献を参照されたい. Marco Iacoboni, *Mirroring People: The New Science of How We Connect with Others* (New York: Macmillan, 2009).［『ミラーニューロンの発見―「物まね細胞」が明かす驚きの脳科学』塩原通緒訳，早川書房，2009年］
7 V. S. Ramachandran, "Mirror Neurons and Imitation Learning as the Driving Force behind 'The Great Leap Forward' in Human Evolution," June 1, 2000, Edge Video, transcript at https://www.edge.org/3rd_culture/ramachandran/ramachandran_index.html.
8 Iacoboni, *Mirroring People*, 4.［『ミラーニューロンの発見』既出］
9 Gregory Hickok, *The Myth of Mirror Neurons: The Real Neuroscience of Communication and Cognition* (New York: W. W. Norton, 2014).
10 ヒコックの他には次の文献を参照されたい. Steven Pinker, *The Better Angels of Our Nature: Why Violence Has Declined* (New York: Penguin Books, 2011).［『暴力の人類史』既出］. Alison Gopnik, "Cells That Read Minds? What the Myth of Mirror Neurons Gets Wrong About the Human Brain," Slate, April 26, 2007, www.slate.com/articles/life/brains/2007/04/cells_that_read_minds.html. Richard Cook et al., "Mirror Neurons: From Origin to Function,"

and Justice Conflict," *Journal of Personality and Social Psychology* 68 (1995): 1042–54.
24 Jeffery Gleaves, "Six Questions: The Empathy Exams: Essays, Leslie Jamison on Empathy in Craft and in Life," *Harpers*, March 28, 2014, http://harpers.org/blog/2014/03/the-empathy-exams-essays.
25 Peter Singer, *The Most Good You Can Do* (New Haven, CT: Yale University Press, 2016), 14. [『あなたが世界のためにできるたったひとつのこと―〈効果的な利他主義〉のすすめ』関美和訳，ＮＨＫ出版，2015年]
26 Amy Willis, "Adolf Hitler 'Nearly Drowned as a Child,'" *Telegraph*, January 6, 2012. この件について私に教えてくれたドーサ・アミールに感謝する．
27 異なる道徳理論を調和させる野心的な試みの一つとして次の文献をあげることができる．Derek Parfit, *On What Matters* (New York: Oxford University Press, 2011).
28 アメリカにおける銃乱射事件の詳細な統計的分析は次の文献を参照されたい．Mark Follman, Gavin Aronsen, and Deanna Pan, "US Mass Shootings, 1982.2016: Data from Mother Jones' Investigation," December 28, 2012, http://www.motherjones.com/politics/2012/12/mass-shootings-mother-jones-full-data.
29 Kristen V. Brown, "Teddy Bears and Toys Inundate Newtown," *Connecticut Post*, December 17, 2012, http://www.ctpost.com/local/article/Teddy-bears-and-toys-inundate-Newtown-4150578.php.
30 Annie Dillard, *For the Time Being* (New York: Vintage Books: 2010), 45.
31 マサチューセッツ州の一時帰休の影響に関する研究は次の文献を参照されたい．Massachusetts Department of Correction, "The Massachusetts Furlough Program," May 1987, http://www.prisonpolicy.org/scans/MADOC/Furloughpositionpaper.pdf.
32 Thomas Colby, "In Defense of Judicial Empathy," *Minnesota Law Review* 96 (2012): 1944–2015.
33 Jon Sutton, Peter K. Smith, and John Swettenham, "Bullying and 'Theory of Mind': A Critique of the 'Social Skills Deficit' View of Anti-social Behaviour," *Social Development* 8 (1999): 117–27.
34 George Orwell, *1984* (New York: Signet Classics, 1950), 257. [『一九八四年』高橋和久訳，早川書房，2009年]
35 同上，271.
36 Lynn E. O'Connor and Jack W. Berry, "Forum: Against Empathy," *Boston Review*, August 2014, http://bostonreview.net/forum/against-empathy/lynn-e-oconnor-jack-w-berry-response-against-empathy-oconnor.
37 Leonardo Christov-Moore and Marco Iacoboni, "Forum: Against Empathy," *Boston Review*, August 2014, https://bostonreview.net/forum/against-empa thy/leonardo-christov-moore-marco-iacoboni-response-against-empathy-ia coboni.
38 David Hume, *A Treatise of Human Nature* (Oxford: Oxford University Press, 1978), 415. [『人間本性論』木曾好能訳，法政大学出版局，1995-2012年]
39 Adam Smith, *The Theory of Moral Sentiments* (Lawrence, KS: Digireads.com, 2010), 95. [『道徳感情論』既出]
40 Peter Singer, "Famine, Affluence, and Morality," *Philosophy and Public Affairs* 1 (1972): 229–43.
41 Larissa MacFarquhar, *Strangers Drowning: Grappling with Impossible Idealism, Drastic Choices, and the Overpowering Urge to Help* (New York: Penguin Press: 2015), 44.
42 A. Marsh et al., "Neural and Cognitive Characteristics of Extraordinary Altruists," *Proceedings*

4 Frederique De Vignemont and Tania Singer, "The Empathic Brain: How, When and Why?" *Trends in Cognitive Sciences* 10 (2006): 435.
5 Adam Smith, *The Theory of Moral Sentiments* (Lawrence, KS: Digireads.com, 2010), 9. [『道徳感情論―人間がまず隣人の，次に自分自身の行為や特徴を，自然に判断する際の原動力を分析するための論考』高哲男訳，講談社，2013年]
6 同上，10.
7 John Updike, *Getting the Words Out* (Northridge, CA: Lord John Press, 1988), 17.
8 Nicholas Epley, *Mindwise: Why We Misunderstand What Others Think, Believe, Feel, and Want* (New York: Vintage Books, 2014), 44. [『人の心は読めるか？』波多野理彩子訳，早川書房，2015年]
9 Barack Obama, Xavier University Commencement Address, New Orleans, Louisiana, August 11, 2006, http://obamaspeeches.com/087-Xavier-University-Commencement-Address-Obama-Speech.htm.
10 Steven Pinker, *The Better Angels of Our Nature: Why Violence Has Declined* (New York: Penguin Books, 2011), 571–72. [『暴力の人類史』幾島幸子，塩原通緒訳，青土社，2015年]
11 *Center for Building a Culture of Empathy*, http://cultureofempathy.com/Obama/VideoClips.htm.
12 George Lakoff, *The Political Mind: A Cognitive Scientist's Guide to Your Brain and Its Politics* (New York: Penguin Books, 2008), 47.
13 Jeremy Rifkin, "'The Empathic Civilization': Rethinking Human Nature in the Biosphere Era," Huffington Post, March 18, 2010, http://www.huffingtonpost.com/jeremy-rifkin/the-empathic-civilization_b_416589.html.
14 Jeremy Rifkin, *The Empathic Civilization: The Race to Global Consciousness in a World in Crisis* (New York: Penguin Books, 2009), 616.
15 Emily Bazelon, *Sticks and Stones: Defeating the Culture of Bullying and Rediscovering the Power of Character and Empathy* (New York: Random House, 2013), 55. [『ある日，私は友達をクビになった―スマホ世代のいじめ事情』高橋由紀子訳，早川書房，2014年]
16 Andrew Solomon, *Far from the Tree: Parents, Children and the Search for Identity* (New York: Simon and Schuster, 2012), 6.
17 Simon Baron-Cohen, *The Science of Evil: On Empathy and the Origins of Cruelty* (New York: Basic Books, 2012), 6.
18 Walt Whitman, *The Complete Poems* (New York: Penguin Classics, 2004), 102.
19 Martin L. Hoffman, *Empathy and Moral Development: Implications for Caring and Justice* (New York: Cambridge University Press, 2001). [『共感と道徳性の発達心理学―思いやりと正義とのかかわりで』菊池章夫，二宮克美訳，川島書店，2001年]
20 Jesse Prinz, "Is Empathy Necessary for Morality," in *Empathy: Philosophical and Psychological Perspectives*, eds. Amy Coplan and Peter Goldie (New York: Oxford University Press, 2011).
21 Karen Swallow Prior, "'Empathetically Correct' Is the New Politically Correct," *The Atlantic*, May 2014. http://www.theatlantic.com/education/archive/2014/05/empathetically-correct-is-the-new-politically-correct/371442.
22 Greg Lukianoff and Jonathan Haidt, "The Coddling of the American Mind," *The Atlantic*, September 2015, 42–53, http://www.theatlantic.com/magazine/archive/2015/09/the-coddling-of-the-american-mind/399356
23 C. Daniel Batson et al., "Immorality from Empathy-Induced Altruism: When Compassion

原註

はじめに

1 2011年９月21日にニューヨークで開催された国際連合総会でのオバマ大統領の演説．Retrieved from Mark Memmott, “Obama Urges Israel, Palestinians to ‘Stand in Each Other’s Shoes,’” Two-Way Breaking News from NPR, September 21, 2011, http://www.npr.org/sections/thetwo-way/2011/09/21/140663207/live-blog-obama-addresses-un-general-assembly

2 Frans De Waal, *The Age of Empathy: Nature’s Lessons for a Kinder Society* (New York: Broadway Books, 2010). [『共感の時代へ―動物行動学が教えてくれること』柴田裕之訳，紀伊國屋書店，2010年]

3 Jonathan Haidt, “The Emotional Dog and Its Rational Tail: A Social Intuitionist Approach to Moral Judgment,” *Psychological Review* 108 (2001): 814–34. より最近のハイトの見解に関しては次の文献を参照されたい．Jonathan Haidt, *The Righteous Mind: Why Good People Are Divided by Politics and Religion* (New York: Vintage Books, 2012). [『社会はなぜ左と右にわかれるのか―対立を超えるための道徳心理学』高橋洋訳，紀伊國屋書店，2014年]

4 Frans De Waal, *Primates and Philosophers: How Morality Evolved* (Princeton, NJ: Princeton University Press, 2009), 56.

5 Paul Bloom, Just Babies: *The Origins of Good and Evil* (New York: Crown Publishers, 2013). [『ジャスト・ベイビー―赤ちゃんが教えてくれる善悪の起源』竹田円訳，ＮＴＴ出版，2015年]

6 古典的な議論として次の文献を参照されたい．Antonio R. Damasio, *Descartes’ Error* (New York: Random House, 2006). [『デカルトの誤り―情動，理性，人間の脳』田中三彦訳，筑摩書房，2010年]

7 たとえば次の文献を参照されたい．David G. Rand, Joshua D. Greene, and Martin A. Nowak, “Spontaneous Giving and Calculated Greed,” *Nature* 489 (2012): 427–30.

8 Fredrik deBoer, “the future, Mr. Gittes!” May 10, 2015, http://fredrikdeboer.com/2015/05/10/the-future-mr-gittes.

第１章　他者の立場に身を置く

1 Robert Jay Lifton, *The Nazi Doctors: Medical Killing and the Psychology of Genocide* (New York: Basic Books, 2000).

2 C. Daniel Batson, *Altruism in Humans* (New York: Oxford University Press, 2011). [『利他性の人間学―実験社会心理学からの回答』菊池章夫，二宮克美訳，新曜社，2012年]

3 Jean Decety and Jason M. Cowell, “Friends or Foes: Is Empathy Necessary for Moral Behavior?” *Perspectives on Psychological Science* 9 (2014): 525.

反共感論《はんきょうかんろん》

二〇一八年二月二十六日　第一版第一刷発行
二〇二三年二月二十三日　第一版第六刷発行

著　者　ポール・ブルーム
訳　者　高橋《たかはし》　洋《ひろし》
発行者　中村幸慈
発行所　株式会社　白揚社　© 2018 in Japan by Hakuyosha
東京都千代田区神田駿河台一―七　郵便番号一〇一―〇〇六二
電話＝(03)五二八一―九七七二　振替〇〇一三〇―一―二五四〇〇
装　幀　尾崎文彦（株式会社トンプウ）
印刷所　株式会社　工友会印刷所
製本所　牧製本印刷株式会社

ISBN978-4-8269-0201-4

クリストファー・ボーム著　斉藤隆央訳

モラルの起源

道徳、良心、利他行動はどのように進化したのか

なぜ人間にだけモラルが生まれたのか？　気鋭の進化人類学者が進化論、動物行動学、考古学、霊長類のフィールドワーク、狩猟採集民の民族誌など、さまざまな知見を駆使し、エレガントで斬新な新理論を提唱する。　四六判　４８８ページ　本体価格３６００円

デイヴィッド・デステノ著　寺町朋子訳

信頼はなぜ裏切られるのか

無意識の科学が明かす真実

信頼できる人、できない人はどうすれば見分けられるのか？　信頼にまつわる疑問に第一人者が心理学の最新知見を駆使して科学的に答える、目からウロコの心理学読本。人生を左右する隠れた人間関係のルール満載。　四六判　３０２ページ　本体価格２４００円

ターリ・シャーロット著　上原直子訳

事実はなぜ人の意見を変えられないのか

説得力と影響力の科学

人はいかにして他者に影響を与え、影響を受けるのか？　客観的事実や数字は他人の考えを変えないという認知神経科学の驚くべき研究結果を示し、他人を説得するとき陥りがちな落とし穴を避ける方法を紹介する。　四六判　２８８ページ　本体価格２５００円

マット・ジョンソン＆プリンス・ギューマン著　花塚恵訳

「欲しい！」はこうしてつくられる

脳科学者とマーケターが教える「買い物」の心理

なぜ広告の時計の針は10時10分を指しているのか？　広告やＣＭ、商品パッケージやレイアウト…商品の背後には買わせるための仕掛けが隠れている。脳科学×マーケティングの視点から賢く買うためのヒントを解説。　四六判　４０８ページ　本体価格２５００円

ブルース・フッド著　小浜杳訳

人はなぜ物を欲しがるのか

私たちを支配する「所有」という概念

所有欲は社会にどんな影響を与えたか？　いくら物を手に入れても幸福になれないのはなぜか？　生きていく上で必ず関わってくる「所有」の正体を心理学、生物学、社会学、行動経済学など様々な論点であぶり出す。　四六判　３１８ページ　本体価格３０００円

経済情勢により、価格に多少の変更があることもありますのでご了承ください。
表示の価格に別途消費税がかかります。